中南财经政法大学
课程思政优秀案例选编

(第一辑)

主　编　栾永玉
副主编　刘仁山　李志生

内容简介

本书包含48个优秀案例，涵盖了政治认同、家国情怀、文化素养、宪法法治意识、道德修养等多方面素材。作为塑造青年大学生灵魂的主渠道、主阵地，思政课的首要任务就是加强理论武装，坚持用习近平新时代中国特色社会主义思想铸魂育人；青年大学生处在价值观形成和确立的时期，思政课要强化价值引领；作为实践教育的重要途径，思政课要引导青年大学生走出校门、接触社会、了解国情，学以致用、用以促学，实现知、情、意、行的有机统一。

本书可供广大教育工作者阅读参考。

图书在版编目（CIP）数据

中南财经政法大学课程思政优秀案例选编（第一辑）/栾永玉主编.—北京：北京大学出版社，2022.3

ISBN 978-7-301-32866-8

Ⅰ.①中⋯ Ⅱ.①栾⋯ Ⅲ.①高等学校－思想政治教育－教案（教育）－武汉 Ⅳ.① G641

中国版本图书馆 CIP 数据核字（2022）第 029466 号

书　　　名	中南财经政法大学课程思政优秀案例选编（第一辑） ZHONGNAN CAIJING ZHENGFA DAXUE KECHENG SIZHENG YOUXIU ANLI XUANBIAN（DI-YI JI）
著作责任者	栾永玉　主编
策划编辑	李娉婷
责任编辑	耿　哲　李娉婷
标准书号	ISBN 978-7-301-32866-8
出版发行	北京大学出版社
地　　　址	北京市海淀区成府路205号　100871
网　　　址	http://www.pup.cn　新浪微博：@北京大学出版社
电子信箱	pup_6@163.com
电　　　话	邮购部 010-62752015　发行部 010-62750672　编辑部 010-62750667
印　刷　者	三河市北燕印装有限公司
经　销　者	新华书店
	787毫米×1092毫米　16开本　17.5印张　411千字 2022年3月第1版　2022年3月第1次印刷
定　　价	56.00元

未经许可，不得以任何方式复制或抄袭本书之部分或全部内容。
版权所有，侵权必究
举报电话：010-62752024　电子信箱：fd@pup.pku.edu.cn
图书如有印装质量问题，请与出版部联系，电话：010-62756370

序
Preface

习近平总书记在学校思想政治理论课教师座谈会上强调:"思想政治理论课是落实立德树人根本任务的关键课程。"落实立德树人的根本任务,就是要扎实办好思政课,从理论武装、价值引领、实践养成等方面持续推进思政课守正创新、提质增效,努力培养能担当民族复兴大任的时代新人,培养德智体美劳全面发展的社会主义建设者和接班人。

坚持理论武装

青年大学生处于世界观、人生观、价值观形成的关键期,对实现人生目标有着强烈渴望。思想活跃、思维敏捷,观念新颖、兴趣广泛,探索未知劲头足、接受新生事物快,主体意识、参与意识强是他们的特点,也是他们的优点。作为塑造青年大学生灵魂的主渠道、主阵地,思政课的首要任务就是加强理论武装,坚持用习近平新时代中国特色社会主义思想铸魂育人,为青年大学生成长、成才筑牢思想根基。

深化理论研究阐释。理论只有讲透彻,才能说服人。要把理论讲透彻,必须深化研究阐释、学懂弄通做实。要加大马克思主义学院、新型智库建设力度,加强马克思主义理论学科建设,组织力量开展对习近平新时代中国特色社会主义思想的研究阐释,围绕重大理论和现实问题进行攻关,为办好思政课打下坚实理论基础。近年来,中南财经政法大学大力加强马克思主义理论学科群建设,引导广大教师积极承担马克思主义理论研究和建设工程重大项目、研究阐释党的十九大精神专项课题,形成了一批理论研究成果。

抓好理论学习教育。理论武装是在人的头脑里搞建设,是塑造灵魂的工程。青年大学生坚持什么样的理想信念,树立什么样的世界观、人生观、价值观,用什么样的立场、观点、方法看待和分析问题,决定了其人生发展的方向。因此,必须重视理论学习教育。要继续大力推进习近平新时代中国特色社会主义思想进教材、进课堂、进头脑。遵循不同学段、年龄段大学生的认知规律,把马克思主义基本原理讲透彻,把党史、新中国史、改革开放史、社会主义发展史讲清楚。采取启发式、案例式、互动式等教学方法抓好理论学习教育,努力增强思政课教学的针对性。中南财经政法大学把习近平新时代中国特色社会主义思想融入本科生、研究生教学课程体系,深入推广小班教学、中班研讨、大班讲座等教学模式,不断增强思政课的吸引力、感染力、影响力。

主动回应学生关切问题。网络既是青年大学生的重要信息源,也是一把"双刃剑"。网络信息纷繁复杂,既有主旋律,也有杂音噪声。思政课要直面杂音噪声的干扰,主动回应青年大学生的问题和困惑,帮助他们明辨是非,让主旋律更响亮、正能量更强劲。要坚持问题导向,对学生的问题进行深入研究,将问题掰开了、揉碎了,把事实和道理讲清、讲透。在思政课教学中,教师要通过调研青年大学生所思、所想、所行,有针对性地设置教学内容,努力使课堂讲授有的放矢、直抵人心。

强化价值引领

青年的价值取向决定了未来整个社会的价值取向,而青年又处在价值观形成和确立的时期,因此抓好这一时期的价值观培养十分重要,即思政课要强化价值引领。

健全课程体系。坚持思政课主体地位,积极发挥其他课程的育人作用,健全课程体系,解决好思政教学与专业教学"两张皮"问题,形成同向同行的协同效应。梳理各门专业课程所蕴含的思政元素,将其作为课堂讲授的重要内容和学生考核的关键知识。建立健全课程育人评价机制,把课程育人效果作为教学督导和教师绩效考核、晋职晋级的评价内容。

拓展平台载体。思政课要以开放的姿态整合一切可以利用的资源,统筹课上课下、线上线下、校内校外的资源,促进学校、社会、家庭之间的协同,推动全员、全过程、全方位育人格局的形成。推动人人上讲台,鼓励领导干部、教学名师、优秀辅导员、优秀青年大学生走上思政课讲台。做到处处是思政课堂,发挥博物馆、校史馆的育人功能,依托城市社区、农村乡镇、工矿企业、高新科技园等场所建立多种形式的育人基地,在思政课堂、思政教材之外构筑青年大学生成长空间。实现时时有思政教学,把开学第一课、毕业典礼等变成宣传党的政策主张、阐释理想信念的重要讲堂;把握五四青年节、国庆节、国家公祭日等重大时间节点,开展中国梦、爱国主义等主题教育;制作网络课程、开设网络专栏、创作网络文化产品,让思政课联网上线,随时可听、可看、可学。

创新方法手段。不断创新话语表达方式和传播手段,运用青年大学生愿意听、听得懂的语言,通过个性化表达、可视化呈现、智能化推送、互动化传播,把有意义的内容讲得有意思,让思政课教学立体鲜活、可感可亲。中南财经政法大学通过开展教书育人奖评选活动,组织"五四奋斗的青春"分享会、"新时代、新征程、新使命"演讲比赛,让身边人讲述身边事,用身边事教育身边人。

突出实践养成

青年大学生由于磨砺不足、锻炼不够,在学习和生活中容易产生眼高手低的问题。作为实践教育的重要途径,思政课要把校园小课堂与社会大课堂、理论教学与实践教学、个人小目标与国家大目标结合起来，引导青年大学生走出校门、接触社会、了解国情、学以致用、用以促学，实现知、情、意、行有机统一。

磨砺意志品质。针对一些青年大学生存在的意志薄弱、担当精神不足等问题，思政课要发挥好磨砺意志、淬炼品质的作用，扎实开展军事理论与训练、劳动锻炼、创新创业等实践教学，加强人文关怀和心理疏导，培养青年大学生的耐挫能力和坚强意志，培养学生形成自尊自信、理性平和、积极向上的健康心态。中南财经政法大学扎实开展创新创业实践教学，鼓励青年大学生在创新创业实践中锤炼意志品质，在知行合一中主动担当作为。

深化认知认同。针对思政课教学中存在的不同程度的理论与实际相脱节的问题，思政课要符合青年大学生的认知规律特点，发挥其主体性作用，综合运用小组研学、课堂辩论、情景展示、基层调研等实践教学手段，帮助学生实现从感性认识到理性认识的飞跃，深化对重大理论和现实问题的认识，厚植对党、国家、人民的深厚感情。

增长学识才干。针对一些青年大学生存在的动手能力弱、社会经验不足等问题，思政课要整合实践资源、拓展实践平台、丰富实践内容、创新实践形式，广泛开展社会调查、生产劳动、志愿服务、科技发明等实践教育教学，引导青年大学生在参与实践活动中增长学识才干、施展个人才华。中南财经政法大学深入开展"青年学子红色筑梦之旅"、社区挂职锻炼等社会实践活动，组织青年大学生开展脱贫调研、乡村振兴策划等活动，引导青年大学生通过实践深化对党的理论和路线方针政策的认识。

栾永玉
2022 年 1 月

目 录 CONTENTS

以人民为中心：贫困治理的中国方案 / 高飞　　1

青年精神：树立为人类幸福而奋斗的职业观 / 颜岩　　7

两极对抗下西方阵营的分化：法国独立外交与美法矛盾 / 臧扬勤　　13

"集中力量办大事"：论中国共产党的强大组织力 / 万健琳　何李　　18

向上流动　路在脚下 / 唐小晴　　24

"国际商务"课程思政教学典型案例 / 李小平　谭理　　28

理念与方向：绿水青山就是金山银山 / 陈浩　　34

"知"宏观经济运行原理　"解"中国经济发展奇迹 / 张鸿武　　39

复兴之路：中国探索现代化道路的百年抉择与辉煌成就 / 张连辉　　47

开辟新天地　创造新奇迹 / 张霞　　53

新发展理念与"人的发展经济学"教学，引领新时代大学生的文化自
　　信与自我成长 / 何凌云　　57

国家预算民主化与人民性 / 王金秀　　62

党管税收：中华人民共和国税收管理制度的形成 / 庄佳强　　69

课程思政同向同行　育人学科本位统一 / 朱新蓉　黄孝武　　75

诚信为基显本色　德法兼修有担当 / 董志华　　81

疫情大考：危难时刻方显英雄本色 / 胡宏兵　　86

党的十九大报告指引下的证券投资基本分析 / 张戡　　91

"房住不炒"：住房调控中的决策智慧 / 袁南南　　97

立德树人　德法兼修 / 陈柏峰　　103

居安思危：守住不发生系统性金融风险的底线 / 何焰　　108

从历史走向未来：古代冠礼的现代法律意蕴 / 陈军　　114

"坚定信念"原则在律师职业伦理中的核心作用 / 巢容华　　122

全面分析商业环境　激发创新创业精神 / 袁奇　　127

礼之用，和为贵：礼貌和礼仪 / 孔令达　　133

以媒介教育实现自我教育 / 吴玉兰　　138

讲好中国故事，实践马克思主义新闻观教育 / 苏新力　　143

读懂改革初心：人民对美好生活的向往，就是我们的奋斗目标 / 钱学锋　赵曜　　149

从"云端"走入"心坎"，立德树人润物无声 / 邓爱民　　155

从"课堂"走向"田间"：贫困治理的中国故事 / 吴海涛　　161

高高飘扬在社区的党旗 / 石军伟　刘文通　　166

基于游戏思维和现象教学法的课程思政教学典型案例 / 吴英娜　　172

从"温室"走向"操作间"：沉浸式教学实践探索 / 杜鹏　　178

油价涨跌牵动人心　循循诱导拨云见日 / 吴振球　　184

把课堂搬到山沟乡野　用创意提振乡村旅游 / 周凌旭　　188

"大白话"教学与"会计学原理"课程思政同行 / 孙贤林　　195

令出如山：疫情防控中的决策智慧 / 庞明礼　　198

公管学问强基础，思政融魂铸栋梁 / 周博雅　　204

以文化自信引领组织文化建设 / 周红云　　209

"书、影、论、景、文"：大学生廉洁教育与能力培养的共融之道 / 杜兴洋　　214

情满香江：特别行政区的"根"与"本" / 王军鹏　　219

湖北省民营经济景气指数编制及应用 / 张虎　　224

见微知著，积小成大，汇聚爱国洪流 / 刘美秀　　231

数据赋予智能　价值润物无声 / 蒋锋　　236

猪肉价格上涨会引发蝴蝶效应吗？ / 肖磊　　241

新工科背景下的网络安全工匠精神育人案例 / 信息与安全工程学院课程组　　247

看主旋律视听呈现　读中国电影史发展 / 陈静远　付思　　253

"中外动画史"课程思政教学典型案例 / 马志远　石力文　　259

"立德树人""户外运动"课程思政教学典型案例 / 张杰　　264

后　　记 /　　269

以人民为中心：贫困治理的中国方案

哲学院　高飞

 案例概述

2020年11月23日，根据全国扶贫开发信息系统数据和3家第三方评估机构实地评估检查反馈，贵州省紫云县等9个贫困县全部实现贫困退出。这意味着贵州66个贫困县全部实现贫困退出，这也标志着中国如期完成了新时代脱贫攻坚任务，消除了绝对贫困和区域性贫困，现行标准下农村贫困人口全部脱贫，贫困县全部摘帽，近1亿贫困人口实现脱贫。中国共产党第十八次全国代表大会（简称党的十八大）以来，以习近平同志为核心的党中央高度重视扶贫开发工作，将其作为全面建成小康社会的底线任务和标志性指标，提出了精准扶贫精准脱贫的战略思想，在全国范围内打响了脱贫攻坚战，数亿农民因此摆脱了贫困，过上了小康生活，中国成为世界上减贫人口最多的国家。中国政府始终以人民为中心，创造了中国特色反贫困理论，对世界减贫的贡献率超过70%，为全球消除贫困贡献了"中国方案"。本案例主要展示了中国反贫困历程、中国反贫困最主要的经验及中国反贫困方案的核心特征。

一、基本信息

课程名称：社会问题与社会管理

授课对象：社会学专业三年级学生

学习章节：第九章　贫困问题

使用教材：《社会问题》，向德平，中国人民大学出版社

教学课时：1课时

二、课程思政教学整体设计思路

本次课的授课对象是社会学专业三年级学生。在学习"社会问题与社会管理"这门课程之前，他们已经系统学习了"社会学导论1""社会学导论2"等相关社会学基础课程。但是，由于实践经验的缺乏和理论知识的抽象，他们可能难以将实际生活中的具体问题与

理论联系起来，也难以对贫困问题进行深刻解读。因此，在本次教学中，对知识的讲解将尽量生活化、具体化、接地气，通过将教师所经历的真实贫困案例、在贫困地区拍摄的图片及生活中的例子与所讲授的专业知识进行关联，激发学生的学习兴趣；将采用视频、图片等多媒体展示贫困人口数量变化、贫困县退出时序等资料，并融入提问、互动等环节；根据所讲授的知识点，将引入相关的例证，让学生对贫困问题有更加直观的认识，使其对贫困的本质、中国的贫困问题及贫困的长期性和阶段性有比较客观的认知。

三、教学目标

（一）课程教学目标

①了解"中国式减贫"的形成和发展。
②厘清"中国式减贫"的基本内涵。
③掌握"中国式减贫"的价值追求。

（二）思政育人目标

客观认识中国的贫困问题，尤其是对于贫困问题产生的阶段性、复杂性、长期性有清醒的认知，明确社会主义制度在解决贫困问题时的优越性，能够讲好中国减贫故事。

四、教学实施过程

（一）引入话题

众所周知，贫困治理是国家治理的一个重要方面，中国特色扶贫开发道路是国家治理体系和治理能力现代化的重要成果。对于中国扶贫所取得的伟大成效，全世界有着广泛的共识，但对于中国特色扶贫开发道路的主要特征在学术界从未停止过讨论。毫无疑问，我们只有将中国特色扶贫开发道路的相关表述放到世界的视野中进行比较，置于过往的历程中进行提炼，才能从中概括中国特色扶贫开发道路的基本特征，揭示中国特色扶贫开发道路形成的历史逻辑。这节课将探讨以下 3 个问题。第 1 个问题是中国反贫困的历程；第 2 个问题是中国反贫困的经验；第 3 个问题是"中国式减贫"的核心特征。其中，第 3 个问题是我们本次课程的重点和难点。

（二）新知教学

1. 中国反贫困的历程

中华人民共和国成立之后，摆脱贫困便成为党和国家的中心工作，为了尽快使全国人民摆脱贫困、富裕起来，国家进行了多方面的探索。1978 年改革开放之后，国家通过体制改革推动减贫实践，1985 年设立减贫标准，1986 年成立专门的减贫机构——国务院扶贫开发领导小组，开始大规模、有计划、有组织地进行扶贫开发工作。

从 1978 年至今，区域扶贫是主要的扶贫方式之一。区域扶贫建立在现代化发展理论基础之上，其预设模型是刘易斯的经济发展模型，通过"先富带动后富"的政策倡导及"大河涨水小河满"的带动效应，实现贫困地区脱贫。这种论断将贫困问题归结为简单的经济发展问题，将贫困人口预设为不具有主观行动能力的被动客体。对此，森指出，对于外部资源的过分推崇是毫无意义的，因为它忽略了核心的个体差异问题，如果一个人长期生活在困难之中并在近期看不到任何向好的迹象，那么他也会心平气和地接受现实并认为生活本该如此。如此看来，主观是否满意显然不能作为衡量生活质量的指标。为了解决上述理论困惑，森开创性地提出了"可行能力"变量，该变量反映了个体的可行能力的重要性和不可替代性，他还用"可行能力贫困"和"可行能力剥夺"来解释贫困现象。

随着贫困理论的日益成熟和反贫困实践的日益深入，区域性、综合性和复杂性"三性叠加"的减贫工作难度被重新定位。区域扶贫的瞄准方式和项目扶贫的帮扶手段，虽然在反贫困的前期帮助大量贫困人口脱贫，但是也带来了资源的巨大浪费。可想而知，在资源有限的条件下以县或者以区域为瞄准单位进行扶贫资源投放，不可避免地会出现"大水漫灌"的现象，很难瞄准到贫困户。

西方发达国家在治理贫困时，一般采取救济的方式，将贫困个体或者贫困家庭托举于社会安全网之上，这种贫困治理方式适用于财政较为充裕、贫困面积较小的国家或地区。但就中国的具体情况而言，贫困治理很难照搬西方经验，一方面是由于中国贫困人口规模巨大，地区发展不平衡，整体经济尚处于发展中国家水平；另一方面随着"否思发展浪潮"涌起，经济发展中心主义的发展思路越来越不能解释中国贫困治理的困境，因此迫切需要我们对"中国式减贫"进行深入挖掘和总结。

2. 中国反贫困的经验

改革开放40多年以来，中国一直坚持走自己的发展道路，在保持经济高速增长的同时，实施了一系列有利于减贫的宏观经济政策和区域发展政策，以专项扶贫、行业扶贫及社会扶贫为基础，在全国范围内整合扶贫开发资源，形成扶贫开发合力，使"中国式减贫"遵循了从"大规模"到"精细化"、从"救急难"到"享发展"、从"独角戏"到"大扶贫"的演进逻辑，并形成了政府主导、社会参与、市场协同的模式，使贫困人口从高速增长的经济中不断获益。

（1）从"大规模"到"精细化"

在改革开放后的相当长一段时间中，中国的扶贫开发一直以发展主义为主导思想，具体表现在3个方面：一是目标的设定单纯强调收入的增加，缺乏对贫困人口及贫困地区可持续生计的敏感性，与贫困地区自身的特点结合不够；二是方案的推行缺乏对贫困地区生态保护和内部分化的关注，只注重推动地方产业发展；三是道路的选择缺乏对具有不同自然地理条件、资源禀赋、生态约束、文化特点及经济社会基础的区域的"个性"甄别，同质化的发展方式较为普遍，片面追求发展规模，从而陷入"规模化"的迷思。2013年11

月3日,贫困治理迎来历史性转型。中国的扶贫事业在湖南湘西迎来历史性时刻,习近平总书记在十八洞村考察时,提出"精准扶贫"的重要理念。至此,"中国式减贫"不再一味"一刀切""大规模",而是开始"精准化"推行多元化的发展道路,根据不同区域自然地理条件、历史文化特征、资源禀赋和生态约束情况,采取不同的减贫措施,这种契合当地特点的发展道路选择,充分体现了反贫困实践推进过程中的理论自觉。

(2)从"救急难"到"享发展"

鼓励贫困人群参与是"中国式减贫"的基本思路。在扶贫开发过程中,我国一直采取"赋权""赋能"的方式鼓励贫困人群参与其中,努力构建政府、市场、社会协同推进的大扶贫开发格局。赋予贫困人群发展的权利不仅是中国特色社会主义的本质要求,也是我党全心全意为人民服务宗旨的重要体现。说到底,贫困治理的本质要求就是赋予贫困人群发展的权利,让全体贫困人群共享发展成果。自2014年以来,国家逐步改革贫困县考核机制,将提高贫困人口生活水平和减少贫困人口数量作为主要衡量指标,使贫困地区减贫与发展的包容性增长导向更加明确,使以贫困人群为本的工作宗旨更加清晰,使贫困人群的权利得到充分保障,贫困人群的根本利益得到充分实现,有力地减缓了贫富分化趋势,降低了经济增长对贫困人群的排斥效应。

(3)从"独角戏"到"大扶贫"

改革开放40多年以来,中国政府探索出专项扶贫、行业扶贫和社会扶贫"三位一体"的"中国式减贫"工作格局。党的十八大确立了全面建成小康社会的宏伟目标,强调要深入推进农村扶贫开发工作,阐明了动员和组织社会力量参与扶贫开发的重要性。回顾"中国式减贫"的历程,不难发现,通过专项扶贫、行业扶贫和社会扶贫的协作拉动贫困地区发展已成为"中国式减贫"的重要经验。但总体而言,政府的专项扶贫和行业扶贫依然是主导,而社会扶贫,尤其是企业和社会组织参与的扶贫开发程度较低。毫无疑问,中国政府是"中国式减贫"责无旁贷的主体性力量,这不仅是因为共同富裕是社会主义的本质要求,同时也是因为贫困地区基础设施建设、公共产品供给都不可能借由其他主体来完成,只有政府才能实现。当然也必须承认,政府不能过度干预市场的资源配置,更不能扭曲社会的自我运行。

3."中国式减贫"的核心特征

①社会主义制度优势及历届领导集体以人民为中心的执政理念是"中国式减贫"的核心理念。国际社会上普遍流行的贫困治理理论强调发展经济、改变产业结构、提高发展中国家的工业化水平,这虽然可以使国家的经济水平有一定程度的提升,但却容易忽视收入分配不合理所造成的贫富分化,容易忽视农业和乡村的发展,从而导致城市人口过度膨胀,失业人数增加,而农业生产处于停滞状态,粮食问题严重,农民日益贫困,又会造成贫困人口数量不断增加。《中共中央关于制定国民经济和社会发展第十三个五年规划的建

议》明确提出"必须坚持以人民为中心的发展思想""充分调动人民的积极性、主动性、创造性""将增进人民福祉、促进人的全面发展作为发展的出发点和落脚点",彰显了人民至上和为人民服务的价值取向,也反映了坚持人民主体地位的原则。

②目标导向、层层传导,从中央到地方合力攻坚是"中国式减贫"的主要手段。减贫目标的设定是扶贫开发工作顺利进行的前提条件。新时期我国减贫目标的确定,要本着以人民利益为中心、以科学发展为导向、以深化改革为原则,立足于当前贫困地区和贫困人群的现实特点,吸取扶贫政策运行的经验,回应当前贫困地区发展的实际需要,制定出符合我国具体国情的可行目标。减贫目标的实现需要加强组织领导、完善政策保障,并且营造出关心和参与减贫工作的全民氛围,与此同时,减贫目标的具体分解、落实和考核及责任分配也必须以机制的形式予以明确。为了完成新时期的减贫目标,各级政府组织要按照责权对等的原则,构建责任清晰、各负其责、合力攻坚的责任体系,具体实施办法由《脱贫攻坚责任制实施办法》予以明确。

③包容性发展是"中国式减贫"的内在属性。"中国式减贫"充分体现出包容性增长的理念和特点。只有树立正确的增长价值观,适时调整增长目标,转变增长方式,才能构建起科学有序的可持续发展模式。特别是对贫困地区来说,减贫的实现依赖于贫困人群能力的提升和贫困地区发展的可持续性。例如,产业减贫,注重在推动经济增长的过程中,为贫困人口提供更多的就业机会;易地搬迁减贫,是为了给原本处于不适宜生存发展环境中的贫困人口更多的发展权利,为他们提供更多的发展机会;生态减贫,致力于兼顾生态环境保护与经济发展,这正是包容性增长中协调、可持续发展的核心要义所在;教育减贫,强调的是为贫困人口争取更多的摆脱贫困的能力和机遇,打破贫困代际传递的"魔咒";兜底保障减贫,则明显具有让发展成果惠及更多人的福利普惠特征。"中国式减贫"其实就是通过合理配置资源、调节利益关系来促进贫困地区发展,使广大贫困群体拥有平等的发展机会,实现各个群体间的和睦相处。

4. 课堂小结

总体来说,"中国式减贫"是改革开放40多年以来形成的具有鲜明特征、由政府强劲主导的贫困治理方式。"中国式减贫"遵循了从"大规模"到"精细化",从"救急难"到"享发展",从"独角戏"到"大扶贫"的演进逻辑,保证了大规模人口的顺利脱贫。政府治理贫困是"中国式减贫"的本质特征;社会主义制度优势及历届领导集体以人民为中心的执政理念是其核心理念;目标导向、层层传导,从中央到地方合力攻坚是其主要手段;包容性发展是其内在属性。

五、案例反思

本次课教学以多媒体教学方式为主,教师结合提问、设问、引导等多种教学手段,拓展学生思考能力、掌控课堂节奏、调动课堂气氛,通过师生互动提高学生对于贫困问题的自主分析能力。但是由于学生成长环境不同,尤其是从小生活在城市、生活条件较好的学生,对贫困地区的生活缺少真实的生活体验,很难想象中国还有如此极端贫困的生活场景。这不禁让我们反思,如果能让这些学生走进贫困地区,切实感受深度贫困地区的生活现状,教学效果可能会更好。

六、教学效果

通过贫困地区生活场景图片展示和教师系统的讲授,学生对贫困问题的认知更加深入,同时对我国的反贫困历程也有了清晰的理解,尤其是对"中国式减贫"的特征有了更加深刻的认知。课堂上学生的兴趣被激发,互动积极,总体教学效果较好。

参考文献

中共中央宣传部,2016. 习近平总书记系列重要讲话读本: 2016 年版 [M]. 北京: 学习出版社.
人民日报海外版,2020. 习近平扶贫故事 [M]. 北京: 商务印书馆.
王曙光,2020. 中国扶贫: 制度创新与理论演变(1949—2020)[M]. 北京: 商务印书馆.

青年精神：树立为人类幸福而奋斗的职业观

哲学院　颜岩

 **案例概述**

马克思主义哲学史是研究马克思主义哲学形成和发展的历史过程及其规律的学科。学习马克思主义哲学史有助于学生深入了解马克思主义哲学的形成发展过程和重要理论成果，提高对人类社会发展规律的认识，树立科学的世界观、人生观和价值观，坚定共产主义的理想信念。本课程具有以下特色：第一，采取文本导读的方式，通过对相关文本的研究与阐释，使学生更深刻地理解和掌握了马克思主义哲学的基本理论和方法；第二，将学习马克思主义哲学与学习领会习近平新时代中国特色社会主义思想结合和贯通起来，引导学生确立正确的政治信仰、树立远大的理想信念，为学生健康成长指明正确道路；第三，紧密联系学生的思想和生活实际，坚持学以致用、用以促学，运用马克思主义哲学的立场、观点和方法分析和解决现实问题；第四，采用翻转课堂、案例讨论、课堂辩论、班级读书会等教学模式，实现学生主体性与教师主导性的有机统一。

一、基本信息

课程名称：马克思主义哲学史

授课对象：哲学专业本科生

学习章节：第二讲　青年马克思哲学研究的开端

使用教材：《马克思主义哲学史》，《马克思主义哲学史》编写组，高等教育出版社、人民出版社

本节课时：1课时

二、课程思政教学整体设计思路

本课程主要讲授青年马克思哲学研究的开端，通过介绍马克思中学时期的德语作文《青年在职业选择时的考虑》，以"原著铺路"的方式让学生对青年马克思的人道主义思想和远大理想有一个初步的理解和把握，引导学生自觉运用马克思主义的立场、观点和方法

去分析和解决现实生活中出现的问题。

基于对文本的分析解读，本课程主要讲授"马克思的理性本质观""马克思对个体与社会关系的理解""马克思的职业观"三部分内容。前两个部分侧重于理论分析，目的是使学生能够通过阅读原著了解马克思主义哲学的原生形态，在感受理论魅力的同时增强理论认同。最后一个部分侧重于理论联系实际，具有明确的实践指向性，目的是使学生能够灵活运用马克思主义的基本观点辩证地看待和理性分析未来的择业问题。

本课程主要采用文本导读的教学方式，结合问题教学法、案例讨论法、问卷调查法，向学生讲解马克思在青年时期的基本立场和观点及其在分析和解决现实问题中的重要作用。在教学实践中，具体包含"案例引入""案例讨论""思想总结"三个环节。

三、教学目标

（一）课程教学目标

本课程主要基于《青年在职业选择时的考虑》向学生介绍三方面的内容。

①马克思的理性本质观。具体包括两方面内容：其一，理性本质观的提出，即何为人之理性自由及应该如何理解这一自由？其二，人之理性自由可能给人带来何种后果及人应该如何理性地生活？

②马克思对个人与社会关系的理解。具体包括三方面内容：其一，如何理解个人与社会之间的内在统一关系？其二，在现实社会生活中，个人与社会是否会发生分裂和对立及这种分裂和对立会带来什么样的后果？其三，应该如何克服这种分裂和对立，实现个人与社会的统一？通过这部分内容的讲授，一方面让学生深刻认识到利己主义的危害，并在处理个人与社会的关系时坚定马克思主义立场、树立集体主义价值观；另一方面让学生了解具有不同文化背景的人在处理个人与社会之间的关系时所表现出的不同价值取向，引导学生自觉抵御西方资产阶级价值观的侵蚀，增强对社会主义核心价值观的认同感。

③马克思的职业观。个人与社会的内在统一在职业观上的体现就是融"自身的完美"的实现于人类幸福的实现之中。具体包括两方面内容：其一，了解马克思所持的是一种什么样的职业观，这种职业观是否具有理论和现实上的合理性；其二，了解个人在职业选择时可能面临的一些诱惑和幻象，以及个人应该如何理性择业。通过这部分内容的讲授，引导学生充分感受马克思当时的精神面貌，将自身的职业选择与国家的繁荣富强和人民的幸福结合起来，为中国梦的实现添砖加瓦。

本课程的目标在于使理论教学与现实生活紧密结合起来，一方面立足对文本的讲授，使学生跳出以往对马克思主义哲学教科书式的简单理解，从史论结合的高度切实把握其本来面目和精神实质，引导学生切实感受马克思主义哲学的理论魅力、提升对马克思主义哲学的认同度，由此更加坚定马克思主义的信仰，为共产主义事业而奋斗；另一方面引导学生从对马克思主义哲学史的理论学习中获取科学的世界观和方法论，并用来分析和解决现实生活中出现的问题。

（二）思政育人目标

择业是每个大学生都要面对的问题，就此而言，树立一种正确的择业观颇为重要。马克思的职业观主张在充分认识自我的基础上将个人的自我实现与人类幸福结合起来。学习马克思的择业观可以帮助学生在择业时处理好目的与手段、个体与社会的关系，使学生能够自觉抵制外在诱惑，避免跌入"精致利己主义"的陷阱，将个人理想与中国特色社会主义理想结合起来，将个人的成长进步融于中国特色社会主义的伟大事业之中。

四、教学实施过程

第一，在介绍马克思的理性本质观时，先引入哲学案例"斯芬克斯之谜"。"斯芬克斯之谜"就是人之谜，俄狄浦斯之所以在解答出"人"这一谜底后还是遭遇了命定的厄运，主要是因为他所认识的是人之表象而非人之本质，他并不了解人的主体理性。本课程通过介绍"斯芬克斯之谜"这一哲学故事引导学生进入相关思想情景中，借助智慧教学举手发言、平台弹幕讨论等功能吸引学生参与以下哲学问题的讨论：这个故事反映的宿命论是什么？俄狄浦斯是否有可能摆脱先天宿命？如果可能，如何摆脱这种宿命？讨论结束后，引出本节课的主题之一——人的主体理性本质。

第二，对马克思的理性本质观进行分层讨论。首先指出马克思在《青年在职业选择时的考虑》中所强调的理性本质是指将人与动物根本区别开来的人的自由意识与自由选择能力。然后介绍这种理性自由可能给人带来的正、反两方面的作用，一方面，它可以使人摆脱自然必然性的约束，不再"听天由命"；另一方面，人一旦未能正确认识和使用自己的理性，它也会使人"陷于不幸的行为"。此处引入马克思《1844年经济学哲学手稿》中对人的异化活动的阐释来加深学生对这一问题的理解。最后引出马克思所强调的理性主要是一种使人趋于高尚的公共理性而非个体理性，这种理性是在充分考虑影响人选择的各项因素和原则的基础上形成的，它不以满足一己私欲为目的，而是将社会利益的实现作为其最高目标。

第三，从讨论新冠肺炎疫情背景下个人与社会的关系引入马克思对这一问题的具体思考。在这一部分，先使用智慧教学举手发言的形式让学生简单分享一下他们在新冠肺炎疫情期间的经历和感悟，再使用问题导向式教学方式，让他们思考如下问题："中国政府在疫情防控中所采取的'封城、封路、封小区'等举措反映出个人与社会之间是一种怎样的关系？以美国为首的西方国家为何没有采取这些举措？这种差异反映了哪两种不同的文化价值理念？这种不同带来了什么样的结果？"接着根据学生的回答进行总结并得出结论：个人与社会之间应该是内在统一的关系。西方资本主义国家由于忽视了这一关系，奉行个人利益至上的原则，最终牺牲了人民的生命和健康，国家经济的发展也趋于停滞和倒退；而我国作为发展中的社会主义国家，始终坚持个人利益与社会利益的内在统一，所以在面对疫情时能做到万众一心、共克时艰，最终确保了人民健康和国家安全，我国也成为新冠肺炎疫情背景下经济实现正增长的主要经济体之一。

此处引入马克思对个体与社会之间统一关系的初步阐述。通过文本导读和重点语句解读，揭示马克思所持的人性中的人类性和个体自我实现相一致的观点，并结合《1844年经济学哲学手稿》《关于费尔巴哈的提纲》等文本中的相关思想对其进行补充说明。马克思思想的科学性在当今社会现实中得到了确切的证明，通过这一部分内容的讲授，一方面让学生清楚地认识到利己主义的危害，并自觉抵制利己主义的侵蚀；另一方面提高学生对中国特色社会主义制度和中国特色社会主义事业的认同感，使学生增强道路自信、理论自信、制度自信、文化自信，使其更加坚定马克思主义信仰、树立集体主义价值观。

第四，引出马克思的职业观。在这一部分先以问卷调查的形式了解学生在职业选择时的优先考虑因素，包括薪资待遇、个人兴趣、社会需要等，然后基于问卷数据分析目前学生的基本情况及在择业时存在的问题，接着阐述马克思所确立的为人类幸福而奋斗的远大职业理想，让学生充分感受马克思当时的精神面貌和个人魅力，并能够从理论层面把握这种选择的合理性，从而在择业时学会处理好目的与手段、个体与社会的关系，确立正确的择业观。

课程结束前，通过3个问题总结所讲内容并导出新课。
①试列举出其他伟人年轻时所做的职业选择并谈谈自己的感受。
②思考马克思在其生命历程中"初心"是否有所改变？人为什么要"不忘初心"？
③应该如何看待社会上的精致的利己主义者？这种利己主义与"内卷化"进程有何关系？

五、案例反思

本课程每学年至少开课一次，未来教师要继续加以推进的工作主要包括以下几个方面。
①不断丰富教学内容，提升课堂教学的趣味性。马克思主义哲学史是一门理论性与思想性极强的学科，因此教师必须坚持理论与实践相结合的原则，一方面教师要教会学生用马克思主义的观点来剖析和解答现实问题；另一方面通过引导学生对一些现实案例进行反思加深他们对马克思哲学的理解，使学生感受马克思主义哲学史的生活气息，调动起学

生的学习兴趣，从而将理论学习与对学生能力的培养和价值观的塑造融为一体。

②不断完善和创新现有的教学方式和方法。"马克思主义哲学史"是一门内容极具体系性的课程，教师必须进一步推行"顺藤结瓜"的教学方式，既要从宏观上引导学生了解马克思主义哲学发展的主线，也要从微观上指导学生用历史的、发展的眼光看待不同时代和不同民族的马克思主义哲学家的思想。对此，教师需要运用情景教学法，将哲学案例融入情景中，将人物与其思想结合起来，在历史发展的情境中，化虚为实、化静为动，以使学生更好地理解马克思主义哲学的精神实质；教师必须充分利用问题教学法、分组讨论法、角色换位法等教学方法来提高学生的积极主动性，引导学生主动搜集资料、寻找答案、厘清概念、领会知识，培养学生独立思考的能力；教师还应进一步开发网络教学平台，利用这一平台的高信息量性、全方位性、渗透性、超时空性和互动性，促进教与学的积极性和主动性，提升课程教学效果。

③开拓课堂外的学习环境。教师要让学生走出课堂，深入实践，了解中国经济和社会发展状况，了解马克思主义在中国的实践效应，从而让学生进一步感受马克思主义哲学的理论魅力，更加坚定马克思主义的信仰和信念，并能自觉运用马克思主义哲学的观点、立场和方法分析和解决现实生活中的问题。

六、教学效果

马克思主义哲学史是从动态上研究马克思主义哲学的概念、原理、范畴，研究整个理论体系在不同历史时期形成、变化和发展的过程及其规律的学科。对于这样一门极具理论性的学科，照本宣科或单纯的知识性讲授会让学生感到枯燥乏味，也不易于让学生真正把握马克思主义哲学的思想实质。开展课程思政教学可以拉近理论与现实生活的距离，使学生能学有所思、思有所悟、悟有所得。

本课程在开课伊始就鼓励学生多阅读、多思考，尊重文本、联系生活。课程中采取的文本导读和小组研讨的教学方法使学生对马克思主义哲学史有了一个全新的认识，这种认识不再是传统教科书式的简单理解，而是史论结合下的一种整体把握；课程中所采取的问题式教学等教学方法使得课程的主要效果不再停留于仅仅使学生记住某些理论和思想，而是使学生将这种思想深植于头脑里，使他们在面对现实生活中的一些难题时，能够有自己独立思考的能力，能够用马克思主义的世界观和方法论来剖析和解决问题。当然，本课程也提高了学生在情感、价值和文化层面上对马克思主义哲学的认同度，使学生更加坚定马克思主义的信仰，为共产主义事业而奋斗。

 **参考文献**

中共中央马克思恩格斯列宁斯大林著作编译局，1995. 马克思恩格斯全集：第 1 卷 [M]. 北京：人民出版社.

《马克思恩格斯列宁哲学经典著作导读》编写组，2012. 马克思恩格斯列宁哲学经典著作导读 [M]. 北京：人民出版社.

何萍，2009. 马克思主义哲学史教程：上卷 [M]. 北京：人民出版社.

两极对抗下西方阵营的分化：法国独立外交与美法矛盾

哲学院　臧扬勤

 案例概述

本案例将围绕 20 世纪五六十年代西方阵营的分化展开，通过分析法国独立外交和法国与美国之间的矛盾，说明维护国家核心利益是国际关系中国家行为的基本准则。

"当代国际关系"课程的核心目的在于，以具体案例为切入点，通过分析纷繁复杂的国际局势，向学生介绍国际关系的基本准则，使学生深入理解中国外交思想，深刻认识当代中国外交的开拓进取成果和维护国家利益的艰辛，从而引导学生坚定"四个自信"。

一、基本信息

课程名称：当代国际关系

授课对象：国际政治专业一年级学生

学习章节：第六章　西方阵营的分化与调整

使用教材：《国际关系史》（第 2 版），刘德斌，高等教育出版社

教学课时：2 课时

二、课程思政教学整体设计思路

（一）授课目标

通过课堂讲授美国与法国的分化，使学生深刻认识到国家实力是外交行为的基础，追求和维护国家利益是外交决策的根本。

（二）教学方法设计

本案例以全面贯彻中国共产党第十九次全国代表大会（简称党的十九大）精神和习近平新时代中国特色社会主义思想，落实立德树人的根本任务为指导思想。在此思想指导下，教学设计紧紧围绕如何向学生精确展现当代国际关系变化的深层逻辑展开，通过具体案例，使学生客观、形象地认识到国家利益在国际关系中的重要性，深刻理解维护本国核

心利益的意义。本案例通过将教师课堂讲授与学生积极参与相结合，全面加强了学生对当代复杂的国际关系的认识，使学生能够深刻理解全球治理中的中国方案。教师主要讲解法国与美国产生矛盾的根源及法、美冲突的具体内容，并对法、美矛盾进行总结评析，引导学生分析法、美矛盾产生的国际背景，使学生深刻认识到维护国家核心利益在国家对外决策中的重要性，并认识到我国在对外关系中对国家核心利益的维护。

（三）解决的主要问题

主要解决当代国际关系中，大国关系变化的内在动因与逻辑问题。

（四）课程思政融入方式

课程思政采用自然融入的方式。国际关系复杂多变，国家之间的关系随时处于动态调整之中。本案例的主要教学内容是以法国与美国的矛盾为具体案例，引导学生认识并分析西方阵营内部的分化。教师通过课堂讲解，还原了西方阵营中具有关键地位的法、美关系变动的具体过程。通过深入了解和分析法国与美国产生矛盾的根源及法国的行动，使学生认识到国际关系变动背后的根源，从而理解我国在对外政策中维护国家核心利益的基本内涵。

（五）课堂讨论效果

通过组织学生讨论达到以下效果。

①增强学生的知识。

②提高学生参与课堂教学的积极性。

③深化学生对我国外交政策的理解和认识。

三、教学目标

（一）课程教学目标

了解20世纪60年代西方阵营分化的原因和具体过程，认识维护国家利益在国家对外决策中的核心作用。

（二）思政育人目标

深刻理解我国外交政策的出发点是维护国家核心利益。

四、教学实施过程

（一）课前调研

①了解学生对西方阵营内部关系演变的掌握程度。教师根据已完成的教学情况及课堂教学中的师生互动情况，了解学生对本案例相关内容的掌握程度，在此基础上优化课堂教学内容，有的放矢，查缺补漏。其目的是使学生充分掌握20世纪60年代西方阵营内部关

系的分化，为学生进一步了解国际关系变化的根源奠定基础。

②给学生布置了解相关背景知识的任务，为引导学生积极参与课堂教学做准备。

③掌握20世纪五六十年代国际关系全貌。授课前，教师要根据教材所确定的基本框架，进一步查阅相关教材和参考书，力求对相关背景全面掌握，能熟练串联各个知识点。

（二）课堂讲授

1. 法国与美国分化的背景

（1）实力对比变化

第一，欧洲与美国的差距相对缩小。在马歇尔计划的带动下，包括法国在内的欧洲摆脱了第二次世界大战后萧条的状况，经济逐渐好转，欧洲与美国的经济实力差距相对缩小。西欧试图摆脱美国控制、实施独立外交的欲望日益强烈。

第二，欧洲一体化顺利进行，欧洲整体实力增强。1952年，法国、西德、意大利等西欧六国共同成立了欧洲煤钢共同体，1958年，这6个西欧国家又成立了欧洲经济共同体，由此欧洲经济实力进一步增强，联合后的西欧逐步成为美国、苏联之外的第三种力量。

（2）历史渊源与欧洲外交传统

欧洲政治哲学孕育了国家主权观念；欧洲具有悠久的均势外交传统；欧洲大陆具有强烈的民族主义情绪。

美国借助第二次世界大战，一跃成为西方世界的霸主。美国凭借其超强的经济和军事实力，在战后长期无视欧洲的历史传统，咄咄逼人，引发欧洲强烈反弹。

（3）现实经历

第二次世界大战期间，戴高乐领导的"自由法国"受到美国歧视，法国被排除在战后新秩序规划之外，而且美国还在全球排挤法国势力。1956年，在埃及苏伊士运河危机的关键时刻，美国未支持法国。美国还在亚洲将法国势力排挤出越南。在最为关键的欧洲，美国扶植法国的宿敌德国。美国的这些行为都引起了法国的不满。

2. 戴高乐复出及其对时局的认识

（1）戴高乐复出

马歇尔计划后，法国经济逐渐好转，但政局仍动荡不安，殖民地问题还困扰着法国。阿尔及利亚危机使得法国政坛强烈要求戴高乐复出。1958年，戴高乐出任法国总理，在解决了国内政治体制改革和殖民地危机问题后，戴高乐将目光投向了世界舞台，决定重振法国外交雄风。

（2）戴高乐对时局的认识

戴高乐认为，经过战后十几年的恢复，西欧已经足够强大，具备了抵御他国入侵的基本能力，法国只有依靠自己的力量才能成为世界强国。

3. 法国追寻独立防务力量和法、美矛盾初现

自1949年北大西洋公约组织（简称北约）成立以来，在美国与西欧国家之间始终存在着控制与反控制的斗争，以及权利和义务的争执。为了改变法国在北约中只承担风险而没有决策权的局面，戴高乐于1958提交了一份备忘录，要求在北约内获得与美国、英国平起平坐的地位，建立一个美国、英国、法国三国组织，对影响世界安全的政治问题共同决定、共同制定战略计划，并提出，如果美国、英国不接受法国的建议，法国将不再参加北约的工作。美国、英国对此持反对态度，美国不愿分享北约的领导权和核武器垄断权，而英国担心法国会借此称霸欧洲。三国就此问题讨论了两年，最终无果。

4. 20世纪60年代法、美矛盾激化

①美国财政赤字不断攀升。

②美国、法国在英国加入欧洲经济共同体问题上产生分歧。

③法国谋求独立的核防务力量并逐步退出北约军事一体化组织。

④法国与社会主义国家关系逐渐改善。

⑤法国和美国在对待非殖民化等重大问题上出现分歧。

5. 法国与美国分化的原因分析

①国际关系变化是法国与美国矛盾的根源。经过战后几十年的发展，西欧和日本慢慢崛起，第三世界国家开始逐渐登上历史舞台，法国试图谋求大国地位，追求与美国、英国同等的话语权。由此，法国与美国的矛盾逐步显现。

②共同利益是维系法、美关系分而不裂的根本原因。法国寻求独立于美国的大国地位，但是从未设想过脱离大西洋联盟。同样，美国历届领导人也没有因为把法国作为敌手而考虑将其驱逐出西方集团。两国分而不裂，根本原因是两国之间的共同利益大于矛盾分歧。

五、案例反思

（一）如何调动学生积极性

网络信息技术的发展和手机功能的多样化，对授课教师提出了严峻挑战。如何吸引学生，使课堂更加生动、有趣？这是需要授课教师不断探索的课题。教师应积极与学生进行线上和线下互动，重视学生对课堂的参与度，努力通过各种形式的互动，强化学生对课堂的参与感，充分调动学生的学习积极性。

（二）如何避免课程思政与思政课程的重复

坚持"当代国际关系"课程的专业性，在学生的专业学习中，实现课程思政教育，将专业教学与"立德树人"紧密结合。

六、教学效果

①实现了专业课教学与思政教育的紧密结合。

②有效地调动了学生学习专业课的积极性,大幅提高了学生对课堂教学的参与度。

③案例教学取得了显著成效。

参考文献

刘德斌,2018. 国际关系史 [M]. 2 版 . 北京:高等教育出版社 .

袁明,2005. 国际关系史 [M]. 北京:北京大学出版社 .

姚百慧,2017. 冷战时期中美法关系研究 [M]. 北京:九州出版社 .

"集中力量办大事"：论中国共产党的强大组织力

哲学院　万健琳　何李

 **案例概述**

"读懂中国，关键是读懂中国共产党"。本课程以讲解党的全面领导的内容、坚持党的全面领导的原因和途径为教学目标，在具体设计中，将脱贫攻坚、抗击新冠肺炎疫情两个具体案例穿插其中，并运用视频、雨课堂、课堂讨论等工具和方法，提升课堂的生动性和活跃度，引导学生挖掘自身经验和体会，并将其与党的作用结合起来。通过案例教学，使学生领悟到："集中力量办大事"是社会主义制度的突出优势，它与中国共产党的强大组织力是分不开的，而这种强大组织力正是源于党的全面领导地位。同时，为了深化学生对上述逻辑的理解，将中国的脱贫攻坚案例和美国的贫富差距案例，以及两国抗击新冠肺炎疫情的案例分别进行系统性的对比，从中国治国理政实践所迸发出的蓬勃效能来突显我国政党制度的巨大优越性。

一、基本信息

课程名称：政治学原理

授课对象：国际政治专业二年级学生，公共管理类专业一年级学生，财政学、国际财政学专业二、三年级学生

学习章节：第五章　第三节　当代中国的政党和政党制度

使用教材：《政治学概论》（第 2 版），《政治学概论》编写组，高等教育出版社

教学课时：2 课时

二、课程思政教学整体设计思路

本课程的主题为坚持和加强中国共产党的全面领导，教学目标是使学生深入地理解党的全面领导的内容，以及为什么要坚持党的全面领导及如何坚持党的全面领导。由于直接涉及对党的领导地位的认识，因此在具体的教学设计上，主要围绕以下思路展开。以当

前社会主义建设、改革和发展中的重大事件（脱贫攻坚、抗击新冠肺炎疫情）为背景，多维度展现中国共产党在引领时代脉搏、处理危机和挑战中的强大领导力和组织力。通过组织学生列举身边发生的扶贫和抗击新冠肺炎疫情的具体事例，引导他们将这些事例所带来的积极变化与党的领导地位和领导方式结合起来。教师深度阐释党的强大组织力是长期加强党的组织建设、从严治党的产物。在教学过程中，通过综合采用短视频启发法、课堂讨论法、讲授法、问答法，并借助雨课堂的弹幕、答题功能，实现课堂互动和知识深化。

三、教学目标

（一）课程教学目标

通过本课程的教学，使同学们学习并理解以下三个核心问题。

①什么是党的全面领导？

②为什么要坚持党的全面领导？

③坚持党的全面领导的途径。

（二）思政育人目标

通过本课程的教学设计和导入，使学生直观感受到中国共产党在脱贫攻坚、抗击新冠肺炎疫情等重大事件中体现的强大领导力和组织力，从而深刻理解党的集中、全面领导的历史必然性和优越性，使学生更全面地认识到党的组织优势及这种优势对中华民族伟大复兴的意义。

四、教学实施过程

（一）视频导入与启发

1. 主要内容

①播放视频《出山记》。

②播放视频《国家卫健委：举全国之力全力支援武汉支援湖北》。

在播放视频前，打开雨课堂的弹幕功能，学生可以边看视频，边发表观点。

2. 课堂状况

学生踊跃发弹幕，普遍表达了自己对边远山区贫困情况的惊讶。同时，也表达了对党和国家抗击新冠肺炎疫情的赞许与自豪。

（二）基于视频提问

1. 主要内容

提问1：我们班里有没有来自农村的同学呢？

追问1：能否讲一讲自己从小到大所观察到的家乡的变化。

追问2：你的家乡近年来在社会保障、医疗卫生、基础设施等方面的发展状况如何？

提问2：在新冠肺炎疫情最危急的时候，你在哪里？

追问1：有没有同学为抗击新冠肺炎疫情贡献了自己的一份力量呢？能不能讲一讲自己的切身体会？

追问2：你对国外的新冠肺炎疫情发展有哪些了解？

2. 课堂状况

粗略统计，班级上大约有三分之一的学生来自农村。他们普遍认为家乡在交通、垃圾处理、环境保护等方面都有了很大程度的提升。

在新冠肺炎疫情期间，学生大多表示家乡的社区管控很严格，有部分同学还成为了志愿者。学生普遍认为美国、英国、西班牙、日本等发达国家在新冠肺炎疫情防控方面做得远不如我国好。

（三）介绍脱贫攻坚战三年计划

1. 主要内容

针对学生的回答，详细介绍党中央提出的《关于打赢脱贫攻坚战三年行动的指导意见》的主要内容及已取得的成效。例如，农村60岁以上的老人可以领养老金了；农村的医疗保障体系建立了起来，使农民看病难，因病致贫、因病返贫的问题得到了极大的缓解。截至2019年年底，我国贫困人口参保率稳定在99.9%以上，在基本医疗保险、大病保险、城乡医疗救助"三重保障"下，贫困人口住院实际报销比例稳定在80%左右。

由此引出思考，党中央为什么要如此大力度扶贫呢？（提出问题后，停顿30秒～1分钟，给学生发弹幕、投稿预留时间）

然后教师提出自己的观点：因为中国共产党是中国人民和中华民族的先锋队。党的最高理想和最终目标是实现共产主义。

2. 课堂状况

部分学生针对党为什么如此重视扶贫工作提出了自己的见解。有的认为是为了扩大内需，有的认为与党对人民的承诺有关，还有的认为是党的历史使命决定的。

（四）结合抗击新冠肺炎疫情的经验讲解党的全面领导的三个方面

1. 主要内容

①党对经济、政治、社会、文化和生态等各个领域和各项事业的领导。举例：新冠肺炎疫情的危害是多方面的，不但对人们的生命健康造成威胁，对经济造成巨大冲击，还使我国的国际关系承受巨大压力。因此，需要党的统一领导。

②确保党总揽全局、协调各方的地位和作用。举例：卫健委系统、军队、地方政府分属不同的体系。

③维护党中央的集中统一领导。举例：中国领土范围太大，各地新冠肺炎疫情表现不同。只有集中统一领导，才能共克时艰，战胜疫情。

2. 课堂状况

学生由此联系到新冠肺炎疫情所造成的死亡，联系到美国对中国的无端指责，特别是当时美国总统特朗普还将新型冠状病毒称为"中国病毒"。

（五）雨课堂知识问答

1. 主要内容

多选题

以下哪些事件发挥了党总揽全局、协调各方的作用？

A. 粤港澳大湾区建设

B. 西部大开发战略

C. 精准扶贫

D. 新型基础设施建设（新基建）

正确选项是 A、B、C、D。先请学生回答 A、B、C 选项所协调的是哪些对象之间的利益分歧或冲突。教师再解释为什么 D 选项同样正确。因为新基建属于一种大规模的产业政策，协调的是不同产业之间的分歧和冲突。如新基建中充电桩的建设，其目的就是鼓励新能源汽车的发展，但这势必会影响传统汽车的发展。

2. 课堂状况

从学生的回答来看，大部分学生都选择了 A、B、C。

学生可以用自己的语言做出回答。A 选项协调的是珠江三角洲各城市和香港、澳门的关系。B 选项协调的是东部地区和西部地区的关系。C 选项协调的是相对富裕阶层和贫困阶层的关系。

（六）讲解为什么要坚持党的全面领导

1. 主要内容

①由国情决定。

阐释我国是广土众民的大国。

播放视频《航拍中国》第三季总宣传片，使学生在领略祖国大好河山的同时，意识到全国各地存在的巨大差异。

②"五位一体"总体布局、"四个全面"战略布局的要求。

播放视频《美国的贫富差距》。视频播放后，结合特朗普政府反移民、撤销医保方案等举措，指出美国政府对这种贫富差距现象的视而不见。这些举措导致了美国社会的严重撕裂，却成为特朗普上台的重要社会基础。反之，中国共产党对于国家发展有着系统的战略布局，循序渐进地实现目标。

③推进国家治理体系和治理能力现代化的要求。

举例：上海的垃圾分类。在 PPT 上放一张上海垃圾分类的图片。《上海市生活垃圾管理条例》将生活垃圾分为可回收物、有害垃圾、湿垃圾、干垃圾。提问：上海市为什么要搞严格的垃圾分类？垃圾处理真的很难吗？

2. 课堂状况

学生观看视频非常认真，一方面，对祖国的大好河山感到由衷的自豪，表示以后有机会一定去看看；另一方面，对美国如此严重的贫富差距表示惊讶，并逐渐能将其与美国的深层矛盾结合起来了。

在垃圾分类的讨论环节，学生通过讲解垃圾处理过程，论证强有力的统一协调的重要性。而垃圾分类还只是国家治理中的一个相对较小的环节。国家治理体系的构建、治理能力的提升都需要党的领导。

（七）讲解坚持党的全面领导的路径

1. 主要内容

①党的领导、人民当家作主、依法治国三者有机统一。在抗击新冠肺炎疫情期间，党积极发动人民群众共同抗疫。

②健全党的领导制度体系。"集中力量办大事"是以党的领导地位为前提的，只有党中央有坚强有力的领导核心，才能总揽全局、协调各方，才能使地方各级党组织明确责任分工、深入落实各项任务。

③完善权威高效的执行机制。制度的生命力在于执行，基层党组织发挥着战斗堡垒的作用。例如，在武汉方舱医院设立临时党支部；在联防机制中，社区党支部发挥着非常重要的作用；还有医疗、物资、交通等各方面的联动与配合。

2. 课堂状况

在这部分内容的讲解过程中，部分学生通过弹幕的方式表达了对一线抗疫人员的感激。还有学生指出，如果没有全国人民的支援，2020 年湖北的新冠肺炎疫情发展会难以想象。

（八）总结与补充

1. 主要内容

党的全面领导地位确立后，还要时刻警惕脱离群众的风险，这就要求必须从严治党。从严治党也是我们接下来需要重点讲解的内容。

2. 课堂状况

教师为课程讲解做梳理，同时为下一教学环节做铺垫。学生开始勾画相关内容。

五、案例反思

（一）存在的问题

其一，由于授课对象主要为大一、大二的学生，他们对党和国家重大路线方针政策的了解不够，对《中共中央关于坚持和完善中国特色社会主义制度、推进国家治理体系和治理能力现代化若干重大问题的决定》等重要文本学习不够深入，对于国内外发生的重大政治事件关注度不够高，这种现状导致课堂互动效果与预期有所差距。其二，部分同学对中国政党制度的特点了解不够全面，对于中西方政党制度的不同理解不够深入，导致分析问题的视角出现偏差。其三，学生对于"中国之制"与"中国之治"之间的辩证关系理解不够透彻，无法透过现象看本质，因此不能从治国理政的效能中总结、提炼中国政党制度的优势。

（二）改进思路

其一，在"政治学原理"课程教学中，设置"经典文本诵读"和"一周新闻聚焦"环节。教师利用每次课的前二十分钟时间，一方面引导学生阅读经典文本，关注党的重大方针政策；另一方面鼓励学生关注国内外发生的重大政治事件，并尝试运用理论知识进行分析和评论。其二，在课程设置上，教师可以将"当代中国政府与政治"课程置于"政治学原理"之前，先让学生对中国的政治制度有一个全面、深入的了解。其三，在课程讲授中，教师要贯彻理论与实践、制度与治理、中国与世界相结合的教学原则，用丰富的案例支撑深刻的理论，由浅入深、由表及里地引导学生用理论分析现实问题。

六、教学效果

"政治学原理"课程自开设以来，主讲教师始终坚持正确的政治方向，引导学生把学问做到中国的大地上；始终结合中国共产党领导下的社会主义国家的制度优势及中华人民共和国成立以来治国理政的蓬勃效能来讲授政治学的学科知识；始终将塑造学生正确的世界观、人生观和价值观作为教学目标。主讲教师紧密结合中国治国理政实效，不断更新和拓展案例库，将课程思政的元素嵌入教学全过程，取得了非常好的教学效果，课程深受学生喜爱和好评。

从到课率来看，"政治学原理"课程在哲学院和公共管理学院作为专业平台必修课开设，其到课率保持在98%以上；即使是给财税学院开设的32课时的选修课（115人），到课率依然能达到95%以上。从学生的学习参与度及雨课堂提供的数据来看，"政治学原理"课程的课堂活跃度在全校长期排在前列。如在2020年5月21日的课程中，共收到1776条弹幕，共计98人次参与课堂答题。从期末的教学评价来看，本门课的排名始终位于学院开设课程的前列。

向上流动　路在脚下

哲学院　唐小晴

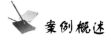

本案例以社会学专业三年级学生为授课对象，授课内容为社会流动的含义、类型与影响因素。通过知识讲解、小组讨论等，让学生认识到什么是合理的社会流动及如何积极促进社会成员的向上流动，培养学生运用社会学专业理论看待和解决社会发展实际问题的能力。同时，让学生积极正面地感悟向上流动的途径和教育在其中的重要作用，培养学生脚踏实地、珍惜青春、努力奋斗。

一、基本信息

课程名称：社会分层与社会流动

授课对象：社会学专业三年级学生

学习章节：第一章　第3课　社会流动的含义、类型与影响因素

使用教材：《社会分层十讲》，李强，社会科学文献出版社

教学课时：1课时

二、课程思政教学整体设计思路

本案例以弘扬社会主义核心价值观中的"自由、平等、公正、法治"精神，传播正能量，启迪大学生树立正确的世界观、人生观和价值观为指导目标，将社会流动作为主题，以"是什么—为什么—怎么做"为线索，具体从含义、分类、影响因素和途径等方面展开；以社会新闻和问题导入，有机结合知识讲授、案例分析、分组讨论、主题辩论等丰富生动的教学形式；"以学生发展为中心"，让学生能从学理上正确把握社会流动的概念、向上流动的重要性及其与教育的关系，以及什么是合理的社会流动，培养学生的辩证、创新、正面思维，以及独立思考、团结合作、沟通表达、积极探究的能力，使学生从思想上认识到新时代"美好生活是奋斗出来的"，并能结合社会现实批判性地思考国家发展和社会变迁中个体的定位和人生的意义，进而脚踏实地、珍惜青春、努力奋斗，实现向上流动。

三、教学目标

（一）课程教学目标

1. 知识与能力

通过学习，学生能掌握社会流动的含义和分类、区分各种类型的社会流动，能够结合古今中外政治、经济、科技、文化领域的人物成长经历全面把握社会流动的自然、社会和个人因素，能够思考什么是合理的社会流动及如何积极促进社会成员的向上流动，并学会运用社会学专业理论看待和解决社会发展实际问题。

2. 过程与方法

学生能通过收集资料、分组讨论、总结归纳等方法进行合作式和探究式学习，能理解和运用社会学的分层和流动观点看待社会现实问题，进而提高独立思考的能力，形成合作意识和创造性思维；学生能通过案例分析、经典阅读，体验人的命运沉浮，感悟青春真谛。

3. 情感态度与价值观

学生能正确认识社会流动的意义，积极正面地感悟向上流动的途径和教育在此过程中的重要作用，能脚踏实地、珍惜青春、努力奋斗。

（二）思政育人目标

本案例力求在教学中充实内容、丰富形式，增强课程思政的亲和力和说服力，使得课堂更有意思、有意义；本案例遵循教育教学规律和学生的认知规律，培养学生的专业素养，同时引导学生关注社会现实、注重个体感悟，激发学生的爱国情怀和民族自信心，努力做到知识性和思想性的统一，弘扬社会主义核心价值观。

四、教学实施过程

（一）案例与问题导入（5分钟）

1. 结合时事，引入案例

结合美国大法官金斯伯格（R.B.Ginsburg）逝世的新闻，介绍其成长故事和传奇的一生，激发学生对新课的兴趣。

2. 回顾上节知识，提出问题

社会分层是社会成员或社会群体之间因社会资源占有不同而产生的层化或差异现象，尤其是指建立在法律、法规基础上的制度化的社会差异体系。社会分层是一种静止状态，而社会是动态运行的，在此情况下社会成员的位置是否会发生变化呢？有哪些变化？什么原因促成了社会成员位置的变化？这些是本课将要学习的主要内容。

（二）讲授新课（35分钟）

1. 社会流动的含义

社会流动是个人或群体在社会分层结构中社会位置（或地位）的移动和变化。

2. 社会流动的类型

①按流动方向分为水平（相同阶层、横向）流动和垂直（不同阶层、纵向）流动。

教学设计和意图：举例说明并重点介绍垂直方向的向下流动和向上流动，再次结合金斯伯格的故事阐释向上流动；以日本作家三浦展的著作《下流社会》说明21世纪的日本阶层下滑的现象、原因及后果；提问并启发学生思考中国社会的现状及应对。

②按流动参照基点分为一生中的流动（个人一生的发展）和代际流动（与父母辈的比较）。

教学设计和意图：举例说明，讲述企业家褚时健跌宕起伏的一生；采用社会学者许嘉猷的调研数据，以图表形式阐释什么是代际流动。

③按流动模式分为开放式、封闭式和混合式。

教学设计和意图：介绍"美国梦"的当代困境，启发学生思考"中国梦"的理念设想和实现路径、正确认识什么是开放式社会流动；通过播放视频短片，介绍历史上印度的种姓制度和南非的种族隔离制度，使学生理解封闭式流动，扩大学生知识面，加深他们对知识点的理解。

3. 社会流动的影响因素

自然因素：自然环境的变化（如地震、瘟疫等灾害）引起的社会流动多半是在自然空间上的流动，它调节着人口和资源的重新分配。

社会因素：社会经济的发展程度、社会结构的类型、科学技术的发展、社会改革和社会革命、国家的管理制度和社会政策、社会价值观念等。

个人因素：先天因素（指个人与生俱来的条件，如籍贯、家庭出身、排行、亲属关系、性别、肤色、种族、民族、年龄、体质、容貌等）和后致因素（如婚姻、教育程度、职业、技术、知识和个人成就等）。

教学设计和意图：把学生分成四组，开展小组讨论，综合分析促成社会成员流动的因素；提升学生的课堂参与度，培养学生主动探究、团结合作和沟通表达的能力。

4. 合理的社会流动

学生已经了解了社会流动的因素，那么什么才是合理的社会流动，怎样才能让社会成员都有机会获得资源并去占据相应的社会地位呢？个人需要增长知识、才能；社会必须建立各种合理的流动渠道、选优标准和实施办法，形成一套公平公正的社会选择（或准入）机制。简而言之，机会开放均等、标准普遍适用、人人可以通过努力达到的（自致性），才能算是合理的社会流动。

教学设计和意图如下。

①引导学生展开课堂辩论。在我们的时代是否"寒门难出贵子"？让学生正确认识所谓的"阶层固化"及向上流动的可能性。

②传递正确的价值理念。国家的社会政策逐步优化，国家正在努力为竞争和发展创造平等的机会，也正在建设公平公正的社会环境，如大学生入学绿色通道、扩大就业政策等；同时，个人要在时代的浪潮里，在经济社会快速发展所提供的广阔空间里，珍惜青春和受教育的机会，以劳动与奋斗，酝酿"生活的蜜"，创造美好的生活。

③传承经典语录激励学生。用路遥的作品《平凡的世界》中的人物故事来启迪学生，并挑选学生朗诵书中的励志段落。

（三）课堂小结（5分钟）

回顾和巩固本课知识要点——社会流动的含义、类型、影响因素及什么是合理的社会流动。安排学生课后思考社会分层与社会流动之间的关系。

五、案例反思

本案例以知识学习、能力提升和素质培养三个方面为教学目标，注重"以学生发展为中心"，坚持专业知识与课程思政的深度融合，力求知识准确、观点正面、内容充实、形式多样、互动积极。

第一，本案例在遵循教材编排顺序的基础上，对教学内容进行了合理取舍、科学补充、适当延伸，构建出了一套更符合学生认知水平的知识体系。

第二，教学设计力求构建以社会生活为基础、以学科知识为支撑，立足社会热点和现实问题，着眼学生发展需求，注重理论联系实际，深度融合专业理论和课程思政的教学体系。

第三，在教学过程中，教学思路清晰、条理清楚、由浅入深，以图片、视频、文字、人物故事、历史案例、主题讨论等激发学生兴趣、发挥学生潜能、引导学生反思。

第四，在课程思政和专业知识的融合过程中，充分发挥课程的德育功能，提炼专业课程中蕴含的文化基因和价值范式，将其转化为社会主义核心价值观的有效教学载体，在"润物细无声"中融入对学生理想信念、价值观念的指引。

六、教学效果

本案例"坚持教书和育人相统一，坚持潜心问道和关注社会相统一"，使课堂成为弘扬主旋律、传播正能量的主阵地。在讲授专业知识、培养专业素养和能力的同时，给予学生正确的价值取向引导，提高其思想道德素质及情商，使学生在学习过程中体悟人性、完善修养、培育理性平和的心态，让学生懂得教育仍然是向上流动的主要途径，懂得要珍惜时光、志存高远、脚踏实地，让奋斗成为青春最亮丽的底色。

"国际商务"课程思政教学典型案例

经济学院 李小平 谭理

 案例概述

本堂课的教学目标是让学生理解国际商务中的伦理困境问题。通过对比中国政府和其他国家政府在面对伦理困境问题时采取的不同的方法和措施,让学生认识到,党在为人民谋福利,为民族谋复兴的执政理念指导下,帮助中国人民以最快的速度、最小的成本完成了经济起飞。

由于学生对指导人生的大道理似懂非懂,教师单边灌输正确理念,容易激起学生的逆反心理。本堂课反其道而行,将得出结论的所有过程交由学生自己完成。

本堂课首先由教师抛出问题,引导学生自行代入情景,思考问题的解决方式。然后,教师将学生分为攻、守双方,引导学生在对攻的过程中,深入了解伦理困境问题的复杂性。在学生争执不下时,教师再进一步引导学生思考伦理困境产生的根源是什么。最后,当学生认识到困境存在的必然性并认为无解时,教师将中国共产党引领中国人民快速跨过这段困境的历史展现在学生面前。整个探索过程从一波三折到柳暗花明,更能让学生发自内心地认同党和政府的领导。

一、基本信息

课程名称:国际商务

授课对象:国际商务专业二年级学生

学习章节:第五章 伦理、企业社会责任和可持续发展

使用教材:《国际商务》,查尔斯·希尔、托马斯·霍特,中国人民大学出版社

教学课时:1课时

二、课程思政教学整体设计思路

本堂课的教学难点在于,如何让学生自主认识到,后发国家在发展过程中必须付出的成本和面对的伦理冲突;让学生认识到只有中国共产党的正确领导,才能带领中国人民以

最小的成本和最快的速度在世界民族之林中站稳脚跟，激发学生由衷地爱国爱党。

对于这一难题，习近平总书记在学校思想政治理论课讲师座谈会上指明了方向和方法，即教师要做到坚持政治性和学理性相统一，坚持价值性和知识性相统一，坚持建设性和批判性相统一，坚持理论性和实践性相统一，坚持统一性和多样性相统一，坚持主导性和主体性相统一，坚持灌输性和启发性相统一，坚持显性教育和隐性教育相统一。

国际商务中伦理冲突产生的根本原因在于，各国经济发展的阶段不同，各国百姓的伦理道德、商界精英的价值观和政党执政理念不同。因此这一实践问题既因涉及政治性，需要我们做价值判断，又需要我们从理论性和客观知识性方面进行多样性的探讨和批判，进而得出建设性的、统一性的指导思想和解决实践问题的方案。但这个指导思想和解决方案只有通过学生自己探索后得出，他们才能真正接受和认同。所以在整个学习过程中，教师需要进行主导和启发，并隐性地融入党的执政理念，帮助学生在思考和争辩中得出显性结论，达到"润物细无声"的效果。而这一切都要求教师自身对党笃定信任，也只有这样的教师才能理直气壮地引导学生在思辨之后坚定地选择正确的解决方案。

三、教学目标

（一）课程教学目标

1. 教学主题

国际商务中伦理困境问题的处理。

2. 教学内容

①理解国际商务中面临的伦理问题和困境。

②了解管理人员解决伦理冲突的不同方式。

③了解通往伦理道德的不同哲学路径。

3. 教学目标

引导学生在理解伦理困境产生的原因和他人处理问题的不同方式的基础上，通过争论和思辨，学会解决国际商务中的伦理冲突问题。

（二）思政育人目标

教师通过有意识地引导学生进行充分自主地探讨，使学生认识到在中国人民面对激烈的外部世界竞争时中国共产党所做出的巨大贡献。

四、教学实施过程

具体教学环节如下。

①教师抛出本堂课的引发案例：富国经理该雇用穷国童工吗？（1分钟）

一位来访的美国某公司经理发现，该公司设在一个贫穷国家的分公司雇用了一名12

岁的女孩，这违反了该公司禁止雇用童工的有关规定。他要求当地经理辞掉这个孩子，并叫这个孩子回学校上课。当地经理告诉这位美国经理，这个孩子是个孤儿，没有生活来源，如果她失去这份工作，将有可能流落街头。请思考这位美国经理应该如何处理此事？

②教师指导学生，按学期初组成的5人学习小组，迅速调整座位，进行小组内部讨论，达成支持继续雇用（正方）或反对继续雇用（反方）的最后意见。（5分钟）

③各小组长举手表明本组立场，正反方展开辩论。（9分钟）（注：教师通过场景代入，让学生置身于国际商务困境之中）

梳理后，核心观点如下。

正方同学：继续雇用，因为能给孩子凭自己的努力生存下去的机会，但可以调整雇佣时间，让孩子课后打工。

反方同学：反对雇用，因为违反美国法律，公司可能吃官司。公司可以考虑成立基金，帮助孩子去读书。

正方同学：穷国既然缺乏就业生存机会，穷国政府就应该不会追究企业在穷国的童工雇用问题。穷人的孩子早当家，先生存后发展，自己奋斗的孩子更容易拼出头。企业是营利组织，不是慈善组织。做慈善会分散企业的人力和财力资源，且慈善规模不好把控。单个企业的慈善解决不了穷国这么多孩子辍学的问题。不如提供"打零工"的就业机会，帮助穷人的孩子奋发自强。

反方同学：穷国12岁辍学谋生的孩子太多，公司开了雇用童工的头，后面源源不断慕名而来的童工该怎么处理？某些不道德的父母可能会由于就业机会的出现，主动断掉孩子（尤其是女孩）学习的机会，过早让孩子去工作怎么办？企业可以通过契约的方式，约定被赞助的学生毕业后回企业服务一定时间，收回成本。

教师总结：这个案例确实让我们感受到了国际商务中伦理冲突的困扰，雇用或不雇用都有问题。难得正反双方都能做到在批判对方的基础上，提出统筹考虑后的建设性意见，值得表扬。在我们开始思考问题之前，不如先来探讨一下，为什么会出现这个困扰？问题产生的根源是什么？

④学生自由回答后，由教师总结并延伸到本章的其他伦理困境问题，引导学生思考伦理困境产生的根源是什么？（5分钟）

教师总结：12岁的孤儿该读书还是该就业取决于她待在哪个国家系统里。不同国家有不同的经济基础和上层建筑。单纯就教育而言，这是一项通过长期持续投资，完成国民从劳动力到人力资本蜕变的系统工程。国民受教育的年限对家庭（或国家）提出了客观的物质要求，也对家庭（或国家）的物质使用优先等级进行了提问。一般来说，国家会先创造财富然后再基于政治选择决定如何分配财富。本案例中孤儿的特殊性在于，她待在两个系统的夹缝里，生存还是发展，她是被选择的。

在一国工业化发展的初期，几乎都绕不开的，是与童工雇用问题类似的员工待遇问题、人权问题、环境污染问题、腐败问题等。我们这一章中要面对的国际商务中的各种典型伦理问题，其根本原因都在于，跨国公司的存在涉及两个不同的国家系统，这就导致问题的解决不能再在单一系统内部完成。例如，在一个封闭落后国家的循环体系中，集体的穷，使得先生存后发展成为大家都能接受的现实。然而一旦当两个处于不同发展阶段的体系相交后，生存状态的层级差就会尖锐地凸显出来。这种不同的生存状态强烈冲击着富国经理和穷国员工的所有认知。穷国员工没有能力去改变，富国经理虽然有能力改变，但要不要改变呢？我们需要反思。正是由于穷国人工和环境成本低导致两国生存状态之间有足够的层级差，这种层级差释放的成本优势给了富国企业足够的利润诱惑来投资。如果没有当地政府的干预，富国企业、富国经理如何面对这种与本国截然不同的个人和环境生存状态，则取决于富国企业和富国经理自身的伦理和社会责任感。

⑤教师在点明这种伦理困境同时也是跨国公司利用两套国家系统运行的成本差赚取利润的重要来源后，继续追问，在没有当地政府干预的情况下，富国经理要主动改变成本结构吗？（10分钟）

很多学生经过思考后，放弃了原有的支持提升穷国福利的想法。坚持富国企业有必要改善穷国福利的学生则进一步思考这么做的深层原因。学生重新表达自己的立场，并阐述理由以后，教师从学生的发言中抽象出管理人员解决伦理冲突的不同方式，以及通往伦理道德的不同哲学路径，从而水到渠成地完成教学内容的第二部分和第三部分。

教师总结：同学们的选择和课本提出的解决方式大同小异，根据在穷国遵循富国伦理道德的程度来看，有秉持"稻草人理念"，入乡随俗，接受穷国现状的文化相对论者，有不考虑道德的纯粹生意人，也有从成本收益出发，选择性地调整伦理标准的实用伦理主义者；有坚持人不是机器，而是需要被尊重的康德伦理学理论者，也有认为人具有超越国界和文化的基本权利的最低限度权利理论者；有认为在穷国投资也需完全遵循富国伦理标准的道德论者，也有认为在"无知之幕"即无人知晓各自背景的情况下，选择的分配方式才是公正的理论者。

经由教师指导，学生通过对比自己和他人的选择，全面理解了解决伦理困境的不同方式和不同哲学路径，认识到伦理困境虽尴尬，但其存在具有合理性，企业对待这种尴尬困境的选择方式取决于企业管理人员自身的伦理道德观念及企业的社会责任感。

⑥教师继续追问，国际商务中的伦理困境问题，有没有可能因为国家干预而产生不同的结果呢？如果有，为什么国家会干预呢？通过比较不同国家干预的方向和力度，比较不同国家的民众在国际分工中获利的不同，引导学生充分认识到中国在帮助人民参与全球竞争中起到的保护和提升作用。（15分钟）

教师引导学生认识到资本以盈利为目的，资本家和高管个人的道德不能从根本上改变资本对外投资的逻辑。但外来资本的进场确实给封闭落后的国家带来了参与国际分工，实现工业起飞的机会。

为什么全球分工中只有中国获得了如此巨大的成功呢？因为只有中国政府在留住外来投资的同时，想方设法地以最快的速度和最小的成本帮助本国国民跨越后发展过程中必须付出代价的阶段。那么中国政府做了哪些工作呢？

学生通过讨论，得出以下结论。第一，中国政府改革开放的大方针是正确的。第二，中国政府的军事力量、政策限制及反腐败、金融监管等措施使中国避免了外企对中国资源的掠夺。第三，中国政府在承认人工、环保层级差的同时，大力投入全民教育，全力帮助人民提升劳动力资本，分层分批地淘汰在人工和环保等方面道德伦理差的企业。第四，中国的分配方案相对公平，在国内成本上升的同时，巨大的市场仍然释放了足够的盈利空间。总而言之，在穷国国民面临被选择的尴尬境地时，中国政府带领民众稳步提高福利水平。

教师追问，为什么其他国家的政府和政党不能像中国政府一样呢？

学生自己得出结论，因为中国共产党的立党为公、执政为民的理念。中国共产党人的初心是为中国人民谋幸福，使命是为中华民族谋复兴。学生更加深刻地理解了社会主义核心价值观，也认识到发展过程中的错误和挫折是难免的。学生还认识到，比较不同国家的伦理状态时不能一刀切，必须结合各自的发展阶段去看。

五、案例反思

①案例讨论以小组的方式进行这一点比较关键。因为小组内必须给出统一意见，所以各小组的结论几乎都是小组激烈讨论后的结果。这种方式有利于学生从一开始就全面地看待问题，并因观点碰撞而增加对所讨论问题的兴趣。

②小组间的辩论有利于学生深入挖掘正反方观点背后的原因。新时代的学生更自信、更聪明，争论越激烈，他们越容易投入，越能发挥其聪明才智，争论后的结果也越能让他们信服。

③教师不断地补充知识点和步步追问很重要。从实践到理论的升华，从价值观的争论到核心知识点的提出，从选择方式的多样性到选择原则的统一性，从批判对方观点到提出相对完善的方案，最后将政治性代入学理性，整个过程潜移默化地对学生进行了一堂爱国主义教育。这种教师主导启发，学生在自主探讨中补充知识，最后一起探本溯源的显性教育和隐性教育相统一的方式能有效地完成思政课的教学目标。

④本堂课存在的问题是教学内容过于饱和，导致学生展开讨论的时间不够。可以将这堂课扩展成两堂课，并补充中国在由穷到富，由被动参与国际分工到主动对外投资的过程

中，应该如何把握伦理冲突问题，通过提供更多的场景代入，使学生更全面深入地厘清问题，把握分寸。

六、教学效果

本堂课教学效果良好，在引导学生自主学习的过程中，"润物细无声"地对学生进行了爱国主义教育。学生在课堂上非常活跃，但当别的学生或老师发言时，又能沉下心来思考和反省。

理念与方向：绿水青山就是金山银山

经济学院　陈浩

 **案例概述**

本案例阐释的是"绿水青山"和"金山银山"、环境保护与经济建设之间的辩证统一关系。"绿水青山就是金山银山（两山论）"源于浙江省安吉余村的探索实践，全国人民在"两山论"的指引下，从转变生产方式、生活方式和思维方式做起，用实际行动深入持久地推进生态文明建设，在此过程中涌现出很多值得国际社会借鉴的"中国做法""中国方案""中国经验"。教师通过讲解"两山论"理念的形成过程，阐述如何用"两山论"的理论来指导实践，并在课堂上以播放图片和视频的形式，组织案例教学，更生动地阐释了从"绿水青山"到"金山银山"的实践转换过程，更好地培养了学生坚定生态文明建设的信心。

一、基本信息

课程名称：人口、资源与环境经济学

授课对象：经济学专业、国际商务专业各年级学生

学习章节：第五章　第三节　中国生态文明建设理论和实践探索

使用教材：《人口 资源与环境经济学》，《人口 资源与环境经济学》编写组，高等教育出版社

教学课时：2课时

二、课程思政教学整体设计思路

为了贯彻落实《教育部等八部门关于加快构建高校思想政治工作体系的意见》和《高等学校课程思政建设指导纲要》的要求，落实中南财经政法大学开展思政案例教学工作的要求，"人口、资源与环境经济学"教学团队的教师们围绕课程的教学主题及教学目标，将思政教育与专业课知识紧密结合，在课程的多个章节和知识点教学中都融入了思政元素。本案例以教材第五章的教学内容为例进行课程思政教学方法设计。

在"绿水青山"转化为"金山银山"的案例中融入思想政治教育元素，从而加强对学生的生态文明教育，帮助学生了解生态文明理论知识，树立正确的生态文明观。

教师采取案例教学方法和多媒体教学工具，在课堂上播放视频《照着这条路走下去》，并建议学生观看《最美的青春》《右玉和她的县委书记们》这两部较好地诠释了荒漠沙地是如何变成林海和绿洲的电视剧。

在分析案例的教学实施过程中，培养学生艰苦奋斗的精神，使学生意识到幸福是靠奋斗得来的，并清晰认识到生态建设与经济发展之间的关系，牢记"五位一体"（经济建设、政治建设、文化建设、社会建设、生态文明建设）的发展理念，增强全局观和责任感。

三、教学目标

（一）课程教学目标

深入挖掘课程中的思政元素，将价值理念、精神内核潜移默化地融入课程，提升学生的生态文明素养和生态行为能力，培养学生树立正确的世界观、人生观、价值观，使过去单纯依靠思政理论课对学生进行生态文明教育的状况得到改变。将思想政治理论教育与专业教育相结合，既可以帮助学生了解生态文明理论知识，树立正确的生态文明观，又可以促进教学理念的更新、教学内容的丰富和完善。课程思政教学既是社会发展的要求，又是时代发展的历史使命。

（二）思政育人目标

落实立德树人根本任务，全面推进高校"课程思政"建设；充分挖掘"人口、资源与环境经济学"教学过程中的思政元素，科学运用思政元素，统筹好专业知识教育与思政教育；让思政元素为课程的育人目标服务，渗透到课程的全过程之中，并体现在教学效果上。

四、教学实施过程

（一）讲述"两山论"理念的起源

"绿水青山就是金山银山"，源于浙江省安吉余村在生态建设方面的探索实践。浙江省安吉余村三面环山，余村溪自西向东绕村而过。2005年8月15日，习近平同志来到安吉县余村考察，在余村首次提出"绿水青山就是金山银山"。浙江省拥有良好的生态优势，如果把这些生态环境优势转化为生态农业、生态工业、生态旅游等生态经济的优势，那么，绿水青山就能变成金山银山。

(二) 讲清楚"两山论"的科学内涵

"两山论"包括"既要绿水青山,也要金山银山""宁要绿水青山,不要金山银山""绿水青山就是金山银山"三个层次。具体来说,"两山论"的科学内涵包含三个方面。一是兼顾"绿水青山"和"金山银山"。这两者之间及生态保护与经济增长之间并非不可调和的对立关系,而是辩证统一的关系。只要尊重自然、顺应自然、保护自然,就有可能兼顾生态保护和经济增长。二是"绿水青山"是"金山银山"的前提。"宁要绿水青山,不要金山银山",绿水青山一旦被破坏往往是不可逆转的,而留得青山在,才能不怕没柴烧。这就是说,在无法做到"绿水青山"与"金山银山"两者兼顾的特殊情况下,要有所选择,要坚持生态发展优先。三从字面上来理解,就是"绿水青山"可以转化为"金山银山"。自然资源、生态环境、生态产品都是经济资源,都可以转化为金山银山。也就是说,保护好生态环境、保护好生态产品就是保护好金山银山。因此,"绿水青山就是金山银山"不能仅仅理解成生态经济化,而应是生态经济化和经济生态化的有机统一。它既强调生态环境的价值转化,又强调经济活动的绿色转型。"两山论"主要阐释了生态保护与经济增长之间的辩证统一关系,阐释了自然财富与社会财富、生态财富与经济财富、生态效益与经济社会效益的辩证关系。在处理这些关系时,要始终坚持"生态优先,绿色发展",因为绿色发展观是"两山论"的精神实质。

(三) "两山论"是中国生态文明建设的实践指引

"两山论"是在对余村样本进行分析研究和抽象概括的基础上形成的,被用来指导生态文明建设。在"两山论"的指导下,余村所在的安吉县以其良好的生态环境和人居环境,先后获评全国首个气候生态县、首届中国生态文明奖,成为首个获得联合国人居奖的县级市及国际可持续发展实验区。2018年9月26日,浙江"千村示范、万村整治"工程被联合国授予"地球卫士奖"中的"激励与行动奖"。安吉的实践,实现了绿水青山与金山银山的"双赢并进",实现了生态经济与环境保护的"双赢"。安吉生态经济发展的做法概括起来有三点。一是靠产业升级驱动绿色发展,转变"一产"方式,优化"二产"结构,提升"三产"层次。二是靠环境优化支撑绿色发展,依托环境优势,安吉从区域竞争的"洼地"一举成为外来投资的"热土"。优美的生态环境释放了生产力,高效的政务环境提高了竞争力。三是靠制度改革和机制创新激活了各类要素,释放了巨大的政策红利,为安吉绿色崛起提供了无穷的内生动力。

"两山论"从安吉推广到浙江全省乃至全国,成为全国人民拥护和认同的发展理念。例如,河北塞罕坝机械林场的探索实践是将荒原沙地变为绿水青山、再将绿水青山转化为金山银山的典型范例,生动诠释了"两山论",体现了保护与发展的和谐统一,对确立绿色发展理念具有重要的示范意义。塞罕坝的精神是牢记使命、艰苦创业、绿色发展。塞罕坝的经验,一是掌握一套"换算公式",知道眼前利益和长远利益如何换算;二是掌握一幅"生态地图",知道一草一木在生态文明建设大格局中的精准位置,延长生态经济产业链,最终实现了经济效益、生态效益、社会效益的有机统一。塞罕坝每年为京津地区输送净水 1.37 亿立方米、释放氧气 55 万吨,成为守卫京津的重要生态屏障。塞罕坝国家森林公园每年吸引游客 50 多万人次,一年的门票收入可达 4000 多万元人民币。塞罕坝的生态越来越好,其美景更是早已声名远扬。2017 年 12 月 5 日,联合国环境规划署授予河北塞罕坝林场建设者"地球卫士奖"。2018 年 8 月 1 日,在中央电视台综合频道首播的电视剧《最美的青春》,讲述的就是塞罕坝林场几代人种树的绿色奇迹。在 20 世纪 60 年代,北方林业大学的一批大学生作为第一代种树人,来到了塞罕坝,在荒漠上营造起万顷林海,这个人类改造自然的伟大创举不但创造了沙漠变绿洲、荒漠变林海的奇迹,更是打造出了"世界上最大的人工森林"。

选择"绿水青山就是金山银山"作为课程思政教学的典型案例,既能提高学生的专业知识水平、专业理论素养和实践能力,更有助于培养学生的价值观和精神品格,让学生在掌握"绿水青山就是金山银山"的理念过程中,潜移默化地接受社会主义核心价值观教育,从而提高生态文明意识、家国情怀、文化素养和道德修养。"课程思政"中思政元素的渗透和融入,不是大张旗鼓的,而是春风化雨式的;不是喧宾夺主的,而是潜移默化的;不是照本宣科的,而是活学活用的。教师通过对鲜活案例的剖析,激发学生的爱国热情,引导学生树立远大的理想和抱负,通过春风化雨式的教学将人生观和价值观有机融入专业知识教学过程中。案例"绿水青山就是金山银山"的课堂教学既能凸显专业知识、彰显价值引领,又饱含激发精神追求的思政元素,避免了枯燥的思想政治教育。

(四)注重让学生参与和互动

接下来的一个环节是让学生自由地谈谈对生态文明的理解,谈谈"绿水青山"转化为"金山银山"的机制、路径,谈谈在中国生态文明建设的典型成功案例中,有哪些称得上是"中国做法""中国案例""中国经验"?

课堂交流的时间不够,也可课后交流,交流过程中时时处处彰显专业知识教育所蕴含的思想价值和精神内涵。

五、案例反思

(一)缺乏实地调研

由于教师没有到浙江安吉余村进行现场调研考察,没能获得第一手资料,没有直接的现场感受和认识,只能基于收集到的各种材料加工整理并进行备课讲课,所以课程缺乏鲜活性和实践性。

(二)课堂讨论交流受时间限制

由于课时限制,教师无法在课堂上组织讨论交流。如果要组织课堂交流,学生必须在课前做较多的准备，课后也要做好总结，这是一个需要改进的方面。

（三）缺乏影像视觉效果

在课堂上播放一些影像材料将会占用较多时间，教师需要调整教学进度和教学内容，如增加课时、紧凑安排教学活动、优化教学内容等。

在以后的教学中，将多给学生创造思考交流的机会，从而提升教学效果。

六、教学效果

（一）"课程思政"教学成效显著

本案例教学将理论与实践紧密结合，在教授专业知识的过程中融入"思政元素"，将"立德树人"的要求充分贯彻到"人口、资源与环境经济学"的课程建设中，最大化地凸显了"课程思政"建设的价值追求和精神内涵。

（二）体现了以学生为中心的原则

让学生在授课过程中喜欢学、主动学；让学生在课堂上有得做、愿意做、积极做。在专业知识学习中融入思政元素，不是建立"空中楼阁"和"理想王国"，而是结合教学内容深入挖掘原本就存在的、科学合理的思政元素。

"知"宏观经济运行原理 "解"中国经济发展奇迹
——记《宏观经济学》课程思政

经济学院　张鸿武

 案例概述

本案例将思政元素与宏观经济学学科知识相结合,充分利用网络资源,以数据图表、视频等直观形式向学生展示中国经济增长与发展成就,帮助学生进一步坚定"四个自信";采用启发式教学和分组讨论的形式,以马克思主义基本原理和中国特色社会主义理论为指引,结合《大国崛起》纪录片,引导学生认识中国经济政策和发展理念,分析中国经济发展成就与经验,深入探讨中国如何才能实现长期经济增长和社会发展。教学致力于将马克思主义立场、方法和社会主义核心价值观贯穿于教学的全过程,做到知识传授、价值引领、能力培养的高度统一。

一、基本信息

课程名称:宏观经济学

授课对象:经管类专业二年级学生

学习章节:第十六章　经济增长

使用教材:《西方经济学:下册》(第2版),《西方经济学》编写组,高等教育出版社、人民出版社

教学课时:3课时

二、课程思政教学整体设计思路

将思政元素纳入教学全过程,将"讲理论""说故事""引案例"有机结合,充分运用"对比式"案例教学、情景教学和实践教学模式,并采取分组讨论的形式引导学生探究热点经济问题。课程思政教学设计思路如图1所示。

为帮助学生更好地理解基本理论知识,教师可以以直观的图表、图片、视频等形式,

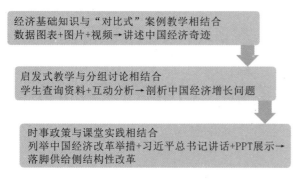

图 1　课程思政教学设计思路

通过"对比式"案例教学，讲述中国经济奇迹，展示中国经济发展取得的巨大成就，激发学生对社会主义制度优越性的认同感，潜移默化地帮助学生坚定"四个自信"；同时将中国与发达国家之间的经济发展情况进行对比，帮助学生认识到中国与发达国家之间存在的差距，激发学生树立报国之志。

在分析中国经济增长与发展现状时，教师可以将启发式教学与课堂实践教学相结合，引导学生探究中国经济增速减缓的主要原因，进而引出国家为解决经济增长动力不足等问题而实施的供给侧结构性改革，鼓励学生去了解感兴趣的行业和领域供给侧结构性改革所取得的阶段性成就，以课堂 PPT 分享的形式让学生在课堂实践中加深对国家出台的经济改革政策的认知和理解。此外，通过带领学生学习以习近平同志为核心的党中央在不同阶段对我国经济发展的论述，使学生了解我党对经济发展的认知变化，深化学生对习近平新时代中国特色社会主义思想及社会主义核心价值观的了解。

根据课堂学生发言、分组讨论情况，以及课后学生提交的 3000 字左右的有关中国经济发展现状及长期经济增长动力的课程论文，评价本课程融入思政教学后的成效。

三、教学目标

（一）课程教学目标

理解经济增长概念、经济发展基本概念、经济增长决定因素、经济发展基本要素，掌握经济增长核算方程、新古典增长模型、内生增长理论，了解促进经济增长的政策和推动经济发展的战略。在掌握基础知识的基础上，能够灵活运用所学知识对中国经济发展现状进行分析，从而对改革开放以来中国经济发展所取得的巨大成就有更清楚的认知；通过与其他国家的经济发展状况进行对比，发现目前中国经济增长面临的困难，并在此基础上结合中国经济发展历程剖析中国经济增速放缓的深层次原因；结合当前国家经济政策，提出促进中国长期经济增长的可行性建议。

（二）思政育人目标

应用习近平新时代中国特色社会主义思想，分析和解读当代中国经济建设取得的巨大成就、中国经济发展现状、中国经济发展方式转变的原因、中国经济增长存在的问题等。一方面，教师可以引导学生运用马克思主义基本原理辩证地看待现有经济理论，让学生切实理解西方传统经济理论存在的缺陷，鼓励学生探索出更具有中国特色的方式去讲述中国故事、解释中国经济现象；另一方面，教师通过将"四个自信"贯穿于教学的全过程，增强学生的民族自信心和自豪感，引导学生树立投身社会主义现代化建设的伟大志向，实现思政教育与专业课"同频共振"的效果，达到立德树人的目的（见图2）。

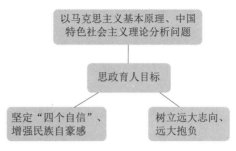

图 2　思政育人目标

四、教学实施过程

（一）课程导入

教学开始后，教师先采用情景教学法，利用10分钟时间为学生播放《大国崛起》纪录片第一集的部分片段（见图3），激发学生了解15世纪以来大国兴衰和大国崛起历史规律的兴趣，再布置课后观看纪录片的小任务，让学生利用课后时间了解英国、美国等九个国家的经济发展史，思考中国经济未来的发展方向，并在课程QQ群打卡分享个人观后感。

图 3　《大国崛起》纪录片截图

（资料来源：《大国崛起》纪录片）

（二）理论知识教学

阐述经济增长的定义及其主要衡量指标GDP，详细讲授经济增长核算、新古典增长模型和内生增长理论，使学生对基础理论知识有较为清楚的认识。在讲授西方经济理论时，教师带领学生以马克思主义的立场和方法辩证地看待西方经济理论，分析西方经济理论在具体应用于解释中国经济增长现象时存在的不足，帮助学生认识到在借鉴西方经济理论分析中国经济时，需要充分考虑中国特色与中国国情，做到具体问题具体分析。理论知识教学的框架如图4所示。

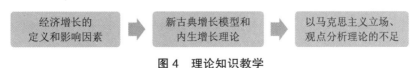

图 4　理论知识教学

(三)理论联系实际:中国经济增长分析

在基础理论知识教学的基础上,以《中国统计年鉴》中的 GDP 数据、人均 GDP 数据及网络图片进行"对比式"案例教学,运用马克思主义的唯物史观,多维度比较中外宏观经济发展状况。

1. 中国自身经济发展的纵向比较

将改革开放以来的 GDP 数据、GDP 增速数据(见图 5)直观地展示给学生。

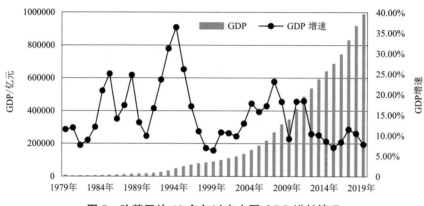

图 5 改革开放 40 多年以来中国 GDP 增长情况

(资料来源:《中国统计年鉴》)

此外,在 PPT 中插入以衣食住行四方面体现中国经济发展成果的图片,从贴近生活的衣食住行变化看民族复兴和伟大中国梦的实现,引发学生关注中国经济发展历程的兴趣,使学生的民族自豪感悄然提升。

此时提出问题:中华人民共和国成立以来,中国经济发展取得如此显著成就的原因是什么?在 3 分钟的两人结组自由讨论后,学生踊跃举手回答。答案涵盖"党的正确领导""始终坚持改革开放""制度优势""科技进步""一代代中华儿女艰苦卓绝的奋斗""以爱国主义为核心的民族精神的支撑"等内容。学生的回答充分显示了他们对党的领导、对社会主义制度和对中华文化的认可。

2. 中外经济发展比较

在进行中外经济发展情况的具体分析比较之前,教师先利用 5 分半钟的时间向学生展示由 IFs(美国丹佛大学 Pardee 中心的未来建模系统)发布的 1960—2100 年世界 GDP 排名前二十个国家的 GDP 动态变化视频。视频中对中国 GDP 增长之快、未来远超西方发达国家的预测,引起学生情不自禁地为中国奇迹点赞。

接下来,具体对比中国与印度、日本的经济发展情况(见图 6)。通过世界银行公布的中国、印度和日本历年的 GDP 数据,让学生以直观的方式了解中国的经济发展成就。

中印对比	• 经济现象：GDP、人均GDP、人民生活水平对比 • 经济问题：同为人口大国，为何印度与中国人均GDP差距如此大？
中日对比	• 实力对比：GDP、经济发展轨迹、科技发展水平 • 经济问题：中国凭借何种优势超越日本？与日本在哪些方面仍有差距？

图 6　中外经济发展对比分析

（1）中印对比

中国和印度同为第二次世界大战后解放的发展中国家，21 世纪以来，中、印两大发展中国家的经济均呈现出高速增长的态势，近年印度的 GDP 增长率甚至超过中国，但其人均 GDP 增长却十分缓慢，远落后于中国。在此提出疑问：同为人口大国，为何印度人均 GDP 显著低于中国？中国比印度做得好的地方有哪些？为保证充分高效利用课堂时间，教师可将该问题留到课后供学生相互讨论，并让学生将自己的观点分享到课程 QQ 群。

（2）中日对比

中国和日本是经济发展轨迹较为相似的两个亚洲国家，中国始终坚持改革开放，在 2010 年名义 GDP 就超过了日本，一跃成为世界第二大经济体。由此抛出思考题：中国经济能在较短的时间内超过日本的重要原因是什么？在学生踊跃回答后，教师总结：中国经济能够保持较高水平的增长，是因为社会主义制度的优越性及中国政府的有力决策起到了十分关键的作用。与此同时，通过对中国和日本的人均收入水平、科技发展水平进行对比，帮助学生认识到中国经济发展道路仍然漫长，与发达国家之间还有十分显著的差距，使学生充分认识到当代大学生作为社会主义现代化的未来建设者和接班人所需要承担的责任，由此提升学生的责任意识、担当意识和使命意识，激发学生为中华崛起而努力的斗志。

在引导学生多维度分析中国经济发展状况时，一方面，教师通过具体化对比，展现中国经济建设所取得的巨大成就，以此彰显社会主义制度的优越性，加深学生对社会主义制度、对中国共产党的领导的认可，激发爱国情怀，潜移默化地帮助学生坚定"四个自信"；另一方面，在看到发展成就的同时，教师也要让学生充分认识到中国经济增长中存在的问题及中国与发达国家经济间的差距，进而激励学生刻苦学习，承担起时代赋予他们的使命，成为合格的社会主义接班人。

（四）聚焦中国经济增长中存在的问题

在对中印经济增长情况进行对比后，学生们提出这样的疑问：为何近年来中国经济增长速度有所放缓？增速放缓是不是意味着未来中国经济发展前景不乐观？由此自然引出后续师生一起探究经济增速回落、增长动力不足等问题。

教师引导学生利用课余时间，通过线上查询资料的方式，对经济增速放缓原因有一个初步的认识。课上，教师可以结合党的十八大以来国际经济环境复杂多变、国内经济下行压力加大、"三期叠加"及各类风险挑战增多等严峻形势,对经济增速放缓现象进行解释。以往中国经济快速发展主要依赖于以外部市场为导向的粗放型增长模式,这种发展模式效率低,不能成为推动经济长期发展的动力;在中国人口红利逐渐消失的背景下,劳动密集型产业对经济的贡献率显著下降,未来人口红利的发力点在提升人才素质方面,以此来引导学生树立正确的价值观,通过学习专业知识和参加校园、社会实践,不断提升个人综合素质,为未来释放"人才红利"做贡献。

教师向学生说明:虽然目前中国的经济增长速度放缓,但中国已经进入了中高速增长阶段,未来经济增长质量将远高于其他国家。在党中央的领导下,全国坚持新发展理念,坚持稳中求进的工作总基调,主动把握和引领新发展、新常态,短暂的经济增速放缓是为了未来更高质量的发展。通过一系列分析,增强学生对未来中国经济发展美好前景的信心。教师进一步引导学生探索"为应对经济增速放缓,我国政府已经采取了哪些经济举措?未来仍需要在哪些方面做出努力?"等问题(见图7)。

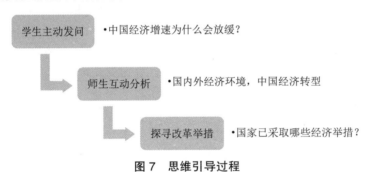

图7 思维引导过程

(五)聚焦国家经济发展政策

为向学生展现国家在应对经济增速放缓、促进长期经济增长方面所做的努力,教师可以充分利用多媒体这一教学工具,为学生列举包括国家在发展绿色经济、进行供给侧结构性改革、共建"一带一路"倡议、成立亚洲基础设施投资银行、推动中国高铁出口、增设自贸试验区等方面的举措。当涉及当前一些经济政策的相关内容时,教师可以在PPT中引入如"稳中求进客观上要求从人民群众的根本利益出发,而非以GDP论英雄""要在实践中杜绝将'发展才是硬道理'扭曲为'唯GDP'和'唯市场化'""科技创新成果带来的红利,才是国人可以分配的真正实惠"等具有时代感的内容,并引导学生积极参与交流互动,分享自己了解的相关政策和措施。

供给和需求两方面因素虽然都影响经济增长,但长期来看,经济增长主要受到供给方面因素的制约。因此,在研究国家应对经济增速放缓所出台的政策措施时,以分析供给侧结构性改革为主。

教师对供给侧的基本定义进行阐述,带领学生回忆包括凯恩斯理论及供给学派观点在内的西方经济学理论,使学生认识到供给学派的观点对推进供给侧结构性改革具有积极的借鉴意义，同时以资本主义国家遭遇的几次大的经济危机为例来说明西方经济学理论存在的缺陷，引导学生用马克思主义的方法，把一般原理与具体实际结合起来，充分考虑中国国情的特殊性。在此，教师可以用一页PPT展示马克思主义中国化的过程，以在运用马克思主义解决中国问题时不断创新出的马克思主义中国化理论成果为实例，帮助学生认识到在经济建设过程中坚持贯彻习近平新时代中国特色社会主义思想的重要性。

教师以启发式教学引导学生分组探讨目前供给侧结构性改革在"三去一降一补"（去产能、去库存、去杠杆、降成本、补短板）五个方面取得的阶段性成效，学生可以以5~8人为一组的形式选定感兴趣的领域并进行了解，教师在课上选取小组进行每组5分钟的分享。通过课堂实践，以实际看得见的成果让学生了解以习近平同志为核心的党中央出台的经济政策的可行性和成效，帮助学生加深对我国改革政策的理解。供给侧结构性改革的分析过程如图8所示。

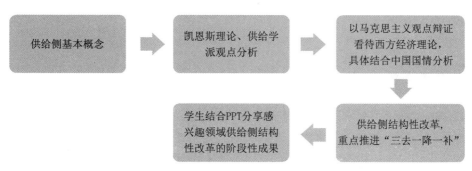

图8 供给侧结构性改革的分析过程

五、教学反思

在经济学教学中，教师需要结合学生特点，以生动切实的案例潜移默化地加深学生对社会主义制度优越性的理解，以改革开放后中国经济建设取得的成就展现党中央的判断力、前瞻性、大局意识、决策力，使学生更加坚定不移地坚持中国共产党的领导。思政寓于课程的过程，要如春风化雨般地提升学生系统运用以马克思主义为指导的中国特色社会主义理论正确分析中国经济发展内在逻辑的能力，使学生能够更好地运用习近平新时代中国特色社会主义思想讲好、讲透、讲懂中国故事。

在今后的专业课教学中，教师需要进一步摸清新时代青年大学生所具备的特质，并结合时事热点，以多媒体、网络视频等更能吸引学生兴趣的方式呈现课程专业知识，从而引起学生在情感上的共鸣，拉近学生与专业知识的距离；还要鼓励学生以经济理论解释现实经济现象，并主动用马克思主义观点、方法思考现实问题。此外，教师要更多地将前沿理论与党中央领导集体关于经济方面的论述穿插到专业课教学过程中，赋予专业知识以鲜活的时代特征，进一步坚定学生的"四个自信"，提升学生在中国特色社会主义新时代大背景下的应变能力和创新能力，为国家培养出合格的新时代社会主义建设者和接班人。

六、教学效果

在进行课程思政教学改革后，学生课堂参与度明显提高、注意力更加集中，且通过发言情况教师能清楚地感觉到学生能够逐渐运用马克思主义基本原理思考问题，能够更加自如地以中国特色社会主义理论分析中国经济的具体情况。在以直观形式向学生展现中国经济发展取得的成就，以启发式教学带领学生探究巨大成就背后的深层次原因的过程中，越来越多的学生更加积极地参与课堂互动，讲述中国经济发展故事。在分析目前中国经济增长面临的困难及政府举措时，学生更加主动地思考问题，敢于对已有理论提出疑问，并能够结合中国经济发展的具体情况发表观点。课后，很多学生经常在课程 QQ 群里分享与经济发展相关的优秀论文、公众号文章、经济政策解析等，并逐渐养成了关注时事政治与经济动向的良好习惯。

参考文献

贺勤志，2020. 宏观经济学开展课程思政教学路径探析 [J]. 对外经贸（8）：126-128.
刘鹤，石瑛，金祥雷，2019. 课程思政建设的理性内涵与实施路径 [J]. 中国大学教学（3）：59-62.
吴万宗，潘瑞姣，2018. "比较式"案例教学方法在课程思政建设中的应用：以《宏观经济学》课程为例 [J]. 创新创业理论研究与实践，1（16）：15-16.

复兴之路：中国探索现代化道路的
百年抉择与辉煌成就

经济学院　张连辉

 **案例概述**

以史为镜，可以知兴替。中国近现代一百多年的发展史，尤其是经济发展史，本身就是一部内容丰富的教科书，值得所有人好好研读。通过本课程的学习，可以使学生在更加全面深入了解中国近现代经济发展历程的同时，对这两个时期由于经济发展道路、制度与政策选择等不同所带来的经济发展状况的差异拥有更清晰、更深刻的认识，从而进一步增强学生对中国共产党领导中国人民所开辟的中国特色社会主义道路的认同与自信。

一、基本信息

课程名称：中国近现代经济史

授课对象：经济学专业二年级学生

学习章节：第六章　世界市场的扩张与中国经济近代化的起步

　　　　　第七章　近代国家经济政策和制度的变化

　　　　　第十一章　近代中国的经济增长与在世界经济中的地位

　　　　　第十二章　当代中国经济发展的起点与制度选择

　　　　　第十六章　当代中国经济发展的成就与进入中国特色社会主义新时代

使用教材：《中国经济史》,《中国经济史》编写组，高等教育出版社

教学课时：30课时

二、课程思政教学整体设计思路

课程思政的关键是将思政诉求与素材融入专业课程教学，实现"知识传授"和"价值引领"的有机统一。

本课程思政教学的主要目标是增强学生对中国特色社会主义道路尤其是中国特色社会

主义经济发展道路的认同与自信。

为实现此教学目标，本课程将重点讲授两方面的内容。第一，谋求中华民族伟大复兴是中国近现代经济史的核心主题。近代以来，无数胸怀天下、心系苍生的国人，一直在苦苦探寻中华民族复兴之路。中国共产党是中华民族伟大复兴的领导者，也是迄今成绩最好的领导者。第二，中国特色社会主义道路是实现中华民族伟大复兴的必由之路。中国共产党之所以能成为成绩最好的领导者，关键在于党领导中国人民经过艰辛探索开辟了中国特色社会主义道路。这是历史的选择，是中华文明经过百年激荡后赢得的历史性机遇。只有在中国共产党的领导下坚定地走中国特色社会主义道路，才能最终实现中华民族的伟大复兴。

思政教学忌简单说教。为此，本课程将重点引导学生理解决定中国道路选择的历史逻辑和理论逻辑，并尽量通过历史逻辑和理论逻辑的统一，使学生在知其然的同时还能够知其所以然，进而增强道路自觉与自信。

三、教学目标

（一）课程教学目标

1. 教学主题

教学围绕中国经济发展道路的选择展开。

2. 教学内容

①政府职能和作用的变化；

②经济增长与产业结构的变化；

③城市化问题；

④区域经济发展问题；

⑤收入分配政策转变与实践；

⑥农村现代化问题；

⑦中国经济的发展成就；

⑧新发展理念与建设现代化经济体系；

⑨中国经济发展面临的挑战和机遇。

3. 教学目标

让学生了解1949年以来中国经济体制、战略、政策与实践的演进历程，包括政府职能作用的变化、经济增长情况及产业结构的变化、城市化和区域经济发展及中国在世界经济中的地位变化等。同时，让学生了解当前中国经济发展面临的挑战和机遇。

（二）思政育人目标

通过加强学生对中国经济发展成就的认识，使学生深刻理解中国道路的内涵，坚定"四个自信"，形成为实现中华民族伟大复兴的中国梦而奋斗的自觉意识。

四、教学实施过程

（一）近代中国的经济发展

第六章　世界市场的扩张与中国经济近代化的起步

第七章　近代国家经济政策和制度的变化

第十一章　近代中国的经济增长与在世界经济中的地位

【讲解的主要内容】

第一，工业革命在英国取得胜利后，继续向欧洲和北美扩展，它不仅引起了生产技术的革新，促进了生产力的巨大发展，而且引发了生产关系的重要变革并促进了世界市场的形成，加速了世界经济近代化的进程。近代中国在被帝国主义列强纳入世界市场之后，一方面逐渐开启了自己的近代化进程；另一方面沦为了半殖民地半封建社会，走上了一条独特的发展道路。第二，自晚清以来，各届政府围绕振兴实业的目标，不断改革近代经济管理机构、转变政府职能、移植西方法律、增加制度供给，促使财政金融货币体制发生制度变迁。第三，近代中国的经济总量实现一定程度的缓慢增长，产业结构有所优化，区域经济逐渐发展，市场规模逐渐扩大，城市化进程明显加快。但中国的经济发展也受到了来自外部因素的严重制约，城乡之间和各地区之间的收入差距不断扩大，同时大量资金流向海外，经济波动也呈现出对发达国家的从属性特征。总体上，近代中国的经济未能赶超发达国家，仍处于世界市场体系的边缘和国际分工体系的低端位置。

【学生讨论】 近代中国崛起失败的原因有哪些？具体围绕以下问题展开。

①论述鸦片战争后中国与世界市场的关系。

②简述中国经济近代化的起步，以及对晚清开明派的"开眼看世界"、洋务运动、维新变法等的评价。

③论述中国和西方国家经济近代化的道路。

④论述近代各时期中国政府的转变与经济近代化之间的关系。

⑤试述中国近代经济发展的总趋势和阶段性特点。

⑥试分析近代国际因素对中国经济的影响和近代中国在世界经济中所处的地位。

⑦近代中国经济发展的中心线索是什么？

⑧论述近代中国经济的周期性波动及其对发达国家的从属性特征，以及外资企业对中国近代经济发展的制约。

【预期目标】

对于这一部分的内容，本课程期望通过教学与讨论达到以下两个目标。

①在经济理论方面，要让学生对相关经济史实有基本了解，通过了解世界经济近代化的进程和中国半殖民地半封建经济的形成过程，理解中国经济近代化的特殊性。在了解近

代主要经济管理机构、部门产生发展的背景和变迁过程，以及政府经济政策的效果和局限性的基础上，引导学生从政府经济管理机构、经济政策和制度变迁的角度理解经济近代化的过程。

②在思政方面，以上述经济史实为基础，引导学生进一步展开思考。导致近代中国落后的原因固然非常多，但最重要的是什么？是缺乏一个强有力的领导集团。没有强有力的领导集团，任何的制度或政策变革即使方向选择是正确的，也终将以失败告终。从洋务运动到维新变法，再到统制经济时期的经济政策、政治制度、科技政策等方面的变革失败都说明了这一点。进一步引导学生思考强有力的领导集团是如何产生的？根据历史唯物主义理论，自然条件和社会经济状况是社会发展的基础条件，外部环境也会对社会发展造成很大影响，但最关键的是要有正确的理论做指导。中国共产党之所以能够带领中国人民走出积贫积弱的落后状态，无疑与马克思主义理论的指导密不可分。

（二）计划经济时期的中国经济

第十二章　当代中国经济发展的起点与制度选择

【讲解的主要内容】

第一节主要介绍中华人民共和国成立初期经济发展的初始条件，包括中华人民共和国成立初期的国际环境和国民经济恢复时期的新民主主义经济体制。第二节主要介绍中华人民共和国成立初期工业化战略的确定和计划经济体制的形成，包括过渡时期总路线的制定，对农业、手工业和资本主义工商业的社会主义改造，以及计划经济体制的核心内容。为确保国家安全和尽快摆脱贫穷落后的状态，中国选择了优先发展重工业的社会主义工业化道路，这直接影响和决定了中国随后20多年的经济体制和发展方式。第三节主要介绍中国从计划经济向社会主义市场经济的转变，包括对计划经济的运行、特征、问题及改进的讨论，以及计划经济体制向社会主义市场经济体制的转变过程。

【学生讨论】

①中华人民共和国成立初期面临着怎样的经济起点，为什么会建立社会主义计划经济体制？

②认识社会主义计划经济体制的内涵、特征及历史作用。

③了解中华人民共和国成立初期经济发展的初始条件，并在此基础上深入认识当时中国优先发展重工业的工业化战略。

④理解中华人民共和国成立初期的工业化战略与社会主义计划经济体制之间的内在联系。

⑤计划经济体制是如何向社会主义市场经济体制转变的？

⑥中国社会主义初级阶段的基本经济制度包括哪些基本内容？

【预期目标】

对于这一部分的内容，期望通过教学与讨论达到以下两个目标。

①在经济理论方面，一是帮助学生理解中华人民共和国成立初期为什么会选择这样一条发展道路，以及这一选择与高度集中的计划经济体制之间的因果联系；二是通过分析和讨论帮助学生认识计划经济体制的内涵、特征、不足及其在中国工业化进程中所发挥的历史作用，并在此基础上使学生进一步理解改革开放以来中国共产党对传统社会主义理论的突破和创新，以及我国由计划经济体制向社会主义市场经济体制转变的客观必然性。

②在思政方面，使学生对计划经济时代的经济发展有更全面的了解，尤其是对计划经济体制有辩证的认识，而不再是人云亦云地简单批判。在中华人民共和国成立初期，国内经济基础薄弱，国际环境险恶，中国选择向苏联"一边倒"具有历史必然性。从此后的经济发展状况看，中央集权的计划经济体制对国民经济的迅速恢复起到了重要推动作用，使中国在短时间内就建立起了比较完整的现代工业体系，为后来的改革开放打下了坚实的基础。到20世纪70年代末，随着国内外形势的变化，传统计划经济体制完成了其历史任务。中国共产党审时度势，及时开启了改革开放新征程。

（三）中国特色社会主义新时代

第十六章 当代中国经济发展的成就与进入中国特色社会主义新时代

【讲解的主要内容】

中国道路是中国共产党带领中国人民经过多年的探索形成的。"中国奇迹"是世界人民对中国发展成果的积极评价。中国的经济发展已经进入了中国特色社会主义新时代。理论和实践都雄辩地证明，中国特色社会主义是实现中华民族伟大复兴的康庄大道。展望未来，中国经济发展既面临挑战，也存在机遇。只要坚持中国共产党的领导，只要坚持改革创新，中华民族伟大复兴的"中国梦"就一定能实现。

【学生讨论】

①中华人民共和国成立以来，政府的作用和职能发生了什么样的转变？

②中华人民共和国成立以来，城乡关系发生了什么样的变化？

③1949年以来中国取得了哪些经济成就？

④1949年以来中国对外关系有了哪些发展？

⑤简述新时代坚持中国特色社会主义基本方略的经济内容。

【预期目标】

对于这一部分的内容，期望通过教学与讨论达到以下两个目标。

①在经济理论方面，让学生了解1949年以来中国经济的演变历程，包括政府职能作用的变化、经济增长及产业结构的变化、城市化和区域经济发展及中国在世界经济中的地位变化等。

②在思政方面，通过带领学生了解中国经济发展成就，使学生深刻理解中国道路的内涵，坚定"四个自信"，进而形成为实现中华民族伟大复兴的中国梦而奋斗的自觉意识。

五、案例反思

第一，需要进一步完善教学计划。从古至今，中国经济的发展所涉内容繁多。受课时限制，关于中国道路的讲授和讨论的时间可能不够充分。可通过调整教学计划，适当增加此部分教学的课时。

第二，需要进一步找准将思政元素融入教学过程的切入点。这要求教师具备扎实的专业理论功底和政治理论素养。例如，若想做到正确认识改革开放前和改革开放后两个历史时期的关系，就需要教师先对改革开放前后的经济发展史进行全面和深入的研究，然后才能在此基础上解释两段历史之间的逻辑联系，从而更好地说明中国特色社会主义道路的科学内涵及其伟大意义。

第三，需要进一步引导学生积极参与教学过程。与一般的理论教学相比，在思政教学过程中教师对相关问题的讲授只是引导，学生们的讨论才是最为重要的环节。但在实际教学过程中，学生们的参与度往往不太高，因此需要教师用鲜活的事实和理论的魅力激发学生学习和参与教学的积极性，这就对任课教师的学术素养和教学技巧提出了非常高的要求。

六、教学效果

对教师而言，思政教学改革加深了教师对中国道路，尤其是中国特色社会主义市场经济道路的理论认识与情感认同。这是实现思政教学目标的重要基础。

对学生而言，思政教学改革有助于他们树立正确的世界观、人生观、价值观。现代世界是一个开放的世界，作为新时代的大学生，他们接触的世界更为广阔，了解的信息也更加丰富，但由于涉世未深，会很容易被一些错误的观念误导，从而产生错误认识。通过思政教学改革，能够更好地解决这方面的问题。

开辟新天地　创造新奇迹
——坚定中国制度自信

经济学院　张霞

 **案例概述**

这是一个多案例教学设计。在人类社会发展进程中，中国最早将社会主义基本制度与市场经济体制相结合，开辟了世界社会主义发展的新天地、创造了世界经济发展的新奇迹。中国的改革开放是一个体现制度变迁的最好案例，中国取得的伟大成就是坚定中国制度自信的客观依据。

一、基本信息

课程名称：新制度经济学

授课对象：经济学专业二年级学生

学习章节：导论（制度及制度自信）

使用教材：《新制度经济学》，卢现祥，北京大学出版社

教学课时：2课时

二、课程思政教学整体设计思路

习近平总书记在庆祝中国共产党成立95周年的大会上曾讲："有了'自信人生二百年，会当水击三千里'的勇气，我们就能毫无畏惧面对一切困难和挑战，就能坚定不移开辟新天地、创造新奇迹"。在"新制度经济学"课程的教学中，尤其是在教授导论部分"制度及其在经济发展中的重要作用"时，教师结合中国特色社会主义建设事业的实践和成就，详细讲解习近平新时代中国特色社会主义经济制度的优势，坚定学生对中国制度的自信，激发学生"开辟新天地、创造新奇迹"的奋斗精神。

具体的教学思路是以一个知识点为主体，采取多案例展开、讲授与讨论相结合的方式进行的。以制度的兴起和制度对经济增长的影响两方面的理论知识为基础，结合中国社会

主义经济建设的实践和发展，从对中国特色社会主义制度充满制度自信的重要性、制度自信的基础、坚定制度自信的方式三个方面展开，在课堂讲述中对引入的相关案例资料和视频资料进行分析，并提出问题让学生参与讨论分享，如图1所示。

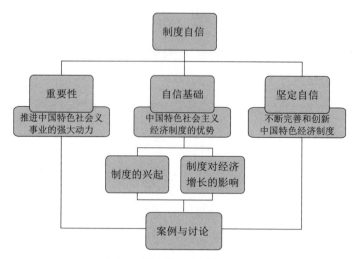

图 1　课堂教学设计框架图

三、教学目标

从制度的兴起和制度对经济增长的影响两个视角来阐释习近平新时代中国特色社会主义经济制度的优势，使学生深刻理解党中央提出的"制度自信"的内涵，从而增强新时代青年的历史自豪感和时代责任感。

培养学生坚定制度自信，引导学生全身心地投入中国特色社会主义事业的建设当中，以实际行动支持和拥护党中央的政策决定；使学生能够清晰、客观、正确地将西方社会制度与中国社会制度进行比较；鼓励学生要勇于面对一切困难和挑战，坚定不移地"开辟新天地、创造新奇迹"。

四、教学实施过程

按照教学的主要观点及实施进程，将教学过程分为三个部分。

（一）制度自信的重要性——制度自信是推进中国特色社会主义事业的强大动力（20分钟，其中学生分享5分钟）

要实现中华民族伟大复兴的梦想，我们就要始终坚持并不断发展中国特色社会主义制度，就必须要坚定制度自信。中国共产党的制度自信不仅带领全国人民建立了中华人民共和国，还成功开辟了具有中国特色的社会主义道路；不仅在经济体制上实现了由传统的计划经济向市场经济的转变，还在分配制度上完成了从"平均主义"向"按劳分配为主体、多种分配方式并存"的转变；不仅开创了"中国模式"、实现了经济的长期高速增长，还为世界经济发展做出了巨大贡献。

改革开放40多年来，发展中国家和转型国家的改革实践已经证明中国制度（北京共识）比美国制度（华盛顿共识）更具有优势。（引入改革开放四十年成就展中的图片）

学生讨论分享：结合案例中的资料及当今西方资本主义国家的发展现状，谈谈你对中国特色社会主义制度、中国特色社会主义道路有信心吗？为什么？（1~3人分享）

（二）制度自信的基础——中国特色社会主义经济制度的优势（50分钟，其中学生分享15分钟）

主要从新制度经济学研究的两个核心问题来进行讲解，即制度的兴起和制度对经济增长的影响。

从制度兴起的视角，对习近平新时代中国特色社会主义经济思想的产生与演进过程进行概括。我国从传统的计划经济体制向市场经济体制转变、从粗放型经济增长方式向集约型经济增长方式转变、从物本经济向人本经济转化，以及经济的供给侧结构性改革，其实质上就是一场深刻的制度变迁，就是习近平新时代中国特色社会主义经济思想形成的过程，就是中国共产党揭示人类社会发展的普遍规律的过程，就是用实践真知来坚定制度自信的过程。（引入视频资料：《思想的形成》）

从制度对经济增长影响的视角，将习近平新时代中国特色社会主义经济思想的形成、发展与中国经济的转型、发展、成果相结合，描绘出经济思想中的制度优势。随着经济制度的变迁，中国经济发展突飞猛进、人民生活水平显著提高、社会公平正义得以维护，这些都是习近平新时代中国特色社会主义经济思想中制度优势的体现。

学生讨论分享：引用身边现实案例，讲述中国改革开放40多年来社会经济生活发生的重大变化。（1~5人分享）

（三）坚定制度自信——不断完善和创新中国特色社会主义经济思想的制度内涵（20分钟，其中学生分享10分钟）

制度创新是创新的前提。运用制度创新理论，从制度创新的基本因素、制度创新的动力、制度创新的类型和制度创新的过程四个方面来简要分析中国经济制度的完善和创新。中国的经济现状表明，进一步深化经济体制改革、完善市场经济体制、促进国有企业改革、规范和完善产权制度、完善收入分配制度、真正实现"市场在资源配置中起决定作用、更好地发挥政府作用"等，都需要进行制度创新。在充分发挥现有经济制度优势的前提下，政府需要进行有效率的制度创新，以促进中国经济的长远发展。（引入案例：2019年新冠肺炎疫情）

学生讨论分享：分析各国不同的制度安排对该国新冠肺炎疫情的控制效果及在恢复该国经济方面所产生的影响。（1~3人分享）

五、案例反思

本案例教学中有待改进的地方有如下两点。

①由于教学设计中对思政课堂内容的把握不是太准确，所以选取的案例更多结合的是"新制度经济学"的理论和知识点，今后可以多联系思政教学方面的内容。

②由于采取的是多案例教学方式，不同案例对应不同的教学内容，所以在总结的时候不如单一案例内容集中、针对性强，今后可以尝试单一案例教学。

六、教学效果

首先，达到了教学目标。此次课程的教学目标非常明确，就是要坚定学生对中国特色社会主义的制度自信。实现方法就是理论联系实践，将新制度经济学的相关理论与中国经济发展情况相结合、与党的十九大精神相结合，既充分阐释了理论的内涵又生动演绎了经济的发展历程，用鲜活的案例而不是刻板的说教来引导学生坚定制度自信。

其次，通过将案例教学与学生讨论相结合，充分调动了学生的学习积极性、主动性和参与度，克服了理论学习的枯燥性，达到了比较好的教学效果。同时，通过引导学生运用理论分析现实经济问题，提高了学生的思考能力、分析能力和解决能力。

最后，教学内容的安排注重三大知识点的层层递进：制度自信的重要性—制度自信的基础—坚定制度自信。本案例教学思路清晰，体系完整，渐次展开，充分吸引了学生的关注力。

新发展理念与"人的发展经济学"教学,引领新时代大学生的文化自信与自我成长

经济学院 何凌云

 案例概述

为贯彻落实中共中央办公厅、国务院办公厅《关于深化新时代学校思想政治理论课改革创新的若干意见》,充分发挥教育在传承文明、团结人心、完善人格及赋予学生适应社会基本技能等方面的重要作用,本课程制订了详细的"人的发展经济学"课程思政教学计划,力图将思政教育与专业课程教育相互融通,为培养有价值的学生蓄力。

为充分发挥教育在学生成长过程中的"导航仪"作用,必须将价值观引领、知识教授及能力培养作为课程教学的重要抓手。尤其是在经济学教学过程中,不仅要让学生掌握国际上通用的经济学理论,更重要的是让学生对构建具备中国话语体系的经济学抱有信心。尽管经济增长是测度发展水平的重要参考,但是发展强调的绝不仅仅是物质上的进步,更重要的是人的自由而全面的发展。这也是具备中国特色的经济学所必须具备的特征之一。只有将人的发展融入社会运行体系的各个方面,才能够实现"以人为核心"的中国梦。

本课程的宗旨是立足于新发展理念,将马克思的人的全面发展思想融入经济学教学。本课程通过构建"教学实践+思政实践"模式,融合研讨式教学、启发式教学、案例教学、经典书籍诵读分享等多种教学方式,将中国经济运行过程中存在的问题作为研究对象,以马克思的人的全面发展思想和课程思政精神为引导,一方面,让学生在掌握专业知识的基础上,能够运用专业知识分析甚至是解决经济社会所存在的矛盾;另一方面,培养学生的家国情怀,调动学生的学习积极性,培养学生扎根祖国大地,刻苦学习的精神。

一、基本信息

课程名称:人的发展经济学

授课对象:经济学专业三年级学生

学习章节:第一章~第十四章

使用教材:《人的发展经济学概论》,许崇正,科学出版社

教学课时:32课时

二、课程思政教学整体设计思路

（一）设计思路（见图1）

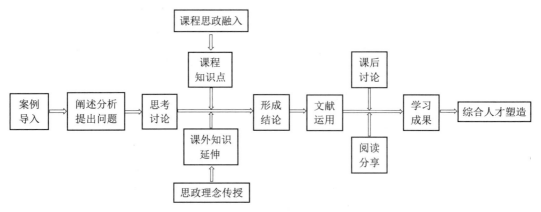

图1 课程思政教学设计思路

（二）具体设计方案（见表1）

表1 课程教学安排表

教学内容	主要知识点	课程思政元素	实现方法和载体途径	学生预期学习成果
人的发展经济学导论	人的发展经济学基本体系、原则、性质、内容	学思结合和知行统一	启发式教学	综合能力提升
人的发展经济学演变	人的发展经济学经典文章及代表人物	"四个自信"	经典文献诵读、分享	理论分析与应用能力提升
马克思关于人的全面发展理论	马克思理论、马克思与人的发展	习近平新时代中国特色社会主义思想	视频短片、课堂讨论	理论分析与应用能力提升
人力资源开发与中国经济发展	人力资源理论、就业困境	职业道德和职业理想	案例教学、课堂讨论	爱国情怀提升
人口与经济增长理论	经济增长理论、人口老龄化、人口福利	社会主义核心价值观	案例教学	思辨能力提升
生产力与人的发展	物质生产力、社会生产力、科技生产力	创新精神和创造意识	启发式教学	创新能力提升
产权与人的发展	马克思产权理论、西方产权理论、中国产权理论	全面依法治国新理念	经典文献诵读、分享	理论分析与应用能力提升
人的发展与幸福经济学	幸福经济学、人的全面发展	世界观、人生观、价值观	研讨式教学	综合能力提升

三、教学目标

（一）课程教学目标

本课程的教学内容主要包括四个方面。

第一，导论。本部分主要向学生介绍人的发展经济学的内涵、研究对象、性质与内容，并向学生介绍人的发展经济学的产生、形成与发展,让学生了解人的发展经济学这门学科。

第二,基本理论。本部分主要向学生介绍人的发展经济学思想的理论渊源,人的潜能、欲望、行为,马克思关于人的发展经济学理论,人的需要与人的全面发展,生产力理论,社会经济形态,产权制度与人的发展和分工理论。通过讲授,使学生对人的发展经济学的基本理论有一个整体的概念。

第三,基本要素。本部分主要向学生介绍人的发展经济理论中的经济学要素,主要包括国民生态健康与生态文明、人类需求的扩展与可持续发展、收入分配与人的自由全面发展、消费活动与生活质量及价格的经济社会功能。

第四,中国经济问题与人的发展。本部分主要向学生介绍社会主义市场经济与人的发展、可持续发展理论、新发展理念、生态文明建设与人的发展等理念;同时引导学生讨论中国当代相关经济问题,如人口红利减弱、老龄化形势严峻、就业困难、产权制度不完善等,让学生将人的发展经济学理论与现实的经济问题和经济政策有机地结合起来。

通过课堂教学和课后巩固,使学生充分理解要建立中国特色经济学体系就必须以人的发展为核心;使学生能够准确把握人的发展与经济学理论的融合点,领会"人的发展"在社会经济发展中的核心地位,将马克思的人的全面发展理论与中国新时代的新发展理念融会贯通。

(二)思政育人目标

第一,让学生在学习中国特色社会主义经济思想的过程中领悟什么是"中国特色",如何创建中国经济体系,并且得到国际认同;同时让学生了解国情、党情、民情,培养学生的国家荣誉感、认同感,坚定"四个自信"。

第二,引领学生树立正确的世界观、人生观、价值观,养成勤于思考和多角度分析问题的好习惯,理解中国新时代的新发展理念与本课程的关联,探索有利于实现人的自由全面发展的正确经济发展道路。

第三,通过启发式教学,培养学生的创新精神和创造意识,帮助学生树立正确的职业道德观和职业理想,从而为塑造全面综合性人才、培养社会主义建设者和接班人贡献力量。

四、教学实施过程

本课程不仅有助于经典经济学理论在课堂上的传播,而且对于培养学生健全的人格具有重要意义。打造具有中国特色的人的发展经济学,是本课程的最终目标。完成这一目标是一个长期的过程,不仅要让学生在学习过程中了解中国的发展道路,对中华民族伟大复兴充满信心,对构建具有中国话语权的经济学科充满信心,还要使学生在掌握专业知识的基础上增强民族情怀和民族自豪感。因此,本课程的具体教学实施过程如下。

首先,充分挖掘思政教育资源。将思政元素融入人的发展经济学理论的各个环节。具体来说，就是要学习贯彻落实党和国家召开的重要会议精神。例如，新型城镇化便是人的全面发展思想和中国发展实践具体结合的典型案例，它强调的就是"以人为核心"。

其次，精确设置课程教学内容。在讲述经济增长理论时，将人力资本纳入传统的索洛模型，凸显人才对经济增长的作用。在讲述产权理论时，将知识产权保护作为重点知识，激发学生努力学习知识甚至是创造知识的热情。在讲述幸福感时，要将以人民为中心的发展观贯穿到教学中，激励学生为幸福而奋斗。

再次，注重理论指导实践。新形势下，以"高耗能、高污染、高排放"为代价的经济增长方式已不可持续。中国经济面临体制性、结构性、周期性的困境。中国面临结构失衡、环境污染、城乡差距较大、创新动力不足、对外贸易受阻、科教文卫事业发展不均等社会问题。因此，充分发挥人的能动性，基于课程知识分析解决发展问题是本课程的重要目标。

最后，创新教学方法。针对目前学生缺乏远大理想，学习积极性不高的现状，我们在学习"人的发展经济学"课程时开展读书活动，要求学生阅读马克思的传记，阅读有关中国发展理念转变历程的案例，并做课堂汇报。在教学模式上，为更好地调动和吸引学生，本课程全面运用翻转课堂、混合式教学等新型教学载体，积极推进师生互动模式的转变。本课程通过小组讨论、热点话题辩论、思维导图展示等方式促进学生深入思考，在教师的不断启发中让学生水到渠成地得出结论。本课程摒弃了以往单纯根据期末考试成绩进行打分评级的教学考核方式，而是改为根据平时课堂出勤、课堂发言、思辨精神与期末卷面成绩进行综合评价，以便综合科学地提高学生的学习强度和学业挑战度，提升本专业学生的写作能力、表达能力和沟通协作能力。

此外，还可以开展经济学和思政理念相融合的主题讲座，鼓励学生参加课后社会实践，给学生推荐一些其专业领域内的学者讲座，开展线下答疑课堂等，以社会主义核心价值观引导学生以开阔的视野和境界，对经济现象做出分析和评价。

五、案例反思

（一）思政认识有待加强

当前，一些教师对高等教育的最终目标是为社会主义建设培养德智体美综合发展的全面型人才的认识还不够深刻。教师通常以最易接受、最易理解和掌握的教学方式把课程内容传授给学生，但却忽视了课程中所蕴含的思政元素，以及这些思政元素对学生思想和价值观的引领作用。因此，应进一步加强教师对实施课程思政教学终极目标的认识和领悟。

（二）思政课程安排有待优化

如果不能完美地将专业知识与思政元素进行融合，就会导致课程安排比较机械和散乱，从而达不到预期的将经济学专业知识和思政教育有机结合的效果。在今后的教学中，教师要根据学情分析情况使用有深度且新颖的上课方式来提高课堂教学效率、丰富教学内容；还要根据教学大纲的要求设计教学内容以满足学生成长和发展的需要；更要善于挖掘课程中的思政元素，并在此基础上进行个性化的引导教学。如在讲授人力资源开发与中国经济发展专题时，通过探讨中国当代严峻的就业形势，帮助学生树立正确的职业道德观和职业理想；在讲授生产力与人的发展专题时，通过探讨中国最新科学技术成果，培养学生的创新精神和创造意识。另外，从课程思政的教育教学方法角度来说，教学要与现代科学技术接轨，教师可以合理利用网络视频、微课、慕课、雨课堂等教学工具，将思政元素以最佳的方式融入课堂教学。

六、教学效果

当前，中南财经政法大学正着力画好"课程思政"的同心圆。"人的发展经济学"课程严格落实思政要求，在经济学院本、硕、博培养体系中创新教学和科研模式，体现出了浓厚的"思政味"，收获了校内外同行专家和学生的一致好评。具体来说，本课程以青年教师为主力，他们在课堂教学中引入新视角、新方法、新内容，并运用创新的教学方式传授课程知识，使得教学效果明显提升，学生的课堂积极性和参与度大幅提高，学生的学术认知及经济学素养也得到提高，此外，学生的期末成绩也有了明显的提升。

本课程计划在今后的课程思政教学中达到以下效果。首先，完成专业课程价值引领的重任，优化"人的发展经济学"的育人成效，引导学生将知识转化为内在德性和素养。本课程通过考察、考评和考试等综合性评价体系评估"课程思政"的改革成效。其次，通过线上通信工具搭建"课程思政教学平台"，拉近学生与教师的距离，增强师生互动，进而推动专业知识教学与思想政治教育紧密结合。最后，本课程思政教学已经在中南财经政法大学经济学院取得了一定的成效，在今后的建设中将继续贯彻思政理念，着力深化实践教学改革，探索出一条具有全院特色的课程思政新模式，为全校乃至全国其他高校思政建设做出贡献。

许崇正，2001. 伦理经济学再论：经济选择与人的发展 [M]. 北京：中国财政经济出版社．
许崇正，2010. 人的发展经济学概论 [M]. 北京：人民出版社．
陆道坤，2018. 课程思政推行中若干核心问题及解决思路：基于专业课程思政的探讨 [J]. 思想理论教育（3）：64-69.

国家预算民主化与人民性

财政税务学院 王金秀

 案例概述

  本案例教学主题是解析预算民主法治化的普适性，提出中国特色预算的人民性。本案例从大预算观的新理念出发，将专业课程与思政教育结合，采取多学科、多维度融通的方式，以历史和现实为教学素材，以经典理论和名人名言为佐证，形成教师引导、课程助教示范、课堂助教具体组织安排、学生全员参与的模式，打破学生被动学习和接受说教的传统教学模式，使学生充分认识我国预算的人民性，坚定学生的"四个自信"，培养学生守正创新、为民守法、不忘初心的家国情怀，从而实现为国家培养德才兼备的复合型人才的目标。

一、基本信息

课程名称：国家预算管理

授课对象：财政专业三年级学生

学习章节：第一章　第三节　国家预算管理程序和方法

　　　　　第二章　第二节　国家预算收支的测算方法

使用教材：《国家预算管理》，王金秀，科学出版社

教学课时：6课时

二、课程思政教学整体设计思路

（一）采取融通型教学模式，将预算专业教学拓展到预算法学和预算政治学

  学术界一般从预算经济学、预算管理学、预算政治学三个不同的维度归纳国家在预算领域的发展，本案例教学紧扣中国共产党第十八届中央委员会第三次全体会议提出的财政是国家治理的基础和重要支柱这一新论断，将预算课程教学从预算经济学、预算管理学上升到预算政治学。

  预算课是财政学专业的核心主干课程，其专业性非常强。教师在课程教学中应将课程

的专业知识、专业技能和国家基本的政治制度及政府行政管理机制融为一体，通过实行专业课程思政化的融通型教学模式，使预算教学从预算经济学拓展到预算管理学，并进一步提升到预算法学和预算政治学，将思政元素融入预算专业知识，使预算制度的专业性和政治性融为一体，让学生能够通过本课程的学习更好地读懂中国、读懂世界的发展。

（二）精选预算改革实践和预算理论结合的教学素材，提高预算思政化知识的学理性

自古以来，财政是"庶政之母"，邦国之本，有财才有政，财强政方固。因此，本案例精心选择课程思政教学切入的主题，从预算决策、预算基础理论、预算民主法治化、预算管理制度建设、预算权责配置等方面解析中外预算的异同，并分别从工具理性和价值理性的角度，让学生体会不同国家预算民主化的属性与本质。

教师可以选择各种便捷易得的材料作为教学素材，如名人名言和名著，基于"投票悖论"等西方经典学说解读中外预算理论和制度，以中外历史和现实中与预算相关的数据、事实等相关材料为支撑形成教学素材，制作图文并茂的专题PPT，并从专业角度，结合国情、政体及制度对教学素材进行分析。

预算是财政的核心和载体，但又超越财政，是经世济民之学，是国家治理的基石和抓手。本案例教学需要拓宽视野，从预算决策、管理制度、监管机制等角度厘清政党、立法或代议机构、政府之间预算权责配置的异同性，解析美国预算决策中"驴象之争"的成因与后果，通过紧扣预算法治化、民主化主题说明我国预算的人民性，培养学生坚定我国坚持党的集中统一领导和建设中国特色社会主义的信念。

（三）以学生为中心，采取教师引领、双助教示范、师生合作的教学模式开展教学

教师确定思政教学主题，并在课前给学生提供一部分预习材料，教师和课程助教共同制作完整的案例教学模板和PPT，通过课堂上实行前端引导，课后进行后端点评的启发式教学来引领学生，使学生在专业、思政及技能展示等多方面学有所获。

本案例的总体设想是师生教学一体，实行多层次的课程助教和课堂助教"双助教制"，充分发挥助教的组织协调和引导作用，通过博带硕、博硕带本科生的方式，促使不同层次的学生之间互教互学，让每个同学都行动起来，开展主动学习。具体安排是教师引领，助教组织协调；学生自愿组建学习研讨小组，各小组实行组长负责制，由组长带领本组同学围绕教师此前提供的案例主题和案例资料，协商选择子命题并查阅资料、制作PPT，在课堂上演示；每个同学根据自己查阅的资料撰写专题论文或体会。

（四）思政化教学和考核相互衔接，可采取点面结合、课上课下全覆盖等多种方式

预算课程思政教学可以采取全覆盖方式，也可以将重点集中在某些特定的章节。既可以进行综合性教学，也可以将教学内容适度拆分；可以在平时课程教学中通过专题讨论、主题展示及演讲等方式推动学生主动式、参与式教学，也可以在期中、期末设计综合分析题进行考核，强化课程思政教学的效果。例如，将平时学生在思政化主题或案例教学过程

中的表现纳入课程平时成绩，并将平时成绩作为最终考核总成绩的重要组成部分。

任课教师按教学内容的大致时序结合特定专题进行讲解式、启发式、疑问式授课，并在思政化案例解析后，基于专题给学生布置课后作业、让学生自愿组成学习小组，各小组围绕专题从不同角度进行分解并形成子命题，小组成员课后自行查阅资料、案例和有关信息并进行分析，撰写课程小论文或者演讲稿，小组合作制作 PPT 进行课堂展示、参与课堂讨论或演讲比赛，由此，将教学方式从教师单方面灌输式的学生被动式教学，转变为学生主动参与的师生互动式教学。在学生主题演讲或讨论结束后，任课教师对演讲或讨论情况适时进行点评、总结。

三、教学目标

本案例教学注重预算理论和知识的科学性，注重学理化，一方面要提高学生的专业知识水平和技能，另一方面要帮助学生树立正确的世界观、人生观和价值观，具体来说，将通过专业知识思政化来实现双重目标。

（一）课程教学目标

本案例的主题是预算理论与决策，教师将对预算发展史、预算概念和基础理论及预算决策等教学内容进行讲授，让学生充分认识到预算对国家治理的支撑作用，理解预算民主和法治化的内涵，提高学生的预算基础知识和理论水平。

本案例教学突破就财政论预算、就平衡论预算、就分钱论预算的传统观念，采取多学科交叉融通的方式，解析中外预算发展进程并确立大预算的新理念。以中国一系列预算制度改革创新为教学内容，突出预算政治学，并解析中外预算的异同。

（二）思政育人目标

从我国预算管理制度改革入手，引导学生深刻认识到中国共产党的领导是建设中国特色社会主义的必由之路，使学生了解经济社会发展及党风廉政建设的成效；从创新委托代理理论、西方投票悖论及我国民主集中制决策的维度解析中国预算的人民性。通过本案例教学，培养学生坚持社会主义核心价值观、坚定"四个自信"，培养学生守望正义、开拓创新的精神，提高学生明是非、辨善恶的能力，为我国新时代发展培养德才兼备、具有法治化意识、契约精神的复合型人才。

四、教学实施过程

（一）案例材料

【案例材料 1】 英国、美国预算制度的形成及其自由民主模式的运行情况

英国预算是新兴资产阶级和国王斗争的产物。1215 年，英国国王约翰（John，1167—1216）被迫签署《自由大宪章》，该宪章确立了议会至上、王在法下的政治原则，

以及不开会不纳税、勿赞同不纳税、无代表不纳税的预算原则。1689年，英国通过了《权利法案》，开始实行君主立宪制政体，将预算决定权赋予议会下议院，从而正式确立现代预算制度。1866年，英国出台《国库和审计部法案》。20世纪90年代，英国开始公共管理改革。1997年，英国国家审计署首次发布《绩效审计手册》。2020年，英国颁布了《政府资源与会计法案2000》。美国1921年的《预算和会计法》确立了其现代预算制度，同年成立行政管理与预算局，同时设立总会计局监督政府预算。1949年，美国政府开启绩效预算改革。1993年，美国国会通过《政府绩效与结果法案》。民主法治化成为英美预算发展的趋势和特点，但是在现实中，美国民主党和共和党的两党之争多次导致政府停摆。

【案例材料2】 中国预算制度建设与国家发展进程

中华人民共和国成立后，国家决定建立国家预算制度。1951年8月19日，政务院发布《预算决算暂行条例》；1991年10月21日，国务院令第90号文发布《国家预算管理条例》；1994年3月22日，第八届全国人民代表大会第二次会议通过《中华人民共和国预算法》。此后，我国推进了部门预算、国库集中收付制度、政府采购制度等一系列规范财政支出方式的重大改革。《中华人民共和国预算法》立法宗旨从管理法转变为控权法。2020年8月20日，国务院公布新修订的《中华人民共和国预算法实施条例》；2021年3月17日，国务院公布《行政事业性国有资产管理条例》；2021年4月13日，国务院印发《关于进一步深化预算管理制度改革的意见》，部署进一步深化预算管理制度改革的具体措施。

从1949年中华人民共和国成立至今，中国的发展举世瞩目。在抗击新冠肺炎疫情的人民战"疫"中，党和国家强调以人民为中心、生命至上，成功控制住疫情。2020年，中国GDP同比增长2.3%，在世界主要经济体中率先实现经济正增长。

（二）案例分析

1. 中西方预算发展的共性

（1）预算法治化进程，推进国家治理现代化

现代预算制度产生和发展的过程就是预算法治化的过程，预算法治化同时推进国家治理现代化。英国确立君主立宪制政体后，正式诞生了现代预算制度，即从人治转变为法治，英王内阁转变为责任内阁制。此后英国颁发了一系列的预算法律制度。英国、美国的预算法治化支撑其成就世界霸业、推进其政府再造和新公共管理运动，为其打造责任政府、绩效政府奠定了基础。我国的预算发展也是预算法治化的进程，每一次预算改革都在国家治理的关键时间节点发挥出重要的支撑和推进作用。

（2）预算具有多学科交叉性，地位重要、影响广

现代预算制度具有将经济学、管理学、法学、政治学、行政管理学、社会学、会计学和审计学融通的交叉性特点，其管理对象从财政收支拓展到政府资产资源，并以预算法治化基本取向，将预算绩效决策、管理、监督等与政府财务、会计、审计改革联动，涉及各

级人大、政府、财政部门、单位和企业乃至个人，因此，预算不仅仅是算算账、报报账、处理数字，也不单单是政府筹措和分配资金的工具，它更是现代财政制度的基石、国家治理的抓手。

2. 西方现代预算制度的民主化悖论

英、美等国奉行自由民主主义，但是自古希腊到启蒙运动的广大西方思想家包括孟德斯鸠、伏尔泰、卢梭等都反对民主，认为大众参与的民主制会演化为不可控制的暴民政治、群氓政治，他们主张少数精英参与治国的共和制度。在预算决策层面，20世纪50年代西方公共选择理论的"投票悖论""阿罗不可能定理"也极大地打击了人们对西方民主的信心。

3. 西方预算民主化困境

西方实行自由民主模式，其两党之争导致社会撕裂，各党派为获得选票，在国会常以预算做筹码并多次导致政府停摆，损害公众利益。欧美国家的一些政权并不真正关心人民的主要诉求，如其领导人为保持统治者的声望而故意淡化新冠肺炎疫情，拒绝采取必要行动，忽视百姓健康。

4. 我国特色预算机制具有人民性

（1）党集中统一领导预算工作、顺民意为民利

我国在党的领导下以人民为中心谋发展、关切人民福祉，不忘初心，在抗疫的人民战争中，强调生命至上，成功控制住疫情，并使得我国的经济恢复情况成为世界亮点。

政府预算经人大批准前主要反映的是政府部门的偏好和意愿。为了使之与公共利益一致，可以先由公民参与，再经过人大审查程序，最终以法定形式做出判断。浙江温岭的"参与式预算"和上海市闵行区人大推行的预算项目公开听证等预算决策和监管机制充分体现了由党领导、政府主导、人大审批监督、公众参与的多元治理结构，这种治理结构不仅能提高决策的透明度与公正性，还能提高预算的民主性与科学性。

（2）健全预算法规体系，管好国家"钱袋子"

我国预算法制体系日益健全，预算法治化将权力关进制度的笼子，使国家"钱袋子"被看得更"紧"、管得更严了。一是政府全部收支进预算，各方每月对账，加强预算约束，取消"预算外"；二是花钱更有效，全面预算绩效管理、监控和评价，各部门、各单位要定期报送绩效评价报告，评价结果影响来年预算；三是"账本"公开范围扩大，内容更详细透明，基本支出和项目支出要具体到项、细化到款，要给老百姓一本"明白账"；四是政府节用惠企利民，在新冠肺炎疫情下，国务院要求各级政府都要过紧日子，基本民生支出只增不减，重点领域支出切实保障，一般性支出坚决压减，确保公共财政资金节用裕民惠企。

最后，需要说明的是，各国预算制度既具有共同的发展规律，也会因各国文化、经济发展状况的不同而各具特色。

五、案例反思

（一）以学生为中心，及时点评纠偏

教师精心设计教学的整体安排，精心组织案例分析的系列材料，在学生演讲时及时点评，在鼓励学生思考和展示的同时及时纠偏纠错；课程的博士助教结合自己的人生经历和学业选择先行进行思政教学案例资料分享，为本科生提供示范；教师在后续课程教学中将进一步实行专业和思政融通性教学。

（二）教师先行铺垫、联系实际

在进行案例分析之前，教师要先将中外预算发展的脉络从专业性特点和民主发展、国家治理的关系上进行学科交叉性梳理和讲解，为思政案例教学做好铺垫。本案例围绕中西方不同的国家预算、抗疫政策及其客观效果展开，以开放的态度让学生自行研究形成判断，增强学生明辨是非的能力。

六、教学效果

（一）明确中国财与政的关系

预算课程思政化教学引导学生及时追踪我国预算改革的新进展、新成效，矫正学生忽视国情、盲目推崇国外预算制度的认识偏误。通过解析预算改革背景和解决问题的思路、方法，引导学生更加深刻地理解我国预算改革以政领财、以财辅政的宗旨，及其对推进全面深化改革、扩大开放的支撑作用，使学生充分认识到我国预算制度对加强党建、推动新时代高质量发展及全面建设社会主义现代化国家的重要保障作用。

（二）坚定道路自信和制度自信

预算课程思政化教学使基础理论、预算分项改革举措、预算整体改革架构与方向这三者之间形成相互呼应、互相连贯的逻辑思路。教师通过由古至今的讲解使学生了解晚清以来我国预算制度的发展情况，并解析中国预算制度后发的成因和当前的成效。学习我国的预算管理制度改革史，有助于学生体会到在当前全面深化改革的新时代，预算制度的笼子越扎越紧，通过预算建章建制规范预算活动，可以促使公职人员遵纪守法讲规矩，可以提高党和政府的公信力，使学生在了解中国特色预算制度体系的过程中坚定道路自信和制度自信。

（三）体会我国预算的人民性

预算课程思政化教学既要就预算论预算，又要跳出预算论预算。我国近年来的预算支出主要表现为政府严控一般非刚性非重点支出，扩大民生支出，实行六稳六保，将宏观与微观、预算与经济社会结合，以预算绩效一体化推进经济稳定健康发展、促进国家治理现代化。在抗击新冠肺炎疫情的过程中，人民至上、生命至上成为预算应急响应的根本遵

循。由此引导学生充分体会我国预算的人民性,充分认识到我国预算取之于民、用之于民、造福于民的根本属性。

参考文献

习近平,2020. 习近平谈治国理政:第 3 卷 [M]. 北京:外文出版社.

樊丽明,李一花,汤玉刚,等,2020. 中国政府预算改革发展年度报告 2019:聚焦中国人大预算监督改革 [M]. 北京:中国财政经济出版社.

马海涛,肖鹏,2020. 现代财政制度建设之路:新中国 70 年重大财税发展改革回顾与展望 [M]. 北京:中国财政经济出版社.

党管税收：中华人民共和国税收管理制度的形成

财政税务学院　庄佳强

案例概述

在中华人民共和国成立到社会主义改造基本完成这一过渡时期（1949—1956年），我国首次出现税收超高速增长，同期税收增速是社会总产值的两倍。这一时期税收的超高速增长及初步建立的税收管理制度，彰显了中国特色社会主义制度所具有的显著优势。本案例基于史料对这一时期税收管理制度的形成进行分析，引导学生认识和理解中国共产党在中国社会主义制度确立上起到的领导作用；将这一时期形成的制度建设经验与中国特色社会主义制度的内容相呼应，引导学生更好地理解这一制度是如何在不断探索实践和不断改革创新中形成和发展的。本案例以讲好中国制度故事的方式增强学生的制度自信。

一、基本信息

课程名称：税收程序管理

授课对象：税收学专业三年级学生

学习章节：第一章　第三节　我国税收管理制度的形成

使用教材：《税收管理》（第7版），吴旭东，中国人民大学出版社

教学课时：2课时

二、课程思政教学整体设计思路

本案例通过讲授中华人民共和国成立后的税收管理实践和制度形成过程，使学生理解党的十九大报告和中国共产党第十九届中央委员会第四次全体会议（简称十九届四中全会）的决定中提出的重要论述，如"中国共产党领导是中国特色社会主义最本质的特征，是中国特色社会主义制度的最大优势"和"坚持和完善中国特色社会主义制度、推进国家治理体系和治理能力现代化，是全党的一项重大战略任务"等。

本案例教学共分为四个部分，每一部分都根据授课内容提炼出具体的思政教学目标，并以案例讨论和理论讲授相结合的方式展开，在学生学习税收管理的环节、实施方式和实

施效果等课程内容的同时，向学生传递税收管理制度中所反映出的中国共产党的领导和中国特色社会主义制度要素的传承。

第一部分，通过对中华人民共和国成立初期税收占国民收入比重进行横向比较，引导学生认识到中国政府和中国共产党在这一时期所体现出来的较强的税收征收能力；通过观点辨析的方式，引领学生正确认识这种能力所体现的社会主义制度优势。

第二部分，通过对税源管理方式的讨论，加深学生对党的群众路线的理解，使学生更好地理解党的十九届四中全会的决定中提出的"健全充满活力的基层群众自治制度。……全心全意依靠工人阶级，……"这一观点的历史延续性。

第三部分，通过对税款征收方式的介绍和讨论，解释在中华人民共和国成立初期中国共产党是如何通过发挥党的集中统一领导来保证中央和地方的积极性及中央财政收入的，使学生明白"完善坚定维护党中央权威和集中统一领导的各项制度"的重要意义，并能将其与财政学教学中关于"健全充分发挥中央和地方两个积极性体制机制，……建立权责清晰、财力协调、区域均衡的中央和地方财政关系"的论述相结合。

第四部分，通过对税务人员征收能力培养的介绍，强调专业学习的重要性，同时让学生意识到学习能力形成的重要性和终身学习的必要性。

三、教学目标

（一）课程教学目标

掌握税收管理的概念，理解税收管理在整个税收管理工作中的地位和作用，了解税收管理的基本内容，了解现行税收管理体系的构成过程，掌握税收管理的原则。

重点是理解税收管理概念的不同层次的含义，从税收管理制度的沿革出发，初步掌握税收管理体系（程序）的构成和具体内容，研究现行税收征管模式的改革并关注其现实发展。

（二）思政育人目标

党的十九届四中全会提出要进一步坚持和完善中国特色社会主义制度。中国特色社会主义制度是党和人民在长期实践中形成的科学制度体系，我国治理一切工作和活动都是依照中国特色社会主义制度展开的，我国国家治理体系和治理能力是中国特色社会主义制度及其执行能力的集中体现。本案例通过税收管理制度的建立过程来引导学生认识到，中国特色社会主义制度的形成是中华人民共和国成立70多年以来不断探索总结和实践创新的过程，以讲好中国制度故事的方式增强学生的制度自信。

四、教学实施过程

（一）教学导入环节

案例与讨论：首先介绍20世纪50年代我国税收和国民收入的增长数据，以及部分刚取得独立（或解放）的国家的税收数据。根据国家统计局数据，我国税收收入从 1950 年的 48.98 亿元增加到 1952 年的 97.69 亿元，提高了近 100%；国民收入从 426 亿元增加到 589 亿元，提高了 38% 左右。而同期独立的周边国家，税收收入占国民收入的比重远低于我国。通过直观的数据反差，引导学生思考并讨论我国这一时期税收快速增长的原因。

结合学生的回答，引入两个相冲突的观点。一种观点认为税收快速增长反映了我国的制度优势，以及这一制度所产生的税收汲取能力。在这一制度下，我国很快就建立了与当时经济实际相适应的纳税人税收遵从规则和税务人员管理制度。另一种观点则认为这更多源于财政集权、税源组织能力、对企业差异化的税收征管政策。让学生对这两个观点有一个大致的了解。

问题与讨论：表 1 所示为 1950—1953 年武汉市税收收入与纳税人情况。在纳税人的数量不发生变化或者变化较为缓慢的情况下，是什么原因导致武汉 1950—1953 年税收数额大幅度增加的？

表 1 1950—1953 年武汉市税收收入与纳税人情况

年份	税收收入 / 亿元	私营企业数量 / 家	雇员数 / 人	资本规模 / 万元
1950 年	40.83	19569	115621	12230
1951 年	71.32	21784	117788	13610
1952 年	86.40	19765	99381	11530
1953 年	148.05	19063	95695	11450

（二）税源管理与群众路线

税源管理，即如何找到纳税人。在这一部分，开展头脑风暴，让学生提出各种寻找纳税人的方法和方案，引导学生逐渐将方法聚焦到依靠群众的思路上。

展示史料：1949 年，武汉市税务局通过组建行业协会、创建居民社区、新建工会组织等方式迅速掌握了全市 4 万余家企业和小商贩的基本信息，是国民政府时期税源信息的 2 倍。1950—1951 年，武汉市通过行业协会确认了 19488 家公司，较 1949 年上半年增加 8000 余家。未归属于行业协会的商贩，则通过居委会来开展税源登记，每个行政区分为 4～5 个"纳税片"，每 15 个临近公司组成一个"纳税小组"，每 5～7 个小组组成"纳税大组"，每 2～4 个纳税大组组成"纳税段"，通过人民群众的支持，较好地解决了税务登记的问题。

政策依据：《工商业税暂行条例》[①] 第 15 条规定，税务机关为了解工商业经营及负担情况，得进行定期普查及临时调查，工商业户应据实报告，不得隐瞒或拒绝。

---

① 1990 年前所引用的各类文件，如无特别说明，均转引自《中华人民共和国工商税收史长编》。

实施效果:《1951年税务工作的初步总结报告》显示，通过调查，初步掌握了全国工商业的基本情况，包括工商业户数、分年的营业额总数，12个大城市各个经济成分的营业额，等等。这对指导工作、掌握经济情况是非常有利的。

经验总结：财政部税务总局《关于十年来工商税收工作的基本总结（初稿）的简要说明》（1959年）中提出，稽征管理的群众路线也体现了党的阶级路线，我们在工作中必须依靠这几种力量。第一，必须依靠企业中的职工；第二，必须依靠税务专责干部；第三，必须依靠税务机关和国家有关部门及社会主义经济力量的相互配合；第四，必须团结一切愿意守法的、进步的资产阶级分子。

当前启示：健全为人民执政、靠人民执政制度，坚持"相信群众、依靠群众"，健全充满活力的基层群众自治制度，全心全意依靠工人阶级。

（三）税款征收与党的集中统一领导

【案例与讨论】1950年3月，政务院发布《关于统一国家财政经济工作的决定》，决定统一全国财政收入……整顿税收。但在财政收支安排上，过渡时期采取的方式是中央先委托地方征收税收，然后地方上缴至中央，各地所需财政支出再由中央按照计划拨付给地方。这一体制是如何防止地方政府截留收入的？

在学生讨论之后，告知学生一个技术解决方案：统一全国现金管理……除留若干近期使用外，一律存入国家银行，资金往来使用转账支票经人民银行结算。

政策依据：1950年3月，中共中央发布《关于保证统一国家财政经济工作的通知》，要求各级党委必须用一切方法去保障《关于统一国家财政经济工作的决定》的实施。

实施效果：1950年的税收计划，不论是从原计划（1949年11月制定），还是调整计划（1950年6月修改）来看，全国各区都超额完成了，超过原计划30.27%，超过调整计划46.38%。1951年全国工商税收完成47.45亿元，较1950年的23.63亿元增长100.8%。1952年和1953年全国工商税收分别完成61.48亿元和82.50亿元，同比增长29.6%和34.2%。

经验总结：必须正确认识税收工作的重要性，并加强对税收工作的领导。在党中央及各级党政领导的大力支持与各部门协助之下，全国税务工作迅速开展。

当前启示：完善坚定维护党中央权威和集中统一领导的各项制度。健全维护党的集中统一的组织制度，形成党的中央组织、地方组织和基层组织上下贯通、执行有力的严密体系，实现党的组织和党的工作全覆盖。

（四）征税能力建设与增强学习本领

【案例与讨论】中华人民共和国成立后税务机关留用了很多国民政府时期的旧员，仅武汉就留用了580位工作人员，并配以180名共产党干部和拥护中华人民共和国的青年学生及工人。有效提高税务干部的政治素养和业务素质，是保障税收收入的关键。请学生讨论如何提供必要的人力资源保障。

政策依据：中央税务总局，除扩大税务学校的规模、积极培养干部外，还应注意督促各区税务管理局及各省市税务局开办短期训练班，注意补充缺额人员，提高干部业务水平。尤其对于税务机关来说，取才有道，第一个要做的便是公开考试。只要是诚心诚意为人民服务并有一定业务技能的人员，都可以来参加考试。

实施效果：自 1950 年以来，我国先后成立中央税校及华东分校、中南分校、西北分校、西南分校，各省市专区税干训练班。两年内，各地先后训练学员两万多人，其中不论是新招学生还是调训干部，在政治思想上都获得了一定的改造与提高，在政策业务上亦具备了一定的知识。这使我国当时的财政税收工作，充实了干部，增强了力量。

经验总结："增强学习本领"自中华人民共和国成立起就是提高党的执政能力和领导水平的主要方针。

当前启示：把提高治理能力作为新时代干部队伍建设的重大任务。通过加强思想淬炼、政治历练、实践锻炼、专业训练，提高推进"五位一体"总体布局和"四个全面"战略布局等各项工作的干部队伍的能力和水平。

税收在这一时期的超高速增长和与当时的社会经济发展实际相适应的税制和征管体系是分不开的。在这一时期税收管理制度的形成过程中，不能忽视的是中国共产党在动员大众建立缜密的征税体制方面所具有的强大优势，特别是在维护党集中统一领导制度、依靠人民执政制度、提高党的执政能力和领导水平制度等方面进行的早期探索。中国共产党采取了行之有效的政策和方针，才能在短时间内培养出强大的税收汲取能力，为"一五"时期的"重点建设，稳步前进"提供了必要的财力，体现出中国特色社会主义制度的显著优势。

课后作业：请学生自行搜集 20 世纪 50 年代上海、天津、广州等城市的税收收入情况和税收管理工作的成效，结合课程所介绍的税收管理环节，提炼各地的经验。

五、案例反思

案例教学的优点是鼓励学生独立思考，从案例分析中寻求解决之道，强调能力和素质的培养。在案例教学的过程中，需要有机地融入思政教育内容，潜移默化，自然而然地将相关元素融入教学内容和教学环节，这样不仅不会使学生产生反感情绪，还能有效激发学生的学习热情。思政教学要避免单纯的教师讲授，一定要让学生自己思考。

案例的选材要尽可能地贴近学生的生活，并且与已经学过的专业课程相衔接。在教学中，武汉市税务局的案例能够有效激发学生的兴趣，再加上每届都有部分学生参观武汉市税务局的博物馆，对部分史料已有认识，学生在案例讨论时会更具代入感。

教师要不断总结和提炼案例中的思政要点。在此前的教学过程中，对学生思政方面的引导主要以中国共产党的坚强领导和人民群众对税收事业的支持为主。党的十九届四中全会通过的决定，对"坚持和巩固什么、完善和发展什么"进行了回答，十四个坚持和完善为本课程思政要点的总结提供了依据。税收管理制度中的一系列经验和创新，以及当前税收管理制度的调整和完善实际上都在不同程度上反映了十四个坚持和完善，也使得本课程的思政教学目标能够更好地聚焦在中国特色社会主义制度的显著优势和制度自信上。

需要注意的是，教师要能够及时调整学生解答问题的方向，以免回答过于发散，从而淡化主题。比如，在对中华人民共和国成立初期的中国与同时期其他国家进行税收占比情况的比较时，个别学生会不理解为何要和这些国家比较；有些学生在资料查阅过程中，会发现这一时期税收征管方式也存在一定的不合理性；部分学生缺乏对当时的经济、社会环境的认识。这些都需要教师在讨论时予以有效引导。

六、教学效果

税务机关作为政府部门，其所建立的税收管理制度是社会主义制度的重要构成，因此本案例在向学生说明中国特色社会主义制度的显著优势方面具有天然优势。通过讲授、阅读、讨论等教学环节，使学生较好地掌握了税收管理的基本环节和我国税收管理制度的形成过程及遵循的原则。从学生后续提交的作业来看，能够感受到学生对于专业的认识和认同度都有大幅度的提高。

参考文献

中共中央党史研究室, 2016. 中国共产党的九十年: 社会主义革命和建设时期 [M]. 北京: 中共党史出版社.
王绍光, 2002. 国家汲取能力的建设: 中华人民共和国成立初期的经验 [J]. 中国社会科学（1）: 77-93.
刘志城, 1988. 中华人民共和国工商税收史长编 [M]. 北京: 中国财政经济出版社.

课程思政同向同行　育人学科本位统一
——"金融学理论前沿"课程思政教学典型案例

金融学院　朱新蓉　黄孝武

 案例概述

"金融学理论前沿"课程是金融学专业的选修课程，旨在为学生提供金融学相关理论前沿动态以拓宽学生的学术视野。在该课程中，我们专门讨论了"新冠肺炎疫情暴发与紧急金融救助"，结合经济金融理论与实践，应用联通主义基本框架，利用"互联网＋课堂"，提升课堂的带宽，推动内部认知神经网络、概念网络和外部（社会）网络的三网融合，让学生在海量信息、碎片化信息环境中，动态地了解紧急金融救助对缓解因重大突发事件暴发而形成的经济冲击的作用原理；理解和掌握紧急金融救助的基本方法；深刻认识中国金融救助的特色和制度体制的优势。

本案例深入挖掘课程和教学方式中蕴含的思想政治教育资源，将价值塑造、知识传授和能力培养融为一体，实现了"育人本位"和"学科本位"的内在统一，促进了思政意识和认知能力与学科专业课程内容的有机结合。课程思政同向同行，顺利实现了思政内容进课堂、进头脑、进心田。同时，课程思政教学活动的实施，增强了教师课程思政的主体自觉，让教师更好地担负起学生健康成长指导者和引路人的责任。

一、基本信息

课程名称：金融学理论前沿

授课对象：金融专业三年级学生

学习章节：第二章　第一节　新冠肺炎疫情暴发与紧急金融救助

使用教材：自编讲义

教学课时：4课时

二、课程思政教学整体设计思路

2019年新冠肺炎疫情的暴发，引发了全球重大公共卫生事件，也给世界各国的经济社会发展带来重大的冲击与考验。新冠肺炎疫情暴发后，为缓解其对市场流动性的致命性冲击，主要经济体都对金融市场进行了紧急救助。2020年2月3日，习近平总书记在主持召开中央政治局常委会会议时强调："要针对这次疫情应对中暴露出来的短板和不足，健全国家应急管理体系，提高处理急难险重任务能力。"国家金融应急管理体系是国家应急管理体系的重要组成部分，进一步完善金融应急体系，可以提高公共突发事件下的金融救助政策的响应和执行效率，推动国家治理体系和治理能力的现代化。金融应急的理论与实践已成为金融理论的前沿问题。因此，在"金融学理论前沿"课程中开设了专门章节来讨论紧急金融救助的理论与实践。

本案例从新冠肺炎疫情暴发后中国紧急金融救助的实践出发，探索紧急金融救助的中国经验和特色，分析中国特色政治制度和决策机制在紧急金融救助中的作用，讨论中国紧急金融救助的效果。通过本案例的学习，学生基本了解了紧急金融救助的理论与实践背景，深刻认识了中国制度和中国道路在紧急金融救助中所体现的优势，增强了中国特色社会主义制度的制度自信和道路自信。

在教学方法上，为了解决思政和专业两张皮现象，课堂采用了联通主义的基本框架，利用"互联网＋课堂"的特点，提升课堂的带宽，通过内部认知神经网络、概念网络和外部（社会）网络的融合，让学生在动态的过程中生成相关概念（知识），从而实现思政内容进课堂、进头脑、进心田。

为跟踪教学成效，在本案例教学结束时，教师要求学生进行随堂教学内容总结，提供3~5个关键词，并在课后就自己感受最深的一个知识点写300字的研究计划（或画思维导图）。

三、教学目标

教学主题：新冠肺炎疫情暴发与紧急金融救助

教学目标：了解新冠肺炎疫情暴发后我国政府在面对突发公共重大卫生事件时进行紧急金融救助的决策与实施过程；掌握突发重大公共事件时紧急金融救助对系统性风险防控的意义；熟悉紧急金融救助的内容与做法；增强对中国特色制度安排和决策机制优越性的认识。

教学内容：

①紧急金融救助的相关理论背景；

②新冠肺炎疫情暴发后中国紧急金融救助实践的内涵；

③中国特色制度安排和决策机制在紧急金融救助中的优势。

四、教学实施过程

（一）环节一

【提问】什么是理论前沿？有哪些理论前沿？

【学生任务】搜索 2020 年和 2021 年诺贝尔经济学奖，并思考这些获奖理论是不是划时代的理论贡献呢？

【背景导入】2020 年诺贝尔经济学奖所授予的"拍卖理论的改进和新拍卖形式的发明"，是对市场机制理论的重要贡献，但并不属于划时代的理论贡献；2021 年诺贝尔经济学奖所授予的"利用自然实验方法研究经济问题及确定测算局部平均干预效应的框架以识别因果关系"，也不属于划时代的理论创新。只有回答了最广泛关注的重大现实问题的理论才有可能是真正的理论创新。中国人口占全球人口的 1/4，中国近年来的经济发展实践为世界经济发展提供了一个新的样本，也为世界发展开辟了新的道路，其中大量的实践都可以支撑起新的理论。我们对于源自中国实践的理论和道路应该充满信心。

【学术史讨论】经济学理论的发展：亚当·斯密提出了国民财富的来源问题，并对其进行了理论化；马克思认为资本主义社会存在资本家和工人阶级的对立与矛盾，提出了剩余价值理论；凯恩斯反对萨伊定律，提出了有效需求不足的论断；货币主义与凯恩斯主义不同，提出"通货膨胀无论何时何地都是一种纯货币现象"的论断；等等。

【结论】经济学理论前沿特别是重大的经济理论发展都是在特定的历史条件下对当时突出的经济问题的理论突破。

（二）环节二

【提问】浅谈中国的经济金融理论与实践。

【学生任务】思考改革开放前后金融工作的重点分别是什么？党的十八大以来，中国经济经历了哪些重大金融事件？

【背景导入】中国经济理论与实践经历了三个阶段。一是中华人民共和国成立后的计划经济时代。集中所有资源建设强大中国是当时的历史使命。货币金融是一种动员和集中资源的方式和手段。二是改革开放以后。随着市场经济的发展，充分激活市场活力是当时的历史使命，以经济建设为中心，使各种资源有效周转、利用是最主要的任务。金融是经济的核心。三是党的十八大以来，美国次贷危机对全球经济产生巨大冲击，同时中国经济进入了高质量发展新时代。经济是肌体，金融是血液。同时，国内、国际环境风云变幻，风险事件不断。如何更好地在以国内大循环为主体、国内国际双循环相互促进的新格局中发展金融、利用金融是金融面临的主要任务。

【理论发展】中华人民共和国成立后，实行的是全面的计划经济。此时，金融主要体现在银行信贷领域的货币与国民经济其他方面之间的平衡问题上。金融是一个簿记部门，金融的概念只是财政部门的一个补充。

改革开放以后，金融成为现代经济的核心。现代金融体系和现代金融监管体系逐步建立和完善，金融开放逐步推进。银行从原来的专业银行转变为商业银行，特别是在 2000 年中国加入世贸组织前后，中国银行业大力推进股份制改造，现代商业银行体系开始建立。1997 年的亚洲金融危机和 2008 年的美国次贷危机对中国经济产生了重大影响，中国政府采取多种政策手段才使中国经济顺利渡过了危机。现代金融体系的初步建立与完善是这一阶段的主要任务。商业银行体系、资本市场体系、外汇管理体系都在这一阶段得以建立，且金融周期与经济周期相互推动。

党的十八大以后，中国经济进入新常态。党的十九大以后，高质量发展对经济发展提出了新的要求，中国经济发展进入以国内大循环为主体、国内国际双循环相互促进的新发展格局。另外，国内金融业在为经济发展提供坚强保障的同时，自身也出现了如 2013 年钱荒、2015 年股灾、2018 年 P2P 风险踩踏事件，以及地方政府和国有企业负债率高等风险问题。系统性风险的集聚使得金融供给侧结构性改革迫在眉睫，而在进行金融改革时必须要厘清金融的地位、金融的关键问题、金融业发展的领导等重大理论与实践问题。

（三）环节三

【提问】新冠肺炎疫情暴发带来了哪些金融冲击？

【学生任务】搜索资讯"新冠肺炎疫情"+"金融冲击"。

【学生任务】搜索"IMF"+"各国抗疫经济政策"、"美联储"+"支持信贷投放工具"、"人民银行"+"应对新冠肺炎疫情"等，总结关键词。

【内容导入】

(1) 重大突发公共事件与金融市场

2003 年非典（SARS）、2008 年中国汶川地震、2019 年新冠肺炎疫情，都是典型的重大突发公共事件。这些事件的暴发给我国金融市场的流动性、价格波动、信贷可获得性、系统性风险等方面都带来了巨大冲击。

类似地，在美国，2001 年的"9·11 事件"、2007 年的"雷曼兄弟事件"，以及 2019 年的新冠肺炎疫情等重大突发公共事件，也对美国甚至全球金融市场的流动性、价格波动、信贷可获得性、系统性风险等方面造成了巨大影响。

(2) 重大突发公共事件与紧急金融救助

紧急金融救助的目标：保障金融体系的稳健运行。具体包括保障金融体系稳定、保障市场流动性、保证信贷可获得性、稳定公众信心等。

紧急金融救助的层面：金融机构层面、金融市场层面、企业融资层面、企业经营层面等。

(3) 紧急金融救助中的两种观点

支持观点：典型市场失效，需要政府强力干预。

反对观点：强化道德风险，带来不公平后果。

（四）环节四

【提问】在紧急金融救助中，中国和美国紧急金融救助的决策机制与制度背景有什么不同？

【学生任务】上网搜索"伟大抗疫精神""生命至上、举国同心、舍生忘死、尊重科学、命运与共"。

上网学习习近平总书记在全国抗击新冠肺炎疫情表彰大会上的讲话。

上网查找中共中央政治局在新冠肺炎疫情期间历次会议的新闻稿。

上网查找新冠肺炎疫情期间金融稳定发展委员会、人民银行、银保监会、证监会等部门出台的相关文件。

美联储在新冠肺炎疫情期间的决议。

归纳中国和美国在新冠肺炎疫情暴发期间紧急金融救助的决策机制与制度背景。

【内容导入】

（1）中国紧急金融救助决策的特点

重在党的领导，彰显中国特色政治制度的优越性；

重在市场操作，引导利率下行与创设新型工具；

重在普惠直达，增进人民群众和中小企业获得感；

重在合力高效，突出中国特色国家治理体系的优越性。

（2）美国紧急金融救助决策的特点

工具品种丰富，但决策时间长；

透明程度高，但利益关系复杂；

救助对象清晰，但激励相容性差。

（3）中国紧急金融救助的完善

完善国家金融应急管理与紧急救助体系；

丰富靶向工具，精准直达实体经济；

加强货币政策和财政政策的配合；

加强经济预期管理和引导。

（五）环节五

【学生任务】分享用以概括中国紧急金融救助机制设计与制度安排的关键词，并分享其学术意义；自行拟定研究主题，用思维导图的方式呈现学术研究计划。

学生课后提交学术研究计划，教师以此作为学生课业评价的依据之一。

五、案例反思

①育人先正己。在课程思政教学过程中，特别是在人文社科类课程教学中，价值引领是至关重要的。教师不能只做传授书本知识的教书匠，而是应该做到使知识传授与价值引领同频共振。这就要求教师落实课程指南、计划、方案实施过程中所依循和彰显的价值取

向；要坚持不懈地学习新时代中国特色社会主义建设实践发展的最新动态和理论演进的最新前沿；同时还要用最先进的思政理念来引领驾驭素材，从而有效避免思政和专业两张皮现象。

②构建师生学术共同体。在教学工作中，教师的身份要从讲授者向课程促进者转变，教师的职能是通过传播知识、与学生互动、聚合资源等方式建立与学生共在的交互网络和知识网络。教师是教学平台的共同建设者、共同分享者、共同治理者。同时为了避免学生群体在学习过程中出现马太效应，教师可适当应用一些策略来激发学生的参与性和自主性。

③教学方法和手段迭代更新。传统的教学方法和手段带宽过窄，不利于调动学生的学习热情，现代教学需要以学生参与感、体验感更优的方式进行。因此，教师要掌握关于教学本身的基本知识，要懂得现代教育技术的基本操作，要具备聚合教学资源的能力。

六、教学效果

通过课程思政教学改革，实现了以下成效。

一是实现了三全育人的目标。坚持了显性教育与隐性教育相统一，挖掘课程和教学方式中蕴含的思想政治教育资源，实现全员、全程、全方位育人（三全育人），将价值塑造、知识传授和能力培养三者融为一体。

二是实现了"育人本位"和"学科本位"的内在统一。充分考虑了教师的授课感受和学生的学习诉求，既符合金融学科专业知识教学要求，又实现了育人效果的最大化。在教学过程中促进了思想道德修养、人文素质、科学精神、法治意识、国家安全意识和认知能力与学科专业课程内容的有机结合，在潜移默化中坚定学生的理想信念、厚植爱国主义情怀，使学生加强品德修养、增长知识见识、提升综合素质。

三是增强了教师课程思政建设的主体自觉。教师是课程思政的能动者，因此更应注重对教师职业意识、职业道德的培养。课程思政的要求，深化了教师对自身职业的认识，引导教师自觉坚持教书和育人相统一、坚持言传和身教相统一、坚持潜心问道和关注社会相统一、坚持学术自由和学术规范相统一，以德立身、以德立学、以德施教，努力成为先进思想文化的传播者、党执政的坚定支持者，努力成为塑造学生品格、品行、品位的"大先生"，从而更好地担负起学生健康成长的指导者和引路人的责任。

诚信为基显本色　德法兼修有担当

金融学院　董志华

 案例概述

本案例通过教学设计实现了两方面的课程思政目标：一是基于"最大诚信原则"理论知识，培养学生诚实守信的思想品格和德法兼修的专业素养；二是通过引导学生观察、思考并尝试解决"保险诚信问题"，激发学生经世济民的情怀和专业报国的担当。本案例采用"线上线下混合"教学方式，学生通过小规模限制性在线课程（SPOC）预习概念性、程序性知识点，并在线上论坛参与有关诚信的名人名言的讨论；线下翻转课堂则采用小组辩论赛、集体诚信宣言等多种形式将思政元素融入课程。仪式感和参与感十足的教学活动明显改变了学生的课堂精神风貌，学生在课后提交的诚信感言言辞真切、感受深刻，较好地体现了课程思政的育人成效。

一、基本信息

课程名称：保险学

授课对象：金融学类专业二年级学生

学习章节：第4章　第2节　最大诚信原则

使用教材：《保险学》（第3版），熊福生、姚壬元，经济管理出版社

教学课时：1课时

二、课程思政教学整体设计思路

课程思政的难点和重点在于如何将思政元素有机地融入课程，避免思政元素与专业知识点生硬叠加、互不关联。为此，本案例在学情分析的基础上，对教学内容和教学方法进行了探索。

在教学内容上，充分挖掘思政资源，合理设定课程思政目标。本节的主题是"保险最大诚信"，一个显而易见的思政切入点是将最大诚信原则从保险活动延伸至金融活动和社

会活动，进而引申到社会主义核心价值观中的诚信要求。但仅仅这一个思政元素还略显单薄，其呈现方式也较为有限，学生的感悟可能也不会太深刻。因此，我们尝试从现实社会中的保险销售误导和骗保等保险诚信问题出发，进一步挖掘思政元素，组织学生以"解决保险诚信问题，更多依靠法治和德治"为题展开辩论，引导学生关注"销售误导和骗保"等社会现实问题，鼓励学生聚焦社情民意，鼓励学生充分调动所学专业知识参与社会管理，从而激发学生经世济民的情怀和专业报国的担当，使得思政之"盐"顺着以专业问题为导向的思辨式"烹饪"有机融入课堂。

在教学方法上，充分调动学生的积极性，找准课程思政切入点。学情分析是开展课程思政的必要前提。从课前的学情问卷调查来看，超过八成的同学对在专业课程中开展课程思政持肯定态度，且近七成的同学认为在翻转课堂中能获得更好的学习效果。因此，教师在开展课程思政时，也尽量采用体验式、探索式和启发式的教学设计，避免灌输式的方法。例如，教师在课前预习中，要求学生收集有关诚信的名人名言，用这种探索式的教学方法调动学生的主观能动性；在翻转课堂中，组织学生进行小组辩论，开展诚信宣言集体诵读，在通过竞赛式、参与式的活动提升学生学习体验感的同时将思政元素自然融入；在课后，开展诚信感言调查，一方面让思政元素进一步"入脑、入心"，另一方面考察课程思政的效果。

三、教学目标

（一）课程教学目标

【知识】掌握最大诚信原则的含义，了解最大诚信原则产生的背景，熟悉最大诚信原则对保险人和投保人的要求及违反最大诚信原则的后果，理解坚持最大诚信原则的意义。

【能力】能运用最大诚信原则理论分析保险实务中相关的案例，能基于信息不对称理论分析保险市场中的相关现象。

【素质】通过小组任务提升学生在独立思考、表达沟通和团队合作等方面的能力。

（二）思政育人目标

培养学生诚信做事、诚实立身、德法兼修的道德品质和职业素养。主要切入方式：课前名人名言整理、课中诚信宣言集体诵读、课后诚信感言调查。

提升学生的社会责任感，激发学生经世济民的情怀和专业报国的担当。主要切入方式：小组主题辩论"解决保险诚信问题，更多需要依靠法治和德治"。

四、教学实施过程（见表1）

表1　课程思政教学实施过程

教学环节	教学内容	教学过程与方法	思政要素切入点与育人目标	用时95分钟
线上学习	超星学习通SPOC《保险学》第3.3.2节"最大诚信原则"	【在线课程】观看教学视频，完成章节作业。了解最大诚信原则的定义、对投保人和保险的要求等概念性、程序性知识。 【线上讨论】参与超星学习通论坛线上主题讨论"你知道哪些关于诚信的名人名言？"	【切入点】课前作业中要求学生收集整理有关诚信的名人名言，教师在课堂上对作业完成情况进行点评。 【育人目标】引导学生领会中华优秀传统文化中"讲仁爱、守诚信"的思想精华和时代价值，提高个人诚信修养，践行社会主义核心价值观。	30分钟
翻转课堂	1. 一周保险要闻梳理 2. 小组任务：进行"解决保险诚信问题，更多依靠法治和德治"主题辩论	【新闻分享】各小组展示本周的保险要闻，并进行评论。 【小组辩论】分组进行主题辩论。 【学生互评】观众现场提问，并通过问卷星对两个小组进行评价。 【教师点评】教师就展示的形式、内容、创新性进行点评，并结合本堂课知识点进行拓展。	【切入点】课前要求学生观察并思考如何治理"销售误导、骗保"等保险乱象，课上组织辩论"解决保险诚信问题，更多依靠法治和德治"，通过现场提问和观众评价等环节启发其他同学思考并发表意见，最后由教师进行点评，并结合专业知识点在道德品质、职业素养、法治意识、社会责任等方面对学生进行价值引导。 【育人目标】引导学生关心社会现实问题，鼓励学生使用专业知识参与社会管理，激发学生经世济民的情怀和专业报国的担当，培养学生德法兼修的职业素养。	30分钟
课程导入	1. 回顾上节知识点 2. 引出本节授课内容 3. 指明本节学习重难点 重点：投保人的如实告知 难点：保险人的弃权与禁止反言	【归纳】回顾保险原则的含义，总结保险的四大原则，分析各个原则的适用范围，引出本节授课内容。 【案例】以生活中常见案例"带病投保"为切入点，组织学生讨论，引出"诚信"的概念，结合保险的特征，提出"最大诚信原则"。 【提问】什么是最大诚信原则？为什么要坚持最大诚信原则？该原则有什么具体要求？通过连续提问帮助学生复习在线课程知识点，建立教学内容逻辑关系、明确重点。		3分钟
课程主体讲授	1. 最大诚信原则的概念 保险双方在签订和履行保险合同时，必须以最大的诚意，履行自己应尽的义务，互不欺骗和隐瞒，恪守合同的认定与承诺，否则保险合同无效。	【法律条款】引用《中华人民共和国保险法》（简称保险法）第十六条进行案例分析。 【拓展】介绍世界第一部保险法出台的背景及其与最大诚信原则的关系。 【启发思考】为什么保险合同比一般合同有更高的诚信要求？	【切入点】保险法相关条款介绍。 【育人目标】深化学生对法治理念、法治原则、重要法律概念的认识。	3分钟

续表

教学环节	教学内容	教学过程与方法	思政要素切入点与育人目标	用时 95 分钟
课程主体讲授	2. 最大诚信原则对投保人的要求 （1）如实告知 （2）保证	【案例分析】回顾"带病投保引发的纠纷"案例，了解最大诚信原则在实务中的运用。 【实物展示】展示保险合同实物并对相关条款截图，让学生对"如实告知"有直观认识。 【拓展】结合条款内容，介绍"保费豁免条款"，推荐购买保险的小技巧，增加学习获得感与趣味性。 【市场前沿】针对金融学类专业学生的学科背景，介绍大数据发展与车险市场 UBI 创新，启发学生思考"如实告知"的价值。 【举例】分别以"车辆年检"和"海运航线"作为明示保证和默示保证的例子。	【切入点】将最大诚信原则运用于保险纠纷案例，从投保人（消费者）和保险人（保险公司）两个维度探讨最大诚信原则的价值。 【育人目标】培养学生诚信做事、诚实为人、德法兼修的道德品质；增强学生运用法治思维和法治方式维护自身权利、参与社会公共事务、化解矛盾纠纷的意识和能力。	10 分钟
	3. 最大诚信原则对保险人的要求 （1）如实告知 （2）弃权与禁止反言 弃权：保险人放弃投保人或被保险人违反告知义务或保证条款而产生的解约权或抗辩权。 禁止反言：保险人弃权后，不得再基于该项权利存在向对方当事人提出抗辩。	【实物展示】展示保险合同实物或对相关条款截图，特别是免责条款中的加黑、加粗部分，引导学生思考其原因。 【案例】在前一案例中增加额外信息，根据时间轴提炼案例关键信息，结合保险法条款进行讲解。 【归纳】回应课程开始提出的问题"带病投保可以赔吗？"结合本知识点，列举可以理赔的几种情形。	同上	10 分钟
	4. 坚持最大诚信原则的原因：保险双方信息不对称	【回顾】复习保险的"大数"特征及保险合同的"附和性"特征，解释保险比一般合同有更高诚信要求的原因。 【启发】以信息不对称为切入点，拓展相关前沿研究，激发学生进一步探索的兴趣。	同上	3 分钟
课程总结	1. 总结授课内容，强调重难点，形成能力提升 2. 布置课后思考和预习任务	【归纳】重新梳理知识点，强调重难点。		1 分钟
课后安排	诚信感言调查 集体诵读诚信宣言（由学生代表根据调查结果进行整理，在下一次课开始前进行集体诵读）	【问卷星调查】在学习完"最大诚信原则"后，你对诚信有哪些感悟？作为一名新时代的金融专业学生，你在未来的学习、工作和生活中应秉持什么样的诚信价值观，请用一句话道出你的诚信宣言。 【集体诵读诚信宣言】根据学生提交的诚信感言提炼出"金融学子诚信宣言"，在下次课前进行集体诵读。	【切入点】将最大诚信原则从保险活动延伸至金融活动和其他社会活动，引导学生思考如何在学业、工作和生活中践行最大诚信原则。 【育人目标】在带有仪式感的活动中让思政元素入脑、入心。	5 分钟

五、教学效果与案例反思

本案例以"保险学"课程中的"最大诚信原则"为例,通过合理的教学设计将思政元素以较为自然的方式融入专业课程,达到了预设的课程思政目标,获得了较好的课程思政效果。

课程思政的效果很大程度上取决于"融入"的程度。思政元素是"盐",它与专业知识(食材)的搭配需讲究时机、分量和方法。否则,课程思政容易过于生硬,影响教学的效果,甚至会引起学生的反感。为此,本案例从两个方面进行了学情分析,一方面是对该章节知识点的课程思政基础进行分析,挖掘合适的思政元素,最终以"诚实守信"和"专业报国"这两点作为课程思政目标,解决"时机"和"分量"问题;另一方面则是对学生专业背景、知识存量、认知习惯及对开展课程思政的态度进行调查,确定了以"诚信主题辩论赛"为主要形式的切入方式,解决了"方法"问题。另外,带有参与感和仪式感的课后安排(诚信感言调查和集体诵读诚信宣言)不仅提振了学生精神面貌,也为评估课程思政成效提供了可考证的依据。需要重点说明的是,无论是时机、分量还是方法,一定都要基于专业课程本身来进行选择,只有这样的课程思政才是有根基的。例如,在诚信感言中可以看到,一些学生表明了在今后从事金融或保险工作的诚信态度,与所学专业高度契合,而非简单的空提口号。这是我们希望看到的课程思政效果。

当然,本案例中还有一些值得反思的地方。首先,课程思政的形式要充分考虑学生的接受程度。例如,集体诵读诚信宣言的最初设计是大家站立举手宣读,部分同学认为有些"形式主义",所以在后续课堂中改为仅站立诵读。其次,课程思政应"点到为止,留有余地"。例如,在讲授最大诚信原则对投保人和保险人的要求时,反复涉及保险法中的不同条款,教师多次鼓励学生树立法治意识,但这样的"教条式号召"显得有些多余。如果适时利用一些反向启发方法或展示小的违法案例可能会起到更好的效果。最后,小组辩论赛较好地调动了学生的积极性,但并非每一个章节的内容都适合采用类似的小组任务形式。在后续教学中,应继续坚持以学生为本,在专业知识点中进一步深耕细耘,挖掘出有内涵价值的思政内容,在充分考虑学生认知能力的基础上设计迎合学生习惯的课堂思政教学活动,让思政教学变得有深度、有锐度,让"思政之盐"顺着专业知识有机融入课程,让思政的味道入脑、入心。

参考文献

熊福生,姚壬元,2017. 保险学 [M]. 3 版. 北京:经济管理出版社.
魏华林,林宝清,2017. 保险学 [M]. 4 版. 北京:高等教育出版社.
何红娟,2017. "思政课程"到"课程思政"发展的内在逻辑及建构策略 [J]. 思想政治教育研究,33(5):60-64.
刘建军,2020. 课程思政:内涵、特点与路径 [J]. 教育研究,41(9):28-33.

疫情大考：危难时刻方显英雄本色

金融学院　胡宏兵

 **案例概述**

"突发公共卫生事件风险管理"是课程的核心，教师通过对突发公共卫生事件风险管理的知识要点进行梳理，对合理的思政元素进行充分挖掘，培养学生的"四个自信"和"家国情怀"。本案例采用"线上＋线下"和开放式的教学方法，学生通过线上学习风险管理的基本框架，教师利用线下分享时事、小组讨论等形式将思政元素带进课堂。本案例以新冠肺炎疫情的暴发作为突发公共卫生事件风险的课程背景，通过分析我国对于新冠肺炎疫情的科学应对，以及与国际社会形成的鲜明对比，体现我国突发公共卫生事件风险管理的科学性，展现我国优越的社会制度优势。本案例以合理的教学设计将思政元素自然地融入风险管理的课程教学中，较好地完成了既定的课程思政目标，取得了良好的课程思政效果。

一、基本信息

课程名称：风险管理

授课对象：保险和精算专业三年级学生

学习章节：突发公共卫生事件风险管理

使用教材：《风险管理》（第 2 版），刘新立，北京大学出版社

教学课时：2 课时

二、课程思政教学整体设计思路

将思想政治教育融入"突发公共卫生事件风险管理"的各个主要环节。通过对突发公共卫生事件（新冠肺炎疫情）风险的讲解，以及对中外应对新冠肺炎疫情的方式和成果进行对比，坚定学生的"四个自信"；通过对疫情期间国际国内政治经济形势的讲解，帮助学生认清国际政治经济形势，看透部分发达国家敌视和打压中国的本质；通过对我国为应对疫情所采取的货币金融政策的讲解，向学生传达中央货币政策坚持以人民为中心、服务小康社会的理念；通过对由疫情导致的国家风险的讲解，深化学

生对中国共产党领导中国人民从站起来、富起来到强起来过程的认识,坚定学生的政治信仰。

三、教学目标

(一)课程教学目标

【知识】使学生掌握突发公共卫生事件风险的含义,以新冠肺炎疫情作为突发公共卫生事件风险管理的课程背景,分析突发公共卫生事件风险的特点,理解各国对于突发公共卫生事件风险应对方式的差异,并对风险应对效果进行评价。

【能力】使学生能够基于突发公共卫生事件风险的特点,对突发公共卫生事件风险的应对方式进行客观分析,形成对现实风险问题的理性分析能力。

【素质】通过小组讨论,提升学生对特定社会事件进行独立思考的能力,培养学生的语言表达能力,提高学生沟通和协作等方面的综合素养。

(二)思政育人目标

①坚定学生的"四个自信",增强学生的"四个意识"。以我国对新冠肺炎疫情的科学应对为出发点,探讨我国在突发公共卫生事件时的应对及所取得的成效,以及与国际社会形成的鲜明对比。

主要切入方式:课前案例资料整理、课中分组讨论、课后风险应对方式感言调查。

②培养学生的社会责任感,引导学生形成浓厚的家国情怀,凝聚学生专业报国的奋进力量。让学生树立"四个正确认识",重在教育和引导学生正确认识世界和中国发展大势、正确认识中国特色及其与国际的比较、正确认识时代责任和历史使命、正确认识远大抱负和脚踏实地。

主要切入方式:讲述自身在新冠肺炎疫情防控中经历的温情故事。

四、教学实施过程

本案例计划安排课堂讨论时间为 90 分钟,具体课堂时间安排及教学计划如下。

(一)线上学习(共 15 分钟)

【学习内容】在慕课上学习中央财经大学李晓林等讲授的"风险管理"课程。"风险管理"课程为涉及知识较为广泛的综合性课程,内容涵盖保险学、金融学、公司财务、金融工程等学科的相关知识,在专业学习及实践应用中具有越来越重要的作用。

【学习目的】提前进行在线学习能帮助学生理解风险管理的基本理念,熟悉各种风险管理技术的特点及适用范围,掌握运用经济决策模型进行实际风险管理决策的基本原则,为实践中从事不同范畴的风险管理工作奠定基础。

（二）时事讨论（共 10 分钟）

【时事分享】金融、经济等是注重应用的专业，需要与新闻时事结合，学生最好能够用理论知识分析和解决现实问题。这就要求学生持续关注新闻时事，特别是关于新冠肺炎疫情报道、新冠肺炎疫情防控及宏观经济方面的。因此本课程设计了学生分享新冠肺炎疫情管控情况及相关经济新闻这一教学环节。

【学生点评】课堂教学离不开评价，有效的评价能激发学生的学习主动性，让课堂充满活力。这部分的教学任务为：根据学生的分享，学生相互给予评论，教师引导学生进一步深入思考。

【教师总结】课后总结是教师对某个或者整个课堂行为过程进行的思考性回忆，教师总结有利于教学信息的及时反馈，以及教师教学能力的提升。因此，这部分的教学任务为：教师汇总学生的发言，并给出相对客观和全面的总结。

（三）教学引入（共 5 分钟）

【回顾知识】回顾课堂上分享的新闻，找出切合教学目标的关键点。同时，回顾上节课讲授的内容，随机提问学生，在增强课堂互动性的同时也能检验教学成果。

【突发公共卫生事件风险管理】讲述突发公共卫生事件风险管理的含义，介绍针对突发公共卫生风险的主要应对策略。

【案例引入】良好的开端是成功的一半，创设背景和问题导入是课堂教学的一大环节，好的引入方法可使学生兴趣盎然，迅速进入最佳学习状态。新冠肺炎疫情这一重大突发公共卫生事件可作为风险管理的引入案例。

（四）案例主体（共 30 分钟）

【疫情暴发】从发现新型冠状病毒至今，新冠肺炎疫情地图实时数据不断更新，那么疫情暴发的过程大致分为哪几个阶段？

【应对措施】新型冠状病毒的扩散是不分国籍、不论种族的，世界各地都出现了新冠肺炎疫情，那么世界各国又是如何应对疫情的？

【结果对比】2020 年初，新冠肺炎疫情大规模暴发，中国一直以来都在积极地采取策略控制疫情的发展，后来逐步实现复产复工复学，社会秩序基本恢复。但是海外疫情却一直严重。国内外疫情防控结果形成鲜明对比。

（五）案例讨论（共 20 分钟）

【风险管理】新型冠状病毒在全球持续蔓延，各国政府都采取了不同的举措以应对疫情。中国政府采取的有效措施有哪些？这些风险管理措施又对人民的健康和经济的恢复有哪些影响呢？中国政府采取的疫情防控措施有什么独特性？

【国际挑战】2020 年集中暴发的新冠肺炎疫情席卷全球，给世界人民生命财产造成巨大损失，从多维度冲击着国际关系发展和国际秩序走向。国际组织在抗击疫情中的主导作用受到削弱；大国关系遇上不合作和"甩锅"的双重污染，国际应对疫情合作成果乏善可陈；经济全球化进程遇上孤立主义阻挠，国际产业链和供应链出现断裂危险；国际安全理念得以泛化，各国不得不重新考虑自身安全战略方向。

【大国担当】在新冠肺炎疫情暴发的整个过程中，中国体现出了大国担当，民众坚定了"四个自信"。中国从国内和国际两个大局出发，沉着应对各种挑战，成为维护地区稳定与世界和平的重要力量。中华传统优秀文化"仁爱、自强、包容、和合"被体现得淋漓尽致。

（六）知识回顾（共5分钟）

【重点强调】新冠肺炎疫情的暴发过程；新冠肺炎疫情的经济社会影响；各国是如何应对新冠肺炎疫情的。

【要点回顾】全面认识国家、社会、企业、个人所面临的各种风险，树立风险意识，树立对待风险的正确态度，坚定"四个自信"。

（七）课后安排（共5分钟）

【持续关注】全球新冠肺炎疫情持续蔓延，常态化防疫如何进行？世界各国应对新冠肺炎疫情有哪些措施？

【问卷填写】发放问卷，询问学生对我国新冠肺炎疫情的应对有什么看法。设计这部分教学环节的目的是，为学生构建风险管理的基本框架，坚定学生的"四个自信"，使学生形成宏观的风险管理视角。

五、案例反思

本案例以合理的教学设计将思政元素自然地融入风险管理的课程教学，较好地完成了既定的课程思政教学目标，取得了良好的课程思政教学效果。

对课程思政的评价很大程度上取决于将思政元素融入专业课程的合理性。思政元素与专业知识的搭配需要着重于融入的角度、融入量和融合方式。如果生硬地将专业课程与思政元素杂糅，势必会影响课程的教学效果，其结果往往适得其反，甚至会引发学生对于专业课程的反感。基于此，本案例从课程思政元素的挖掘和学生专业背景的分析两个维度开展课堂的学情分析。一方面对突发公共卫生风险管理的知识要点进行梳理，充分挖掘合理的思政元素，最终确立了以培养学生的"四个自信"和"家国情怀"为课堂的思政目标，并合理解决了融合角度的问题；另一方面则是对学生的专业背景、知识存量、认知习惯及对开展课程思政的态度展开调查，确定了以课堂引入、小组讨论、课堂互动为主的切入方式，解决了融入方式的问题。另外，课后的问卷调查不仅提升了学生的独立思考能力，也为评估课程思政效果提供了翔实的参考依据。

本案例中依然存在值得反思的地方。首先，在课堂上实施课程思政时，课堂的内容和形式均需要充分考虑学生的接受程度。例如，在发布主题讨论时，最初的设计是由每个学生单独发表观点，后因课堂人数较多、时间不够，此环节更改为分小组讨论。其次，教师在讲授公共风险管理知识时，对此次新冠肺炎疫情带来的社会经济影响的案例分析投入太多，而忽略了对其他案例的分析介绍，使得学生容易忽视其他类型的突发公共卫生事件风险。最后，本案例的课后调查虽然较好地调动了学生独立思考的积极性，但并非每一位被调查的同学都会积极主动地对调查问题进行客观回应。在案例教学实践中，还存在教学缺乏合适的教材、案例缺乏规范性、体系有待完善等问题。在后续的教学过程中，教师应坚持以学生为主体的教学理念，在教好专业知识的基础上，进一步深入挖掘更具深度的思政内容，并充分考虑学生的认知能力和学习态度，在教学中根据学生的反馈，不断地改进和完善课堂形式，以更加科学合理的方式，将思政内容有机融入专业课堂。

六、教学效果

从教学方式的有效性来看，学生通过线上学习的形式学习风险管理的基本框架，充分认识到了风险管理的学科规律；线下通过时事精选的方式分享时事并进行小组讨论，针对具体的突发公共卫生风险事件提出了自己的观点和看法，充分地参与到风险管理课程中来。通过线上线下结合的教学方式，学生更加熟练地掌握了风险管理的技术，并能够熟练地应用风险管理技术解决现实问题。有95%以上的学生认为课堂内容充实，能做到理论联系实际，且表示在教师的指导下，能更加熟练地掌握风险管理技术，并能熟练地应用风险管理技术解决现实问题。

从课程思政效果来看，本案例实现了预期效果。比如，保险专业及精算专业三年级学生"风险管理"课程期末平均成绩为87.46分，均方差为15.02。整体"课程思政效果"问卷的调查结果多为积极正面的反馈。"突发公共卫生事件风险管理"案例的实施取得了较好的教学效果。学生通过充分分析新冠肺炎疫情这个突发公共卫生风险事件，以及将我国与其他国家关于新冠肺炎疫情的应对措施及结果进行比较，更加坚定了"四个自信"，并深化了自己对中国共产党领导中国人民从站起来、富起来到强起来过程的认识，坚定了自己的政治信仰，并树立起正确的风险观、人生观和价值观。

党的十九大报告指引下的证券投资基本分析

金融学院　张戡

 案例概述

本章采用思政理论与专业实践相结合的教学方法，引导学生从中国经济情况和证券市场的实际出发，以党的十九大报告为依据，进行宏观经济、行业和公司等层面的基本分析，寻找具有成长空间的行业与公司，构建投资组合，实施模拟交易。通过实验过程和实验结果，进一步深化学生对党的十九大报告的认识，提高学生运用思政理论分析问题、解决问题的能力。

一、基本信息

课程名称：证券投资分析（实验）

授课对象：金融学、金融工程、投资学专业三年级学生

学习章节：第三章　证券投资基本分析

使用教材：《证券投资实验教程》（第 2 版），李建华、张戡，经济科学出版社

教学课时：4 课时

二、课程思政教学整体设计思路

（一）设计思路

习近平总书记在中国共产党第十九次全国代表大会上的报告（简称党的十九大报告）高屋建瓴，具有重大的理论意义、实践意义和历史意义，是专业课开展思政教育的核心基础之一。"证券投资分析（实验）"课程中的多个专业知识点，都与党的十九大报告紧密联系。教师在讲授相关专业知识点时，如果能够以习近平新时代中国特色社会主义思想为指导，对党的十九大报告进行全面宣讲和深入解读，并将其与国际和国内形势有机地结合起来，那就不仅能进一步提高专业课的教学质量，而且能推进思政教育从形式到内容的与时俱进。

（二）课堂教学设计

①讲授本章专业课的基本架构。

②从党的十九大报告中提炼出对"证券投资分析（实验）"课程具有直接指导作用的理论思想，并深入浅出地进行讲解。

③分别从宏观经济、行业、公司等层面引用党的十九大报告的相关论述，指导学生结合中国经济和证券市场的实际，分析宏观经济的热点问题及相应的经济政策，探寻证券市场的投资方向，发掘具有增长空间的行业和公司。

④在实验环节进行投资组合构建和模拟交易。

三、教学目标

（一）课程教学目标

本章采用理论联系实际、基本理论与实验操作相结合、思政教育与专业教学实践相呼应的方法，将党的十九大报告精神融入专业课教学，既能让学生透彻地理解国家的大政方针，并主动运用习近平新时代中国特色社会主义思想来分析问题和解决问题，又能让学生从更高的政治站位上理解专业课的理论知识并学以致用，从而实现思政教育与专业课教学的良性互动，达到专业水平和思政水平同步提高的培养目的。

（二）思政育人目标

将思政教育融入专业课教学环节中，确保党的纲领性文件能在教学工作中得到真正落实，引导学生深入领会党的十九大报告精神，提高学生主动运用党的理论和方法分析问题、解决问题的能力，同时进一步完善基于专业课平台的思政教育模式。

四、教学实施过程

（一）讲授本章专业课的基本架构

教学活动设计：以教师讲授作为主线，启发学生将学过的相关专业知识整合在一起，构建基本分析框架。学生通常缺乏将所学专业知识进行整合的主动思维，但是经过教师的提示，一般都能够很快意识到哪些专业知识可以在本章节中加以综合运用。

基本分析是指通过对影响证券价值的基本因素（宏观经济的运行状况、宏观经济政策、行业发展状况及结构、上市公司的经营业绩和发展前景等）进行分析，确定证券的内在价值，预测证券市场价格变化趋势，为投资者的投资决策提供依据。

基本分析主要包括宏观经济分析、行业分析和公司分析三部分。

（二）党的十九大报告的总体讲授

教学活动设计：①学生发言，互相交流自己对思政学习及党的十九大报告中有关经济工作的论述的感想；②教师进行归纳，并完整地提炼出党的十九大报告中与本章有关的内容。通过讨论和引导，帮助学生体会到专业学习离不开思政理论的顶层指导，从而使学生进一步认识到思政教育的重要作用。

【专业课相关知识点】宏观经济形势分析、宏观经济政策分析。

党的十九大报告重点讲授内容：①新时代中国特色社会主义思想；②党的十九大报告的重大意义；③党的十九大报告的基本方略；④党的十九大报告的逻辑结构。

（三）宏观分析

教学活动设计：引用党的十九大报告的相关论述，引导学生进行双向互动，分析中国当前的经济热点问题和解决问题的路径。学生对于中国经济问题非常感兴趣，但是在构建规范的、符合中国国情的分析框架方面存在不足，容易生搬硬套教科书上的理论或者提出一些不接地气的对策。通过学习党的十九大报告，学生能够较快地转变思维模式，立足于中国经济的实际去分析问题和解决问题。

1. 新时代我国社会主要矛盾的转化

【专业课相关知识点】宏观经济政策分析、宏观经济供求分析、行业生命周期分析。

【党的十九大报告与专业课相关知识点的联系】

习近平总书记在党的十九大报告中明确指出："中国特色社会主义进入新时代，我国社会主要矛盾已经转化为人民日益增长的美好生活需要和不平衡不充分的发展之间的矛盾。"这反映了改革开放以来我国经济社会生活发生了实质性变化。同时，党的十九大报告也指出，我国当前"发展质量和效益还不高，创新能力不够强，实体经济水平有待提高""生态环境保护任重道远""民生领域还有不少短板，脱贫攻坚任务艰巨，城乡区域发展和收入分配差距依然较大""群众在就业、教育、医疗、居住、养老等方面面临不少难题""社会文明水平尚需提高"。

因此，教师可以从以上党的十九大报告的有关论述出发，完善宏观经济形势和宏观经济政策分析框架，引导学生深入理解近年来党的一系列经济政策的重大意义。

2. 以供给侧结构性改革为主线的现代化经济体系建设

【专业课相关知识点】行业景气度分析、供求分析。

【党的十九大报告与专业课相关知识点的联系】

习近平总书记在党的十九大报告中指出，"必须坚持质量第一、效益优先，以供给侧结构性改革为主线，推动经济发展质量变革、效率变革、动力变革""建设现代化经济体系，必须把发展经济的着力点放在实体经济上，把提高供给体系质量作为主攻方向，显著增强我国经济质量优势"。

结合党的十九大报告的这段论述，引导学生认识到加快建设制造强国、加快发展先进制造业、推动产业发展迈向中高端，是我国供给侧结构性改革的重点；使学生深刻认识到发展实体经济的重大意义。

3. 创新型国家的建设

【专业课相关知识点】经济发展动力、技术创新、公司资本结构、投资决策。

【党的十九大报告与专业课相关知识点的联系】

党的十九大报告指出,"创新是引领发展的第一动力,是建设现代化经济体系的战略支撑。要瞄准世界科技前沿,强化基础研究,实现前瞻性基础研究、引领性原创成果重大突破。"

根据党的十九大报告的这一论述,教师需要在教学中进一步强化学生对于创新的认识。近年来,我国在创新产出方面取得了突出成就。如果用专利申请量在全球中的占比来衡量,那么我国在全球的排名,已经提高到现在仅次于美国和日本的第3位。但从目前以科技创新为核心的创新能力来看,我国自主创新能力整体上依然有较大的提升空间,创新效率水平有待进一步提高。

4. 乡村振兴战略的实施

【专业课相关知识点】宏观经济分析、经济增长分析、经济结构分析。

【党的十九大报告与专业课相关知识点的联系】

党的十九大报告提出"农业农村农民问题是关系国计民生的根本性问题,必须始终把解决好'三农'问题作为全党工作重中之重",同时也提出"完善促进消费的体制机制,增强消费对经济发展的基础性作用"。教师在教学中,可以引导学生将党的十九大报告中的这两段论述联系起来,理解"三农"问题的重要性,在此基础上,进一步引导学生深入认识乡村振兴战略对于提振消费、推动城乡一体化及促进经济结构转变的重大意义。

5. 货币政策的稳健取向

【专业课相关知识点】货币政策、融资机制、资本结构、资本成本。

【党的十九大报告与专业课相关知识点的联系】

党的十九大报告提出"健全货币政策和宏观审慎政策双支柱调控框架,深化利率和汇率市场化改革。健全金融监管体系,守住不发生系统性金融风险的底线"。结合这一论述,引导学生认识到我国经济工作将继续以供给侧结构性改革为主线,并了解加快经济结构转型力度、降低对投资的依赖程度、增强消费对经济发展的基础性作用。为了给经济结构调整营造有利的金融环境,我国货币政策将保持稳健取向。

(四)行业分析

教学环节设计:首先指导学生通过行情分析软件找出股票市场收益率排名居前的行业,讨论强势行业的股票上涨原因;然后介绍党的十九大报告中有关行业发展的规划和举措;接着引导学生分析强势行业的发展趋势是否与党的十九大报告指出的方向相吻合;最后列出符合国家政策导向的重点行业。这样设计能使学生切实感受到学习党的十九大报告可以显著提高证券投资的分析水平和决策能力,进而增强学生在专业课中进行思政理论学习的积极性和主动性。

1. 战略新兴行业

【专业课相关知识点】行业分析、绿色金融、碳排放、资产证券化。

【党的十九大报告与专业课相关知识点的联系】

党的十九大报告提出:"建设现代化经济体系,必须把发展经济的着力点放在实体经济上,把提高供给体系质量作为主攻方向,显著增强我国经济质量优势。加快建设制造强国,加快发展先进制造业,推动互联网、大数据、人工智能和实体经济深度融合,在中高端消费、创新引领、绿色低碳、共享经济、现代供应链、人力资本服务等领域培育新增长点、形成新动能。支持传统产业优化升级,加快发展现代服务业,瞄准国际标准提高水平。促进我国产业迈向全球价值链中高端,培育若干世界级先进制造业集群。"

结合这一论述,引导学生认识到在新技术、新产品、新业态、新商业模式不断涌现的新时代背景下,培育和发展一批具备巨大市场增量空间的新兴行业是我国产业升级的战略规划重点,具体包括节能环保、生物医药、高端装备制造、新能源、新材料、数字创意、人工智能、物联网、5G等,这些行业同时也是证券投资的主要对象。

2. 军工强国

【专业课相关知识点】行业分析、公司财务分析、股票估值。

【党的十九大报告与专业课相关知识点的联系】

党的十九大报告提出:"适应世界新军事革命发展趋势和国家安全需求,提高建设质量和效益,确保到二〇二〇年基本实现机械化,信息化建设取得重大进展,战略能力有大的提升。同国家现代化进程相一致,全面推进军事理论现代化、军队组织形态现代化、军事人员现代化、武器装备现代化,力争到二〇三五年基本实现国防和军队现代化,到本世纪中叶把人民军队全面建成世界一流军队。"

结合这一论述,引导学生认识到我国军事力量的现代化建设正稳步进行。军民融合是军工行业改革的重点落地方向,是国防和军队现代化的必经之路。目前我国军队现代化建设已经进入关键的实施阶段,未来军工行业的发展将进一步加快。

3. 土地流转

【相关专业课知识点】产业链分析、行业生命周期理论、资产证券化。

【党的十九大报告与专业课相关知识点的联系】

党的十九大报告提出:"保持土地承包关系稳定并长久不变,第二轮土地承包到期后再延长三十年。"结合这一论述,引导学生认识土地流转政策的重大意义,特别是此次第二轮承包到期后再延长三十年,为土地流转的参与者提供了稳定预期。从产业链的角度来看,土地流转有望为农机、农资、农化、农业技术服务全产业链带来利好。

4. 绿色金融与环保

【专业课相关知识点】行业分析、资本结构、融资工具、资产证券化。

【党的十九大报告与专业课相关知识点的联系】

党的十九大报告提出"发展绿色金融"。2016 年 8 月，中国人民银行、财政部等七部委联合印发的《关于构建绿色金融体系的指导意见》中，将绿色金融定义为："绿色金融是指为支持环境改善、应对气候变化和资源节约高效利用的经济活动，即对环保、节能、清洁能源、绿色交通、绿色建筑等领域的项目投融资、项目运营、风险管理等所提供的金融服务"。

结合党的十九大报告关于绿色金融的论述，引导学生一方面认识到从环保投资角度来看，绿色金融通过发挥市场和金融作用吸引社会资本，为解决环保财政资金缺口提供了新的思路；另一方面认识到实现绿色金融的三大路径：①推动金融市场支持绿色投资，其中绿色债券市场已经率先高速增长；②设立绿色发展基金，拉动社会资本；③开展国际合作，将绿色金融与"一带一路"倡议融合。

（五）公司分析与模拟交易实验

教学环节设计：本环节为实验操作，引导学生在教学环节四所挑选的行业中，通过具体分析行业内各家公司的招股说明书、中报和年报，找出具有投资价值的公司，并进行投资组合和模拟交易实验。

【相关专业课知识点】公司经营分析、财务报表分析、投资组合、证券交易。

五、案例反思

本章的教学虽然取得了比较满意的效果，但是还需要在以下几方面继续改进。

一是思政教育的相关资源有待进一步丰富。本章运用的思政教育素材比较单一，需要进一步增加专家的深度解读和业界实际运用党的十九大报告的有关实例。

二是思政教育与专业课相结合的方式还需要多样化。除了传统的课堂教学外，在专业课的实验教学、课程论文、翻转课堂等方面的思政教育空间有待拓展。

三是增加思政教育的视频和音频资料，进一步增强教学的互动性和参与性。

六、教学效果

本章教学将思政教育融入专业课教学，取得了比较理想的成效。具体成效包括：①学生从教学活动中体会到了思政教育的重要作用，体会到了党的纲领性文件对专业技术工作的重大指导意义；②学生初步掌握了将专业课学习与思政理论学习相结合的方法；③教师初步构建了金融专业课思政教育的基本框架，为进一步深化专业课的思政教学改革奠定了基础。

"房住不炒":住房调控中的决策智慧

金融学院 袁南南

 案例概述

  为了培养具备经管法基础的综合性人才,教学团队依托金融与投资的学科优势,围绕专业课程特点,推进了"房地产金融与投资"的课程思政建设工作。在专业课教学过程中,教师带领学生详细解读党的十九大报告及2021年的《政府工作报告》,通过强调房子是用来住的、不是用来炒的这一房地产市场新定位,使学生认识到科学性与思想性的统一,使学生深刻体会党和国家为民生大计深思熟虑的政策出发点,从而增强学生的大国观和大局观。

一、基本信息

课程名称:房地产金融与投资

授课对象:投资学专业三年级学生

学习章节:第一章 第二节 房地产金融概念及作用

使用教材:*Real Estate Finance and Investments: Seventeenth Edition*, William B. Brueggeman、Jeffrey D. Fisher, McGraw Hill LLC.

教学课时:2课时

二、课程思政教学整体设计思路

  本课程的教学主题是房地产金融的概念及作用;教学目标是掌握房地产金融的概念,理解房地产金融的作用并学会应用。本课程通过案例分析和设问引导等形式激发学生的学习兴趣,运用多媒体教学、雨课堂等智慧教学工具增强师生之间的互动,采用启发式提问和课堂讨论等促进学生对教学内容的认识、理解和掌握,使用合理新颖的板书和生动的语言讲授知识,并将课程思政贯穿教学全过程。通过课程思政教学,重点解决以下问题:一是让学生掌握相关理论知识,认识到"房住不炒"的重要性、必要性和意义;二是使学生了解国家政策制定的出发点和理论机制,认识到政策科学性与思想性的统一,并树立正确的价值观念；三是引导学生在以后的学习生活中，既能响应国家号召，又能灵活运用所学房地产金融相关知识，为国家政策的执行献计献策。

三、教学目标

（一）课程教学目标

①掌握房地产金融的概念。让学生了解住房既是消费品又是投资品，从而为理解"房住不炒"的科学内涵建立良好的知识基础。

②理解房地产金融的作用。实现"房住不炒"需要对供给方与需求方进行双向调控。结合具体措施，使学生更好地理解和掌握房地产金融的作用。

③学会运用理论分析房地产市场的问题。通过引导学生思考政府解决问题的措施和思路，提高学生分析问题和解决问题的能力。

（二）思政育人目标

①理解宏观政策的出发点。使学生深刻体会党和国家对民生的重视。

②认识国家宏观政策制定的内在机制。引导学生体会理论政策的深层含义，从更高的视角理解国家政策，树立大国观和大局观，增强爱国情怀。

③树立正确的世界观、人生观和价值观。培养学生树立与住房有关的正确价值观念，使学生在以后的学习、生活和工作中，能从个人的角度出发推进政策的执行。

四、教学实施过程

教学实施过程从9个环节展开，具体如图1所示。

（一）引入主题

本课程学习的主要内容是房地产金融的概念和作用。学习的重点是掌握房地产金融的概念，难点是理解房地产产品的金融属性和房地产金融的作用。房地产金融是指在房地产的开发、建设、经营、流通和消费等过程中，通过货币流通和信用渠道所进行的资金筹集、融通和结算的一系列金融活动的总称。房地产金融产生的原因在于房地产的发展需要金融的支持。

（二）案例切入

案例1 中国社科院的相关调查显示，2016年，厦门、南京、合肥、苏州等城市的房价指数同比涨幅达50%以上。根据Wind数据库数据显示，2015—2020年，北京市和上海市的平均房价增长率分别为91.41%和70.88%。

案例2 西南财经大学中国家庭金融调查与研究中心调查数据显示，在我国居民家庭财产结构中，房产占比超过70%。《中国家庭财富调查报告2019》显示，家庭人均财产增长中的91%来自房产净值的增长。相对于家庭人均财产7.49%的增速而言，房产净值增速接近 10.3%。

案例 3 2020 年，全球新冠肺炎疫情蔓延，金融市场跌宕起伏，以美国为代表的主要经济体集体"放水"，引发了人们对资产价格的担忧，尤其担心物价会大幅上涨及房价会开启新一轮上涨。

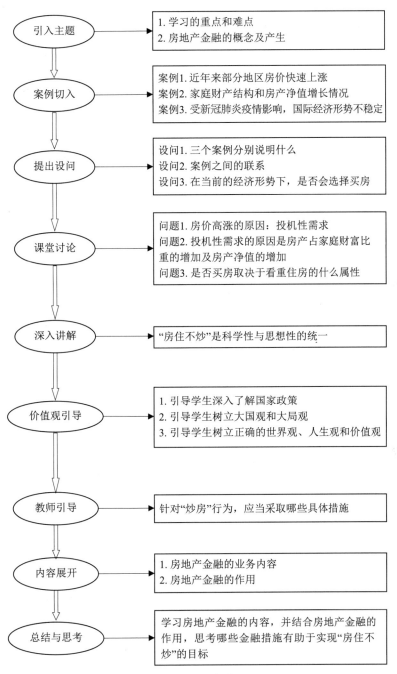

图 1 教学实施过程图

（三）提出设问

以上三个案例分别说明什么？它们的内在联系是什么？在当前的国际形势和楼市状况下，大家会不会选择买房？

（四）课堂讨论

针对以上三个问题，学生展开了激烈的讨论。

1. 问题1

案例1表明，在北京或者上海买一套100平方米的住宅，大约需要几百万人民币。对普通家庭而言，能否通过自有资金实现住房消费？答案：难以实现。所以，需要向银行申请贷款。案例2表明，对大多数家庭而言，房产是家庭财富的重要体现，房产净值增速较快。快速增加的房产净值会带来怎样的结果？家庭在进行住房消费选择时，因为形成了房产会持续增值的预期，所以很大可能会购置房产并将其作为投资性产品，这又反向助长了房产的投资品属性。案例3表明，当前受到新冠肺炎疫情的影响，国际形势不稳定，国外的"放水"行为，可能会通过国际资本市场影响到国内的"资产价格"，尤其是房产价格。

2. 问题2

三个案例之间有着怎样的关联？案例1中的房价上涨较快，可能是由于案例2中历年的房产净值快速增加所带来的过多的投机需求所引起的。案例1中的房价上涨表现形式会进一步增强消费者对房产净值增值的预期，从而激发盲目的投资热情。在此过程中，住房表现了投资品的属性。案例3中，面对复杂的国内外形势，结合案例1和案例2的表现结果，消费者会形成疑问：是否要买房避险？

3. 问题3

在当前的国际形势和楼市状况下，是否会选择买房？运用雨课堂进行投票，只有30%左右的学生因为预期房价下跌，不会买房；70%左右的学生选择买房，认为买房之后房产既可以用于自住，也可以用于投资增值。如果大多数家庭都因其投资品的属性而去购买住房，那么房价可能会被进一步推高。为此，有必要采取措施调控住房消费。

（五）深入讲解

习近平总书记在中国共产党第十九次全国代表大会上的报告中，提出"坚持房子是用来住的、不是用来炒的定位"。李克强总理在第十三届全国人民代表大会第四次会议上的《政府工作报告》中再次强调"坚持房子是用来住的、不是用来炒的定位，稳地价、稳房价、稳预期"。房地产市场的新定位体现了科学性与思想性的统一。科学性体现在：①住房具有投资品和消费品的双重属性，其中消费是本质属性、投资是非本质属性；②从国外的发展经验来看，长远来说，住房主要体现的是其消费品属性。思想性体现在：①一切以人民为中心的思想；②不断满足人民群众对美好生活的追求的思想；③解决中国问题的实事求是的思想。

（六）价值观引导

①引导学生深入了解国家政策。如为什么推行"房住不炒"这项政策？依据是什么？背后的机制又是什么？通过教师的讲解，使学生深刻认识到这项政策的制定是科学性与思想性的高度统一。②引导学生树立大国观和大局观。房子关乎民生，房地产政策的制定体现出党和国家对民生的重视，党和国家始终"不忘初心、牢记使命"，从人民的角度出发解决问题。③引导学生树立正确的世界观、人生观和价值观。鼓励学生不负青春、不负韶华、不负时代，积极响应国家的政策号召，为"房住不炒"政策的执行献策献计。

（七）教师引导

为实现"房住不炒"，应如何调控市场？关键是如何判断"炒房"行为。现阶段主要是通过买房套数对此进行判断，购买两套、三套及以上的消费行为，就被认为存在炒房的可能性。对炒房行为，应采取什么样的具体措施？有哪些金融手段可以运用？这需要进一步理解房地产金融的作用。

（八）内容展开

房地产金融的业务内容包括吸收房地产行业存款，开办住房储蓄，办理房地产贷款尤其是房地产抵押贷款，从事房地产投资、信托、保险、典当和货币结算及代理房地产有价证券的发行与交易等。房地产金融的作用：①为房地产开发经营提供了重要的资金保障；②是提高居民住房消费能力的重要手段；③是房地产行业发展的"调节器"。

（九）总结与思考

通过掌握房地产金融的概念，深入理解"房住不炒"政策是科学性与思想性的统一；通过学习房地产金融的作用，理解要实现"房住不炒"，需要运用金融工具对房地产行业进行调控，充分发挥房地产金融作为房地产行业发展"调节器"的作用。留给学生的思考题：哪些具体的金融措施有助于实现"房住不炒"的目标？

五、案例反思

（一）存在的问题

①引导学生深入思考的方式方法有待进一步完善。当代大学生自身的思考和辨别能力都比较强，因此课程设计尤为重要，要避免生搬硬套。可以通过适当的引导，让学生在深思熟虑中得到结论和相应启发，从而对知识和思政内容印象更加深刻。

②将思政教育融入专业课教学的技巧和方法有待进一步改进。将思政教育融入专业课教学，就好比将盐撒到汤里，可以提味，但是不能看见盐。怎么把盐放得恰到好处，需要教师不断地尝试和摸索。

（二）改进思路

①适当增加相关案例，尤其是特色案例，让思政教学和专业课内容变得清晰易懂，以

使学生更好地理解和消化。

②增加对案例分析思路的讲解，让学生掌握分析的方法和逻辑并能够运用。

③增加内容的内在逻辑关系，使思政教育完全融入专业知识内容。

（三）注意事项

适当放慢重点知识和内容的讲解速度，以使学生紧跟老师的思路；对于较难的知识点增加讲解时间，对于容易的知识点避免赘述。

六、教学效果

理论知识方面：①学生掌握了房地产金融的含义，理解了房地产金融的必要性，了解了房地产金融的内容和任务，认识了房地产金融的作用；②学生在掌握理论知识的基础上，锻炼了运用所学知识分析房地产经济金融现象的能力，如如何运用房地产金融工具实现"房住不炒"。

思政教育方面：通过思政教育，使学生认识到"房住不炒"的必要性和重要性，了解了政策制定的机制和出发点，从而树立起大国观和大局观。在丰富学生理论知识的同时，使学生更加关注社会热点问题。通过思政教育，引导学生以后做一个理性的投资人，理性地看待和分析房地产的投资品属性。

高波，2019. 现代房地产金融学 [M]. 2 版. 南京：南京大学出版社.

习近平，2020. 习近平谈治国理政：第 3 卷 [M]. 北京：外文出版社.

立德树人　德法兼修

法学院　陈柏峰

 案例概述

本课程通过对当代中国法治实然状态的讲授，引导学生对中国法治的基本面向形成较为全面的认知，使学生能够准确把握当代中国法治在人类法治文明进程中的位置，正确认识影响中国法治状况的现实因素，深入理解当代中国法治的运行机理。在教学过程中，教学团队运用多种教学方法，将法学知识讲授与中国特色社会主义思想教育相结合，与党的路线、方针、政策教育相结合，与革命传统、爱国主义和国际主义教育相结合，使学生了解并掌握中国特色社会主义理论的重要内容，树立辩证唯物主义和历史唯物主义的世界观、正确的价值观和科学的法治观，并把学习成果转化为拥护党、拥护国家、拥护社会主义的实际行动。

一、基本信息

课程名称：当代中国法治

授课对象：法学专业二年级学生

学习章节：第二十二章　当代中国法治的现实基础与法治的中国特色

使用教材：《法理学》，陈柏峰，法律出版社

教学课时：2课时

二、课程思政教学整体设计思路

（一）主要教学内容

以法治的基本理论为切入点，揭示当代中国法治创立、形成及运行的国情基础与条件，从政治、经济、文化、社会四个方面系统讲授法治的国情基础与现实条件，并在此基础上进一步提炼和总结当代中国法治在这些方面呈现出的具体特色。本课程在开展专业法学教学的同时，结合当代中国法治的实践经验，展现中国特色社会主义的建设成就与发展前景。

(二)思想政治教育的主要体现

①法学理论讲授与思政理论讲授相结合。本课程在讲授专业法学学科知识的同时,结合当代中国法治的相关实践问题,在课程大纲的框架下开展思想政治理论教育。通过讲述中国特色社会主义法治的相关理论,引领学生学习正确的思想政治观点和内容。

②专业育人与立德树人相结合。本课程强调育人为本,德育为先,在进行专业能力培养的同时,帮助学生树立正确的世界观、人生观、价值观;引导学生坚定"四个自信",厚植爱国主义情怀,实现"德智"双发展。

(三)教学的主要知识点和难点

①法治与国情的基本关系。

②国情因素对法治建设产生的多重影响。

③当代中国法治的政治基础与条件。

④社会转型对法治建设产生的影响。

⑤当代中国法治的具体特色。

⑥当代中国法治与中国特色社会主义的关系。

(四)教学方法

①知识讲授。通过全面的课堂讲授,向学生讲解教学大纲中的基本知识点,并结合知识点的讲授开展思想政治教育。在理论讲授的基础上,结合资料展示、案例说明等方式,向学生完整呈现当代中国法治的现实基础与法治的中国特色。根据课程知识的内容、体系和结构,以及课程知识与思想政治理论的关系,将思想政治教育融入课堂讲授之中,在完成专业培养的同时,实现思政教育的基本目标。

②问题研讨。通过充分的课堂研讨,在深化专业教学的同时,促使学生深入思考并理解相关的思想政治理论。根据学生的知识基础和兴趣方向,围绕教学大纲的重点和难点内容,设计合理的课堂研讨内容和形式。在研讨中注意引导学生的思维方式和思想动向,使学生在锻炼专业技能的同时,获得思想政治观念的指引。

③阅读指导。通过细致的阅读指导,弥补课堂教学的局限与不足。从充分培养学生各方面能力和素质的目标出发,在课堂教学的基础上,开展必要的课后指导工作。教师在课堂教学之余,通过组织读书会,增加与学生的接触,及时掌握学生的学习情况和思想动向,从而合理调整教学方法、方向。尤其应当注意在阅读指导的过程中,为学生指引正确的思想政治方向,帮助学生在深化知识学习的同时,树立正确的思想政治观念。

④调研指导。通过必要的调研指导,进一步提升教学质量和教学效果,并推动思想政治教育的有效落实。教师在条件允许的情况下,组织有兴趣的学生深入法律实践场景开展调研活动,并对其进行深入指导。当代中国法治是一门面向社会、面向实践的课程,只有让学生深入法治实践、实地学习经验,才能帮助学生深层次地把握课程知识。只有在学生

能够完整和真正理解课程知识的基础上，相关的思想政治教育才能有效展开，并取得成效。

上述教学方法的逻辑关系如图 1 所示。

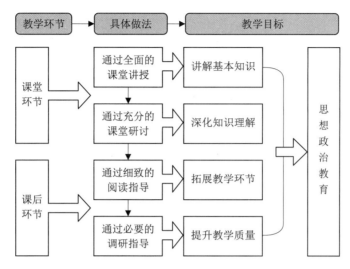

图 1　教学方法逻辑关系导图

三、教学目标

（一）课程教学目标

①教学主题。当代中国法治的现实基础与中国特色社会主义法治的特征。

②教学内容。当代中国法治创立、形成及运行的国情基础与条件；与国情基础性要素相联系的当代中国法治的内涵；当代中国特色社会主义法治的特征。

③教学目标。当代中国法治立足于中国的国情，让学生正确认识当代中国法治得以产生和运行的国情基础与现实条件，有助于学生深入理解与这些国情因素密切联系的当代中国法治的特色，有助于学生准确认识当代中国法治与中国特色社会主义的关系。

（二）思政育人目标

①在把握现代法治的发展规律、当代中国法治的独特性状，提升中国法治辨识度的基础上，帮助学生从具体层面深入认识中国特色社会主义的内涵与特征。

②在教授专业法学知识的同时，帮助学生全面了解党的理论、路线、方针、传统、政策在法治建设中的体现与实践，使学生深入理解中国特色社会主义思想的发展历程与具体内容。

③在传授知识、理论和思想的基础上，培养学生树立正确的法治观和价值观，引领学生以实际行动拥护党、拥护国家、拥护社会主义。

四、教学实施过程

（一）主要教学过程

第一步：全面的课堂讲授

教学方法：课堂讲解

主要过程：教师根据教学大纲，结合教学 PPT，给学生讲解课程中的相关知识点。首先，教师介绍法治意识形态中各种理论的主张和理据，引出"当代中国法治的国情基础与条件"这一核心问题。然后，教师从政治、经济、文化、社会四个方面讲解法治的国情基础问题。最后，教师向学生概括中国法治的特色与内涵，并基于此部分内容开展思想政治教育，给学生讲解中国特色社会主义的内涵与特点。在课堂讲授过程中，教师会适当地与学生进行互动，向学生提问，以促进学生主动思考。

第二步：充分的课堂研讨

教学方法：课堂研讨

主要过程：首先，教师根据课堂的规模和学生的知识基础，将学生分为数个讨论小组。然后，教师根据教学目标，从学生的基础和需要出发，合理设置适当数量的讨论议题。最后，引导学生针对议题开展讨论，并对讨论过程进行跟踪指导，适时引导学生的思维。

第三步：细致的阅读指导

教学方法：阅读指导

主要过程：首先，教师结合专业培养和思政教育的需要，组织主题读书会，并将有兴趣的学生吸纳进读书会。然后，定期开展读书会活动，让学生轮流发言分享读书内容和感悟。最后，结合学生的阅读情况，教师对学生进行理论指导和思政教育。

第四步：必要的调研指导

教学方法：实践指导

主要过程：首先，教学团队提供资源和条件，组织有兴趣的学生参加社会调研活动。然后，教师亲自带领学生参加法律实践活动，引导学生发掘有意义的研究性问题，教授学生具体的社会研究和调查方法，组织学生开展问题研讨。最后，要求学生在调研结束后撰写调研报告，从而完成必要的经验和研究积累。在此过程中，教师要结合调研过程中发现的法律实践问题，为学生细致讲解当代中国法治的实践状况，帮助学生认识和理解中国特色社会主义法治的具体内容和实践逻辑。

（二）教学效果评估

①专业培养效果评估。通过课堂提问、课后沟通、随堂考试等方式，全面了解学生对本课程知识点的掌握情况。

②思政教育效果评估。通过课后环节中的指导工作，与学生保持持续的交流，全面追踪学生的思想政治情况，注意观察和考查学生的思想政治动向。

③教学方法恰当性评估。对课程教学中所采用的各种教学方法进行全面评价，通过问卷调查、当面了解、教学观察等方式，考查教学方法的实际效果，评估其恰当性，从而为

教学方法的及时调整和完善提供依据。

五、案例反思

（一）存在问题

知识讲授与社会实践的结合稍显不足。法学是面向实践的学科，"当代中国法治"课程尤其强调法学的实践面向。目前的课程教学以课堂讲授与讨论为主，无法完全满足学生理解和掌握法治实践逻辑的现实需要。

（二）改进思路

适当增加实践性教学内容。在开展课堂的知识讲授和问题研讨之余，引导学生关注当代中国社会主义法治建设过程中的具体问题。必要时带领学生进行法律实践活动，通过开展具体的法律实务工作和田野调查工作，帮助学生更好地理解当代中国法治的现状，开拓学生的视野和思路。

六、教学效果

（一）深化学生对中国特色社会主义的理解

通过向学生全面讲述当代中国法治的现实基础与法治的中国特色，从法治的角度提高学生对中国特色社会主义建设实践、理论体系和深层意义的认识，使学生深入理解中国特色社会主义法治的独特内涵。

（二）培养学生形成正确的价值取向

在法学学科的知识讲授和技能训练的基础上，对学生开展思想政治教育工作。结合专业培养，使学生能够透彻地理解党的路线、方针、政策，掌握中国特色社会主义的相关思想和理论，树立正确的法治观、世界观、人生观和价值观。

（三）激励学生投身于中国特色社会主义事业和中华民族伟大复兴事业

通过对学生专业能力和价值观的培养，引导学生坚定"四个自信"，激发学生的爱国主义情怀，激励学生将"爱国情、强国志、报国行"自觉融入坚持和发展中国特色社会主义事业、建设社会主义现代化强国、实现中华民族伟大复兴的奋斗之中。

参考文献

中共中央文献研究室，2015. 习近平关于全面依法治国论述摘编[M]. 北京：中央文献出版社.
顾培东，2010. 中国法治的自主型进路[J]. 法学研究，32（1）：3-5.
苏力，2015. 法治及其本土资源[M]. 3版. 北京：北京大学出版社.

居安思危：守住不发生系统性金融风险的底线
——以亚洲金融危机的法律治理为例

法学院　何焰

 案例概述

1997年5月，以索罗斯为代表的国际金融炒家对泰国发动金融袭击，通过股市、汇市、期市等金融市场的立体操作打压泰铢，致使泰铢剧烈贬值，引发泰国金融危机，危机迅速蔓延至亚洲国家并引发亚洲金融危机，美国、欧洲、俄罗斯等国家和地区也不同程度地受到危机的影响。国际金融炒家在东南亚国家兴风作浪时，对港币也发起了攻击。在我国中央政府的鼎力支持下，香港金融管理局成功抵御了索罗斯等国际炒家的猛烈进攻。金融危机发生后，受影响较大的一些国家在自救的同时，向国际货币基金组织请求救援，后者为泰国、印度尼西亚、俄罗斯等国家提供了救援贷款，我国也参与了打击货币投机和实施危机救援的国际合作。

一、基本信息

课程名称：涉外金融法律与实务

授课对象：法学专业本科生

学习章节：第二章　第一节　亚洲金融危机的法律治理

使用教材：《国际金融法》，韩龙，高等教育出版社

教学课时：2课时

二、课程思政教学整体设计思路

课程形式为专题研讨。教师在教材之外准备了案例、补充资料和讨论题，并根据需要在教学过程中融入思政元素，以提升教学的理论深度和学生对中国金融法治问题的认识。思政元素与知识传授、能力培养相互融合、相互促进。教师在课前预设了一些具有思辨性的问题，在课堂上提出这些问题并根据小组讨论情况适时追问，引导讨论不断深入。教学活动常常如同"寻宝"游戏，师生围绕某个问题一起寻找工具、梳理知识、探寻规律。精

心的设计、师生的配合使得课程思政教学生动有趣、活力满满。

三、教学目标

教学目标可以分为课程教学目标和思政育人目标。

（一）课程教学目标

将金融危机的法律应对专题，安排在涉外金融法总论、涉外货币制度、世界贸易组织（World Trade Organization，WTO）金融服务贸易制度等知识的讲授之后，在涉外银行监管制度、涉外证券监管制度等具体金融制度知识的讲授之前，其目的是承前启后，通过对金融危机这类综合性强、成因复杂的案例进行分析，促进学生对抽象的金融法原理和知识的理解。通过启发学生思维的问题设计，培养学生融通金融与法律的跨学科学习意识，使学生认识到金融法是为实体经济服务的，并体会金融法在当代经济、金融中的价值与作用，从而为后续学生学习具体的金融法律制度做好铺垫。

（二）思政育人目标

通过对亚洲金融危机、港币保卫战等相关案例的学习，以及对包商银行破产、蚂蚁集团暂缓上市等热点事件的研讨，试图实现以下思政育人目标。

①帮助学生洞悉金融危机的发生机理，使学生认识到全球化、科技化时代金融风险是无处不在的，深刻领会守住不发生系统性金融风险的底线的重大意义，加深对我国防范化解金融风险攻坚战的理解；使学生了解国际货币基金组织（International Monetary Fund，IMF）等国际金融组织在全球金融治理体系中的地位与作用，体会在人类命运共同体的时代背景下善用国际金融制度性资源、开展协同共治的重要意义。

②促进学生全面理解平安中国、法治中国的建设目标；深刻认识香港稳定与国家稳定、金融安全与国家安全的关系，深刻理解国家主权观与国家安全观的理论价值和应用价值；体会金融法对于维护金融安全的重要意义。加强中国金融法治建设、统筹推进国内金融法治与涉外金融法治、坚持开展国际金融法治合作等，是当前建设法治中国的目标在金融领域的必然要求和具体体现。

③增强学生对"中国担当"的感性认识和理性认识，使学生了解中国为构建人类命运共同体所贡献的智慧及其对当代全球金融治理的重要意义；使学生意识到中国智慧的形成需要大量通晓经济、熟悉法律、深谙国情、具有国际视野的高素质复合型人才，从而激发学生积极进取、不断完善自我、提升综合素质的学习热情，和不畏困难、勇挑重担、为国效力的责任感和使命感。

④培养学生养成脚踏实地的实干精神，形成批判性思维和独立思考的习惯，学会从国家利益的角度思考中国问题，将顶层设计、底线思维、辩证思维等习近平新时代中国特色社会主义思想融入具体的国际金融法律问题研讨之中，在吸收和借鉴国内外相关成果的基

础上，增强学生为中国金融法治建设服务的主动性和积极性。

四、教学实施过程

因篇幅所限，在此仅对亚洲金融危机的成因分析进行部分展示。教师先对层层剥笋法、比较研究法、温故知新法等成因分析方法进行讲解，然后介绍成因分析法所涉及的观点、依据、讨论等。鉴于讨论题不设标准答案，且学生的发言比较零散，下面只展示与课程思政关系密切的部分讨论内容。

（一）亚洲金融危机的内因

1. 盲目实行金融自由化——反映了金融开放与金融风险增加之间的矛盾

（1）课堂讨论

①《经济市场化的次序——向市场经济过渡时期的金融控制》一书中提到："资本项目的外汇自由兑换通常是经济市场化最优次序的最后阶段""对经济实行市场化，犹如在雷区中行进，你的下一步也许就是你的最后一步"，请分析这些说法的含义。

②实行金融自由化、开放资本市场是不是各国必须履行的条约义务？我国对资本市场是开放的还是管制的？法律依据是什么？为什么我国在亚洲金融危机中受到的冲击较小？这是否印证了某些具有指导意义的思政理论？

（2）部分讨论成果

WTO 金融服务贸易制度的目标是国际金融服务的渐进自由化。IMF 协定目前只对会员国实行经常项目下的自由兑换提出了要求。我国对资本市场的管制依然存在。这也是我国在亚洲金融危机中没有受到较大冲击的一个重要原因。当然游资冲击风险仍需警惕。

亚洲金融危机案例中折射出的思政理论举例：我国应坚持走中国特色社会主义道路，坚定"四个自信"；在金融危机中，我国政府从维护本地区稳定和发展的大局出发，做出人民币不贬值的决定，虽承受了巨大压力，付出了巨大代价，但充分体现了大国担当；加强国际合作以制止危机蔓延、改革和完善国际金融体制、尊重其他国家和地区为克服金融危机的自主选择、合作构建人类命运共同体等，都体现了我国在金融危机治理问题上的中国智慧。

2. 金融监管不力，泡沫经济破灭——反映了国别政治经济体制与世界经济一体化之间的矛盾

（1）课堂讨论

①在亚洲地区遭受金融危机时，为什么同样存在开放经济所带来的风险的新加坡受到的冲击却较小？是因为新加坡的金融法治更加健全和严格吗？为什么要实行金融法治？

②国际层面上是否建立了统一的金融监管机制？如果建立了，这一机制运行的效果怎

么样？为什么？

③泡沫经济的破灭，是否反映出实体经济和虚拟经济之间的矛盾？金融法治对解决这一矛盾有何作用？我国有无泡沫经济的隐患？如果有，表现在哪些方面？应该如何应对？

④金融安全与金融效率有关系吗？不同国家和国际组织的相关法律价值取向是否有不同的侧重？蚂蚁金服的金融业务是不是金融创新？是否应纳入监管视野？如果是，应由谁监管？依据什么制度监管？

(2) 部分讨论成果

我国面临严重的地方债问题和银行不良债权问题。金融发展必须以维护金融安全为先。没有安全就没有效率，没有效率也无法确保安全。安全是效率的基础和前提，效率是安全的保障。没有安全就会导致发展的不可持续。我国在今后的金融发展中应注意维护金融安全与金融效率的平衡。蚂蚁金服事件引发的金融创新与金融监管之间的关系问题，暴露了我国金融监管法治建设中存在的漏洞，如机构监管理念跟不上金融创新的要求，因此必须更新金融监管理念、重构金融监管制度。这方面可以适当借鉴域外成熟的金融监管制度和金融法治经验。

3. 汇率政策失当、国际收支恶化——反映了汇率制度选择的两难困境，以及国际货币制度与国家经济安全之间的关系

(1) 课堂讨论

①为什么说亚洲金融危机本质上是一场外汇制度危机？

②我国的汇率制度是什么样的？应注意汲取哪些教训？

(2) 部分讨论成果

我国面临着严峻的国际金融市场风险，国际金融市场一旦出现巨幅振荡，就会给我国的外汇储备和对外债权带来巨大风险。我国应加快汇率制度改革，建立健全的金融法治，稳步推进人民币国际化进程，筑牢制度篱笆、防控金融风险。

（二）亚洲金融危机的外因

国际短期资金流动和外汇投机异常活跃——涉及利用外资和外资冲击之间的矛盾

(1) 课堂讨论

①危机的外因对我国有哪些警示意义？我国目前面临哪些主要的金融风险？在金融市场日益开放的局势下，在履行WTO金融服务贸易义务的过程中，我国应如何防范金融风险、保障金融安全？

②金融危机与国际金融法的关系是什么？为什么现行的国际金融体制在金融全球化的现实面前显得力不从心？应如何改善？

(2) 部分讨论成果

亚洲金融危机为包括我国在内的发展中国家提供了宝贵的经验和深刻的教训，提醒我

们必须居安思危、未雨绸缪。在经济金融开放过程中要特别注意加强宏观经济管理，建立合理的经济结构；要加快金融体制改革和金融法治建设，建立科学的金融监管体系；要正确利用外资，审慎开放资本市场；还要处理好坚持对外开放和维护金融安全之间的关系。

五、教学反思

（一）用心设计，浑然一体

课程思政有别于思政课程，融入要得法，因此需要教师用心设计，处理好课程思政与专业内容的关系，做到既有痕又自然。二者的融合就好比油画，近看笔笔独立，甚至有些小凌乱，但远看又浑然一体、和谐美丽。因此如何设计课程思政，是对教师的一个挑战，也是教师今后需要下功夫的地方。

（二）星星之火，可以燎原

思政内容应采用碎片化导入方式。在课程的不同部分，思政含量也应该不同，将思政元素播种或散花似的融入专业知识的方式将更容易推行，不会让人感觉突兀和生硬，也更能引起共情。如果思政内容过多，容易混同于思政课程，不利于专业知识的传授。星星之火，可以燎原，到期末课程结束时，碎片化的思政元素依然可以释放应有的能量，学生交出的出色的集体作业就是证明。总之，课程思政不是快餐，细水长流的效果才会更稳定、更持久。

（三）师生同行，内化于心

思政理论往往是抽象和宏观的，学生理解起来有一定难度，因此课程思政不宜说教式、灌输式导入，而应将思政元素与具体问题相结合，由典型案例或热点事例来引导，这样课堂才会更生动。思政问题与专业问题的相互交融可以起到润物细无声的教学效果。通过开放性问题的讨论，一方面能让学生沉浸于探索的乐趣中，另一方面还能激发学生不服输的斗志，而经过冥思苦想的问题会在大脑留下深深的印迹。从心理学角度看，在教师的鼓励下，同辈竞争还能产生正循环效应。此外，思政理论站位高，对教师自身的水平也是一个考验，因此，思政融入宜师生同行、一同研讨，进而实现教学相长、情感共鸣。

（四）课程思政，中国智慧

在危机频发、复杂多变的时代背景下，师生携手，调动知识和能力，努力为国家、为世界贡献我们的智慧，就是课程思政的展开方式和追求目标。教师不断优化教案，与时俱进地调整思政融入方式，汲取同行经验，如导入思政小火花、思政小酷词、思政小问号等，适时抓取合适的思政素材。师生一同探索，一同感受课程思政对工作、对学习、对生活的引领作用。

六、教学效果

（一）学生的综合能力得到提升

由于课程的教学目标不仅在于知识传授，而且注重对学生理论素养和综合能力的培养，因此经过一段时间的学习后，学生逐渐学会融会贯通。这种融会贯通既包括"经法管"知识的融通，也包括思政理论和方法论的融通。课程思政的目标，实际上与立场稳、眼界宽、思维活、理论水平和实操能力双在线的人才培养目标是相辅相成的。

（二）课堂的吸引力变强

一方面，由于教学安排是以学生为本位展开的，新颖的教学方式和考核方式、鲜活的案例和有延伸性的专题设计激发了学生的学习兴趣；另一方面，轻松的课堂氛围有利于学生发散思维，增强获得感。课堂研讨不设标准答案，鼓励多角度思考，有助于消除学生害怕出错的紧张感，激发学生大胆提问。课程思政并不意味着课堂是严肃的，思政元素也可以是鲜活有趣的，教师要自然地将其融入教学，为解决复杂问题提供"思政智慧"。

（三）教师加强了专业学习

课程思政的实施，会要求教师加强专业学习，从而对专业知识有更深的领悟，因为教师的专业能力和理论水平，对教学效果有重要影响。教师首先要自己认同，然后才会去挖掘与利用思政元素，才能引领学生。如同专业知识需要不断更新一样，思政内容也是与时俱进的。教师要通过创造性的教学活动使课程思政与专业学习同向同行。

参考文献

韩龙，2014.防范与化解国际金融风险和危机的制度建构研究[M].北京：人民出版社.

麦金农，2014.经济市场化的次序：向市场经济过渡时期的金融控制[M].2版.周庭煜，尹翔硕，陈中亚，译.上海：格致出版社.

从历史走向未来:古代冠礼的现代法律意蕴

法学院 陈军

 **案例概述**

本课程以《诗经·大雅·假乐》中的法律情景为基础,重点讲授"我国古代冠礼及其重要意义"和"我国现行法律关于成年的相关规定",旨在引导学生体悟中华传统法律文化的魅力,提高学生的法律素质和文学素养,使学生形成正确而优雅的社会主义法治观、人生观与世界观,引导学生坚定中国特色社会主义制度自信和文化自信。

在教学方法上,本课程坚持以学生发展为中心,采取吟诵、视频、提问、举例、图表对比、讨论等形式,使学生深刻认识到"现行的法律制度"根源于深厚的法律文化传统。正如习近平同志所说:"只有坚持从历史走向未来,从延续民族文化血脉中开拓前进,我们才能做好今天的事业。"本课程将引导学生自觉在"德、容、言、行"等方面严格要求自己,德法兼修,知行合一,努力做合格的时代新人,为中华民族的伟大复兴而奋斗。

为提升教学效果,未来将进一步明确本课程的思政目标、优化课程内容、创新教学方式。

一、基本信息

课程名称:文学中的法律情景

授课对象:全校本科生

学习章节:第一讲 第二节 《诗经》中的法律情景之一:冠礼赏析

使用教材:自编讲义

教学课时:2课时

二、课程思政教学整体设计思路

"《诗经》中的法律情景之一:冠礼赏析",要以习近平同志"中国有坚定的道路自信、理论自信、制度自信,其本质是建立在5000多年文明传承基础上的文化自信"思想为指导,精选教学内容,创新教学方法,努力提升教学效果,引导学生增强公民意识、法律意识、责任意识,提高法律素质和文学素养,形成正确的社会主义法治观、人生观与世界观，坚定中国特色社会主义制度自信和文化自信。

（一）精选教学内容

在文学作品的选择上，本课程选择的是《诗经·大雅·假乐》，这是西周的中兴之君周宣王行冠礼的冠词。全诗热烈地赞颂了年轻有为的宣王有着美好的仪容举止、高尚的品德，是天下臣民、四方诸侯的"纲纪（楷模）"。周宣王不负众望，即位后，"修政，法文、武、成、康之遗风，诸侯复宗周"，使已衰落的周朝复兴。作品本身契合当前实现中华民族的伟大复兴这一历史使命，具有积极意义。

在法律内容的选择上，以"我国古代冠礼及其重要意义"和"我国现行宪法、民法、刑法关于成年的相关规定"为重点，以古代冠、礼的字义和"三礼"简介做铺垫，将古代女子的"笄礼"与现代世界各国成人礼做比较，强化学生对重点内容的理解。

（二）创新教学方法

①坚持以学生发展为中心，采取吟诵《诗经·大雅·假乐》、观看"冠礼"视频、提问、举例（史实和案例）、图表对比、讨论等教学形式，让学生参与进来，积极思考、大胆表达。

②运用优美的语言，以通俗易懂的方式讲解相关法律知识。

（三）提升教学效果

通过学习，学生深刻认识到"现行的法律制度"根源于深厚的法律文化传统。在潜移默化中，激发学生内心深处的社会责任感和历史使命感，使他们自觉行动起来，传承和弘扬中华民族优秀法律文化，德法兼修、知行合一，在"德、容、言、行"等方面严格要求自己，努力做一个对祖宗畏、对父母孝、对职事敬、对国族忠的合格公民和时代新人，努力为中华民族的伟大复兴而奋斗。

三、教学目标

（一）课程教学目标

通过欣赏《诗经·大雅·假乐》中的法律情景，使学生感受文学之美、诗歌之美、语言之美；使学生深刻认识"我国古代冠礼及其重要意义"，理解古代冠礼的法律和文化意蕴，感受优秀传统法律文化的魅力，增强文化自信；使学生深刻理解和掌握我国宪法、民法和刑法的相关规定，增强学生的法律意识和制度自信，自觉遵守宪法和法律；引导学生明确自己的责任和使命，增强社会责任感和历史使命感，自觉弘扬优秀传统法律文化，为中华民族的伟大复兴而努力。

①识记："三礼"；冠礼；三加冠；见尊长；笄礼；民事行为能力；刑事责任年龄。

②领会：《诗经·大雅·假乐》的主题思想；冠礼的意义；民事行为能力的划分；刑事责任年龄的划分。

③应用：民事行为能力的年龄与刑事责任年龄的比较；传统法律文化对当前法律制度的影响。

（二）思政育人目标

①增强学生对文学之美、传统法律文化之美的感受力，提高法律素质和文学素养，形成正确的社会主义法治观、人生观与世界观。

②增强学生的参与意识、公民意识、法律意识和责任意识；坚定文化自信和制度自信。

③引导学生做到德法兼修、知行合一，加强自身修养，明确责任与使命，自觉遵守宪法和法律，弘扬传统法律文化，为中华民族的伟大复兴而努力。

四、教学实施过程

（一）《诗经·大雅·假乐》赏析

1. 授课目的

①欣赏《诗经·大雅·假乐》中的法律情景，感受文学之美、诗歌之美、语言之美。

②以学生为中心，引导学生融入课堂，增强学生学习的主动性和积极性。

2. 授课方式

吟诵和讲授。

3. 具体步骤和内容

（1）全班一起吟诵《诗经·大雅·假乐》

假乐君子，显显令德，宜民宜人。受禄于天，保右命之，自天申之。

千禄百福，子孙千亿。穆穆皇皇，宜君宜王。不愆不忘，率由旧章。

威仪抑抑，德音秩秩。无怨无恶，率由群匹。受禄无疆，四方之纲。

之纲之纪，燕及朋友。百辟卿士，媚于天子。不解于位，民之攸墍。

（2）讲授赏析《诗经·大雅·假乐》

《诗经·大雅·假乐》是为周宣王行冠礼的冠词。全诗热烈地赞颂了年轻有为的宣王有着美好的仪容举止、高尚的品德，他仪表"穆穆皇皇，宜君宜王""威仪抑抑"；语言"德音秩秩"；德行"显显令德""不愆不忘，率由旧章""无怨无恶，率由群匹""不解于位"等；能"受禄无疆"成为天下臣民、四方诸侯的"纲纪（楷模）"。

全诗表现了周朝宗室，特别是急切希望振兴周王朝的中兴大臣对一个年轻君主的深厚感情和殷切期望。

周宣王也不负众望，即位后，"修政，法文、武、成、康之遗风，诸侯复宗周"，使已衰落的周朝复兴。

(二)重点学习古代的冠礼及其意义

1. 授课目的

①引导学生深刻理解古代冠礼的法律和文化意蕴，感受优秀传统法律文化的魅力，坚定文化自信。

②以学生为中心，引导学生思考冠礼的意义，增强学生的自主意识、责任意识和法律意识。

2. 授课方式

讲授、观看视频、举例和对比等。

3. 具体步骤和内容

（1）讲授古代冠、礼的字义和"三礼"

从"冠"字的结构，讲解因为戴帽子有尊卑等级制度，涉及礼法制度，所以字形采用"寸"做偏旁。

《说文解字》对"礼"字的解释为，履也，所以事神致福也，从示从豊，豊亦声。意思是实践约定的事情，用来给神灵看，以求得赐福。

《周礼》《仪礼》和《礼记》，即为"三礼"，是古代礼乐文化的理论形态，对礼法、礼义做了最权威的记载和解释，对历代礼制的影响最为深远。

（2）重点介绍古代的冠礼及其意义

①简要讲授古代冠礼的含义、起源和适用范围。

②通过观看视频，使学生了解古代冠礼的全过程。

冠礼包括预礼和正礼。

预礼的主要环节为：①筮日；②戒宾；③筮宾；④约期；⑤设洗。

正礼的完整次序为：①陈服器；②迎赞者入庙；③三加冠；④宾醴冠者；⑤冠者见母；⑥宾赐表字；⑦见家人；⑧见尊长；⑨醴宾。

（3）通过举例，理解古代冠礼的重要意义

①取得相应的资格。

即位的新王没有行冠礼，不能执掌朝纲。举例：周成王、秦始皇等。

一般的士人没有行冠礼，不得担任重要官职。举例：《后汉书·周防传》中的周防。

根据《礼记》，只有"冠而字"的男子，才具备择偶成婚的资格。

②教化意义突出。

行冠礼标志着一个贵族成员明确其伦理道德和社会责任而步入社会的开始。《礼记·冠义》说："成人之者，将责成人礼焉也。责成人礼焉者，将责为人子、为人弟、为人臣、为人少者之礼行焉。将责四者之行于人，其礼可不重欤？"举行这一仪式，是要提示行冠礼者：从此将由家庭中毫无责任的"孺子"转变为正式跨入社会的成年人，只有能履践孝、悌、忠、顺的德行，才能成为合格的儿子、合格的弟弟、合格的臣下、合格的晚辈，成为各种合格的社会角色。惟其如此，才可以称得上是人，也才有资格去治理别人。因此，冠礼就是"以成人之礼来要求人的礼仪"，其教化意义有以下几点。

第一，三加冠的寓意是三次所加的冠，后面的都比前一次更贵重，教喻冠者要确立远大的志向。

第二，进行仪容举止、颜色、辞令的教育。

第三，见尊长是指乡大夫、乡先生接见冠者时，要对冠者进行教诲。

举例：《国语·晋语》对赵文子（赵盾）行冠礼后往见诸卿的情况有详细的记载。

③"冠"体现了士人的尊严和荣誉。

举例：《左传·哀公》中记载孔子的重要门生子路说"君子死，冠不免"。子路被后人看作捍卫冠冕威仪而死的第一人。

④简要讲授冠礼的历史发展。

⑤通过年龄对比，简要讲授古代女子的"笄礼"。

⑥通过年龄对比，简要讲授现代世界各国成人礼。

韩国虚岁20即为成年。1985年，韩国政府将每年5月第3周的星期一定为"成年日"。1999年韩国对成人礼进行了标准化规定，包括相见礼、三加礼、醮礼及成年宣言等内容。日本仿中国旧礼制，始行加冠制度是在公元683年。按中国古代阴阳学说，冠日多选甲子、丙寅吉日，特别以正月为大吉。从2000年开始，改为每年1月第2周的星期一为"成人节"。《日本国宪法》规定，满20周岁者为"成人"，有选举权和被选举权。成人节是日本的传统节日和国家法定的12个节日之一，这一天日本全国放假。

西方社会成人礼舞会的传统由来已久，其中尤以英国、法国为代表。在美国，高中毕业典礼和毕业舞会是隆重的成人仪式。南美洲颇具代表性的成人礼是秘鲁的跳崖礼。非洲有代表性的成人礼是坦桑尼亚等国的割礼。

（三）重点学习我国现行法律中关于成年的相关规定

1. 授课目的

引导学生深刻理解和掌握我国宪法、民法和刑法的相关规定，增强学生的法律意识和制度自信，培养学生自觉遵守宪法和法律。

2. 授课方式

讲授、举例、图表对比等。

3. 具体步骤和内容

（1）我国宪法、民法、刑法的相关规定

以讲授为主，通过举例，加深学生对民事行为能力的划分和刑事责任年龄划分的理解。

①《中华人民共和国宪法》第三十四条规定，中华人民共和国年满十八周岁的公民，不分民族、种族、性别、职业、家庭出身、宗教信仰、教育程度、财产状况、居住期限，都有选举权和被选举权；但是依照法律被剥夺政治权利的人除外。

②《中华人民共和国民法典·总则》规定，十八周岁以上的自然人为成年人，不满十八周岁的自然人为未成年人，并规定了完全民事行为能力人、限制民事行为能力人和无民事行为能力人的年龄范围。

举例：以自己作为俱乐部球员的收入为主要生活来源的17周岁的甲是不是完全民事行为能力人？15周岁的高一学生擅自拿父母的钱购买笔记本电脑，父母是否可以要求退款退货？7周岁的小学一年级学生抽奖后中奖，奖金归他所有吗？

③《中华人民共和国刑法》第十七条规定了刑事责任年龄。已满十六周岁的人犯罪，应当负刑事责任。已满十四周岁不满十六周岁的人，犯故意杀人、故意伤害致人重伤或者死亡、强奸、抢劫、贩卖毒品、放火、爆炸、投放危险物质罪的，应当负刑事责任。已满十二周岁不满十四周岁的人，犯故意杀人、故意伤害罪，致人死亡或者以特别残忍手段致人重伤造成严重残疾，情节恶劣，经最高人民检察院核准追诉的，应当负刑事责任。对依照前三款规定追究刑事责任的不满十八周岁的人，应当从轻或者减轻处罚。因不满十六周岁不予刑事处罚的，责令其父母或者其他监护人加以管教；在必要的时候，依法进行专门矫治教育。

举例：15周岁少年多次盗窃构成盗窃罪吗？13周岁少年杀人是否应负刑事责任？

（2）通过图表比较我国划分民事行为能力的年龄和刑事责任的年龄

（3）简单介绍其他国家的成年年龄

法国、德国、瑞士、意大利等国家均规定年满18周岁为成年人。日本、韩国等国家规定年满20周岁为成年人。

（四）第四部分：讨论

1. 授课目的

引导学生明确自己的责任和使命，弘扬法律文化，增强社会责任感和文化自信，为中华民族的伟大复兴而努力。

2. 授课方式

讨论、讲授和吟诵。

3. 具体步骤和内容

（1）提出问题

①请问你有举行过或参加过成人礼吗？如果有，请问有何感受？

②大家认为我国成人礼在何时举行为佳？

(2) 请学生发言

教师结合学生讨论发言的具体情况,简要介绍共青团中央印发的《全国中学生18岁成人仪式规范(试行)》的内容。

(3) 重温成人仪式,全班一起吟诵

通过全班一起吟诵《诗经·大雅·假乐》,引导学生在"德、容、言、行"等方面严格要求自己,做一个合格的公民,为中华民族的伟大复兴而努力。

通过吟诵,增强学生的责任感和使命感,培养学生努力做一个有担当的人。

五、案例反思

本课程教学内容难易适当、教学方法丰富多样,课堂上学生积极参与、思维活跃,因而较好地实现了课程思政目标。通过本课程的学习,学生明确了自身的责任与使命,增强了参与意识、公民意识、法治意识和责任意识,增强了文化自信和制度自信。但教学中仍有一些需要改进的地方。

(一)进一步明确课程思政目标、挖掘课程思政元素

本课程教学仍存在课程思政目标比较模糊的问题,课程思政元素也需要进一步挖掘。尤其是关于传统法律文化的扬弃问题。我国传统法律文化博大精深,要注重培养学生的辩证思维,使学生在弘扬优秀法律文化传统的同时,能够取其精华,去其糟粕。

(二)进一步优化课程内容、突出重点

本课程的教学内容十分丰富,有必要结合教学重点进一步优化、精简一部分次要内容。例如,关于"古代女子的笄礼"等简要讲解即可,要重点突出"我国古代冠礼及其重要意义"和"我国现行法律关于成年的相关规定"。

(三)进一步创新教学方式、提高学生的主体意识

要通过创新教学方式来提升学生的主体意识。提问、讨论等互动式教学方法要灵活运用,并与其他教学方式如举例、视频、对比、图文等方式交叉使用,从而为学生参与课堂创造更多机会。例如,在讲授"我国宪法、民法、刑法的相关规定"时,在举例的同时,可以辅以提问,以启发性问题启迪学生思维、以探索性问题诱发学生探究,这样一方面可以使教师了解学生对相关法律问题的认知程度,另一方面可以促进学生积极思考、大胆表达。在这一过程中,教师要抓住学生的每一个闪光点,多鼓励、肯定他们,增强其自信心,使学生自发地参与学习,从而提升教学效果。

六、教学效果

(一)学以致用、立竿见影

通过学习,教学效果很快得以呈现,如有些学生坐得更加端正、举止更加得体。

（二）学生听课的注意力、兴趣明显增强

90% 以上的学生都认真记了笔记，电子、纸质的笔记都有。

（三）学生积极思考、参与课堂的积极性大幅提升

学生能跟随教师上课的节奏，积极思考问题、大胆举手表达观点，讨论也十分热烈，不少学生还将自己的思考写下来。最终学生的发言效果都很好，具体表现在：①发言有自己的观点和看法；②发言有条理；③分析问题既有纵向分析，如以时间为轴来分析，也有从各方面进行的横向分析；④思维严密、逻辑性强。

（四）学生的学习满意度比较高

90% 以上的学生掌握了一定的学习方法，在获得知识的同时，提高了分析问题和解决问题的能力，获得了积极的情感体验。

（五）较好地实现了课程思政的教学目标

本课程增强了学生的参与意识、公民意识、法治意识和责任意识，使学生明确了自身的责任与使命，并意识到应自觉遵守宪法和法律，弘扬传统法律文化，为中华民族的伟大复兴而努力。

参考文献

许慎，2007. 说文解字 [M]. 上海：上海古籍出版社.

白华，2003. 古代冠礼简论 [J]. 甘肃社会科学（6）：147-148.

戴庞海，2006. 先秦冠礼研究 [M]. 郑州：中州古籍出版社.

"坚定信念"原则在律师职业伦理中的核心作用

法学院　巢容华

 案例概述

本案例以新华网、人民网、中国法院网等官方权威媒体报道的周某锋等颠覆国家政权案（本案入选"2016年度人民法院十大刑事案件"）为例，根据习近平总书记在中共十九届二中全会第二次全体会议上的重要讲话和全会精神，结合《中华人民共和国律师法》、司法部印发的《关于进一步加强律师职业道德建设的意见》《律师执业管理办法》《律师事务所管理办法》，以及中华全国律师协会（简称全国律协）修订通过的《律师职业道德基本准则》《律师执业行为规范》等法律法规、行业规范，讲解我国律师执业中的行为基本准则之一——"坚定信念"，即律师应当坚定中国特色社会主义理想信念，坚持律师制度的本质属性，拥护党的领导，拥护社会主义制度，自觉维护宪法和法律尊严。

一、基本信息

课程名称：法律职业伦理

授课对象：法学专业 2018 级学生

学习章节：第五章　第二节　律师执业中的行为准则

使用教材：《法律职业伦理》，巢容华，北京大学出版社

教学课时：1 课时

二、课程思政教学整体设计思路

习近平总书记在中共十九届二中全会第二次全体会议上的重要讲话指出，坚持党的领导是社会主义法治的根本要求；任何人以任何借口否定中国共产党领导和我国社会主义制度，都是错误的、有害的，都是绝对不能接受的，也是从根本上违反宪法的。全国律协修订后的《律师执业行为规范》明确要求，律师不得利用律师身份和以律师事务所名义炒作个案，攻击社会主义制度，从事危害国家安全活动。

自 2012 年 7 月以来，周某锋等人以北京锋锐律师事务所为平台，组织策划炒作 40 余起敏感案件，提出颠覆国家政权的策略、方法、步骤，制造、放大社会矛盾，抹黑司法机关，攻击宪法所确立的制度，煽动仇视国家政权，实施了一系列颠覆国家政权、推翻社会主义制度的犯罪活动，危害国家安全和社会稳定。2016 年 8 月 2—5 日，周某锋等人颠覆国家政权案一审由天津市第二中级人民法院公开开庭审理并当庭宣判，4 名被告人分别被判处七年零六个月及以下不等有期徒刑或缓刑，并分别被剥夺政治权利三年到五年。周某锋等人严重违反了律师执业行为准则，丧失了律师的执业理想和信念，最终坠入犯罪的深渊。

周某锋等颠覆国家政权案提醒我们，作为社会主义法律工作者，律师一定要坚定理想与信念，守住职业伦理底线和法律红线，忠于事实，敬畏法律，维护当事人的合法权益，捍卫法律的尊严和权威，做社会主义公平正义的保障者和经济社会发展的服务者。

三、教学目标

（一）课程教学目标

通过周某锋等颠覆国家政权案，讲解律师职业伦理中"坚定信念"原则的重要性及其现实意义，明确律师应当坚定中国特色社会主义理想信念，坚持律师制度的本质属性，拥护党的领导，拥护社会主义制度，自觉维护宪法和法律尊严。

（二）思政育人目标

周某锋等颠覆国家政权案作为反面教材说明了律师坚定社会主义理想和信念的必要性，给每一位法律工作者敲响了警钟，时刻提醒我们，要坚定社会主义的理想与信念，自觉拥护中国共产党的领导，维护国家安全和政权稳定。

四、教学实施过程

（一）基本案情

近年来，在一些敏感案件审理过程中，常有一种怪现象："死磕派"律师在庭内、网上公开对抗法庭，职业访民在庭外、网下声援滋事，内外呼应，相互借力炒作敏感案件。例如，2015 年 1 月，在云南省大理州中级人民法院，为了给律师谢某东代理案件提供便利，吴某等人驾驶贴着标语的车辆，围着法院高声叫骂，严重干扰法院正常工作秩序。2015 年 3 月，河北省保定市满城县人民法院开庭审理北京锋锐律师事务所代理的一起敲诈勒索案。案件审理期间，周某锋数次前往当地，授意该所律师拍摄照片，丑化检察官、法官形象，编造谣言。上述这些事件的炒作背后，都不约而同地出现了周某锋及由他担任主任的北京锋锐律师事务所的身影。

2016 年 8 月 4 日，在天津市第二中级人民法院就周某锋颠覆国家政权案的一审庭审中，公诉人指控，周某锋长期受反华势力渗透影响，2011年以来以律师事务所为平台，纠集一些"死磕派"律师，专门选择热点案件进行炒作，组织、指使该所人员，通过在公共场所非法聚集滋事、攻击国家法律制度、利用舆论挑起不明真相的人仇视政府等方式，实施颠覆国家政权、推翻社会主义制度的犯罪活动。

公诉人指出，周某锋身为律师，不把心思放在依法履行辩护代理职责上，却把功夫用在法律和法庭之外，其以律师事务所为平台，与胡某根、翟某民等人相互勾连，编造谎言，聚集滋事，诽谤、污蔑国家机关及其工作人员，抹黑司法制度，在代理案件和所谓"调查真相"的过程中，煽动一些不明真相的人对国家政治制度和司法制度产生不满。这种行为不仅将当事人的权益和公平、正义抛之脑后，更践踏了法律，损害了法治，危害了国家安全。天津市第二中级人民法院依法对周某锋颠覆国家政权案一审当庭宣判，认定周某锋犯颠覆国家政权罪，根据周某锋犯罪的事实、性质、情节和对社会的危害程度，判处有期徒刑七年，剥夺政治权利五年。周某锋最后表示，该判决充分体现了中国司法制度的公正性，"我服从判决，认真悔罪，不上诉"。

（二）党的思想和理论

"坚持党的领导是社会主义法治的根本要求，是全面依法治国题中应有之义。我们是中国共产党执政并长期执政，坚持依宪治国、依宪执政，首先就包括坚持宪法确定的中国共产党领导地位不动摇，任何人以任何借口否定中国共产党领导和我国社会主义制度，都是错误的、有害的，都是绝对不能接受的，也是从根本上违反宪法的。"

——习近平2018年1月19日在中共十九届二中全会第二次全体会议上的讲话

"中国特色社会主义有很多特点和特征，但最本质的特征是坚持中国共产党领导。加强党对经济工作的领导，全面提高党领导经济工作水平，是坚持民主集中制的必然要求，也是我们政治制度的优势。"

——习近平2013年12月10日在中央经济工作会议上的讲话

"加强律师队伍思想政治建设，把拥护中国共产党领导、拥护社会主义法治作为律师从业的基本要求，增强广大律师走中国特色社会主义法治道路的自觉性和坚定性。"

——《中共中央关于全面推进依法治国若干重大问题的决定》
（2014年10月23日中国共产党第十八届中央委员会第四次全体会议通过）

（三）法律法规、行业规范中有关律师"坚定信念"原则的相关规定

司法部2016年修订的《律师执业管理办法》第二条规定，律师应当把拥护中国共产党领导、拥护社会主义法治作为从业的基本要求。

2018年修订的《律师事务所管理办法》第三条明确规定，律师事务所应当坚持以习近平新时代中国特色社会主义思想为指导，坚持和加强党对律师工作的全面领导，坚定维护以习近平同志为核心的党中央权威和集中统一领导，把拥护中国共产党领导、拥护社会

主义法治作为从业的基本要求，增强广大律师走中国特色社会主义法治道路的自觉性和坚定性。

全国律协 2014 年发布的《律师职业道德基本准则》第一条规定，律师应当坚定中国特色社会主义理想信念，坚持中国特色社会主义律师制度的本质属性，拥护党的领导，拥护社会主义制度，自觉维护宪法和法律尊严。

全国律协 2017 年修订后的《律师执业行为规范》第七条明确要求，律师不得利用律师身份和以律师事务所名义炒作个案，攻击社会主义制度，从事危害国家安全活动。

全国律协 2017 年修订后的《律师协会会员违规行为处分规则（试行）》第三十四条规定，影响司法机关依法办理案件，具有以下情形之一的，给予中止会员权利六个月以上一年以下的纪律处分；情节严重的给予取消会员资格的纪律处分……（三）以串联组团、联署签名、发表公开信、组织网上聚集、声援等方式或者借个案研讨之名，制造舆论压力，攻击、诋毁司法机关和司法制度的；（四）煽动、教唆和组织当事人或者其他人员到司法机关或者其他国家机关静坐、举牌、打横幅、喊口号、声援、围观等扰乱公共秩序、危害公共安全的非法手段，聚众滋事，制造影响，向有关机关施加压力的；（五）发表、散布否定宪法确立的根本政治制度、基本原则和危害国家安全的言论，利用网络、媒体挑动对党和政府的不满，发起、参与危害国家安全的组织或者支持、参与、实施危害国家安全的活动的。

（四）教学安排

本案例主要要求学生掌握有关律师"坚定信念"原则，以及律师的忠诚爱国义务。

要求学生在课前阅读与学习，包括：周某锋等颠覆国家政权案相关报道；《关于全面推进依法治国若干重大问题的决定》等相关文件；律师法等法律法规和行业规范。

授课教师介绍教学内容后，组织学生围绕律师坚定社会主义理想和信念进行分组讨论和分析。论题包括周某锋等人走上犯罪道路的根源；律师坚定信念的重要性和必要性；律师加强政治修养的途径和方法；有关部门依法处理周某锋等人和锋锐律师事务所的法律依据及其法律效果和社会效果；等等。

（五）课程设计

①提出问题：如何看待"死磕派"律师？

②基本案情简介。

③学生围绕本案进行分组讨论："死磕派"律师与正常律师的区别，"死磕派"律师是否违反法律职业伦理的要求？处罚"死磕派"律师的法律依据，加强律师思想政治教育的必要性，等等。

④教师结合最近的典型案例进行总结。

(六)重点提示

这种所谓的"死磕派"律师明显带有政治色彩,他们强行将政府置于法治的对立面,认为只有他们才是中国法治的真正推动者,其对法律、对社会的看法和认知是极其幼稚的,其行为恰恰违反了律师忠诚爱国的职业伦理要求,必然受到法律的惩罚或行业惩戒。

五、案例反思

教师在给学生讲解具体案例时须注意正面引导,将律师的正常维权活动与"死磕派"律师以反党、反社会主义体制为目的的所谓"维权"活动区分开来,后者所谓的"维权"活动,实际是打着"维权"的幌子,试图煽动人民群众对党和政府,以及司法工作的不满,从而达到颠覆社会主义政权的不可告人的目的,这种行为违反我国法律的相关规定,违反律师职业伦理的基本要求,必然受到法律的严惩。

另外,教师在给学生讲解具体案例时也须明确,坚定信念,加强思想政治学习不仅是对党员律师的基本要求,非党员律师在加强业务学习的同时,也须加强思想政治方面的学习,要衷心拥护党的领导,拥护社会主义制度,坚定信念,增强抵制西方错误思想的能力,依法维权,不炒作具体案例,做到与时代同呼吸,与人民共命运,在实现中华民族共同梦想的过程中,实现自己的职业价值。

六、教学效果

本案例教学将相关政策文件、法律法规和行业规范中有关律师"坚定信念"原则的相关规定结合起来,通过对具体案例的评析,使学生分清依法执业、依法维权的律师和所谓的"死磕派"律师的根本区别,把拥护中国共产党的领导、拥护社会主义法治作为律师从业的基本要求,自觉抵制西方错误政治制度、思想学说的不良影响。

全面分析商业环境　激发创新创业精神

外国语学院　袁奇

 **案例概述**

以"立德树人、互联网＋教育教学、学生为中心"为基本教学理念，将线上学习与线下讲授、练习相结合，将思政内容贯穿于课程教学之中。"工商导论"课程是一门全英文授课的商务知识类课程，主要围绕语言训练和商务知识两个方面展开，同时在教学环节中融入能力培养，帮助学生提高英语应用能力、商务实践能力、跨文化交际能力、思辨能力、创新能力和自主学习能力，引导学生形成正确的世界观、人生观和价值观。"工商导论"课程的先修课程为"综合商务英语"等语言技能基础课，后续课程为"市场营销（英文）""商务谈判（英文）""跨文化商务交际（英文）"等商务知识类专业选修课。由此可见，"工商导论"课程在学生从语言学习过渡到商务知识学习的过程中起着重要的桥梁作用。

一、基本信息

课程名称：工商导论（英文）

授课对象：商务英语专业二年级学生

学习章节：第一章　创建企业

使用教材：《工商导论（英文版）》，陈准民，对外经济贸易大学出版社

教学课时：2课时

二、课程思政教学整体设计思路

"工商导论"课程主要使用英语讲授工商企业从设立到经营等各个方面的基本知识，教学重点是商务英语表达和商务领域的基本概念与原理。创建企业是课程的第一个单元，其整体教学设计思路如下。

首先，教师要明确本单元的教学主题。在本单元，教师要引导学生分析创业所面临的商业环境，了解创建一家企业的基本知识；引导学生对比分析国内外经济发展态势，使学生提升社会责任感，增强民族自豪感，激发学生的创新创业精神和爱国情怀。

其次，教师根据本单元的教学主题确定具体的课程教学目标和思政育人目标。通过梳理本单元的主要知识点，包括重点和难点，明确哪些是需要学生大致了解的，哪些是需要学生熟练掌握的。在本单元中，学生应该大致了解国际时局、国家宏观环境的现状及创业所需的商业环境情况；应熟练掌握市场经济中的几种基本企业形式，以及每种企业形式在市场运行中的优势和劣势，熟悉与企业创建有关的英语词汇和用语。

再次，教师根据教学目标确定具体的教学环节、教学方法，设计出将思政内容融入课程教学的方法。在课前，通过给学生布置线上慕课学习任务，让学生了解企业创建的商业环境；在课堂上，通过教师讲授和学生讨论，使学生掌握创建一家企业的基本形式及有关程序；在课后，通过给学生布置小论文、案例分析、商业策划书等任务，使学生巩固所学内容。

最后，教师通过对本单元整个教学过程的回顾及对学生作业的评阅，评价本单元课程教学目标和思政育人目标的达成情况，并就评价结果与学生进行沟通。

三、教学目标

（一）课程教学目标

本单元的课程教学目标包括三个方面。

1. 知识目标

使学生掌握市场经济中四种企业的形式、概念、性质及其特点，了解每种企业形式在市场运行中的优势和劣势，并熟悉与企业创建有关的英语词汇和用语。

2. 能力目标

使学生能够熟练应用已学到的关于创业的基本知识，结合社会资源和自身条件构思如何创建一家企业，并能够用英文完成商业计划书的编写。

3. 素质目标

引导学生树立创新创业思想，培养学生积极合作、相互配合的团队意识。

（二）思政育人目标

引导学生关心国际时局及国家宏观环境的现状，通过带领学生对国内外政治、经济、文化、社会等方面的情况进行分析，使学生了解创业相关商业环境的基本情况。通过对比国内外经济发展态势，增强学生的民族自豪感，激发学生的创新创业精神和爱国情怀。

四、教学实施过程

案例以第一个单元创建企业为例，介绍在该单元课程教学中从教学方案设计、实施到教学效果评估的整个过程。第一单元主要讲述在市场经济体制下如何创建一家企业，其具体教学过程如下。

（一）教学方案的设计

1. 明确本单元的教学主题

本单元的教学主题是介绍在市场经济条件下创建一家企业的方法和过程，引导学生思考如何创建一家企业，并用英文编写一份商业计划书。

2. 明确本单元的教学目标

本单元的教学目标是使学生了解市场经济中的四种企业形式及每种企业形式在市场运行中的优势和劣势，熟悉与企业创建有关的英语词汇和用语，能够用英文完成商业计划书的编写；使学生了解国内外创业相关商业环境的对比情况，激发学生的爱国情怀。

3. 明确本单元的教学方法与手段

本单元教学设计的基本原则是"做中学"（Learning by doing），即通过实际操作掌握所学内容。具体教学中使用的方法有以下几种：①情景教学法，学生被要求以小组为单位，设立一个虚拟企业，并编写商业计划书；②案例教学法，教师为学生提供一个案例，让学生运用所学知识，用英语进行分析；③混合式教学法，教师采用"线上慕课学习+课堂教学+实践"的混合式教学模式。

（二）教学方案的实施

1. 线上教学环节

①教师通过学校平台发布课程信息，组建课程QQ群，向学生发布"学习'工商导论'课程的注意事项"。具体内容包括告知学生课程采取的是依托线上"商务英语"慕课的线上线下混合式授课方式，提醒学生须在线上完成"商务英语"慕课的学习，并通过考核取得线上成绩，同时还须在线下课堂进行学习，通过期末考试，取得线下成绩。总评成绩中，线上成绩占40%，线下成绩占60%。

②课前，教师要求学生在线上学习"商务英语"慕课的第一单元商业环境和第二单元创业，其内容与第一单元创建企业的内容相辅相成，学生学习后会对课堂上教师的讲解有更深刻的理解。此外，教师还给学生布置了一些思考题和填空题，以便帮助学生巩固记忆其中的知识点。

2. 线下教学环节

（1）教学方法的应用

第一单元的主题是创建一家企业，其内容非常适合情景教学，所以，本单元的教学设计注重通过实际操作使学生掌握所学内容。具体教学中使用的方法有以下几种。

①情景教学法。学生被要求以小组为单位，设立一个虚拟企业，并确定企业注册登记类型、企业名称、经营范围、资本来源等。学生自主选择感兴趣的行业，并制订商业计划。通过模拟情景教学，一方面激发了学生的学习兴趣；另一方面锻炼了学生独立思考和团队协作的能力，因为学生必须在充分理解掌握相关知识及其英文表达的前提下，才能使

用英语进行讨论并制订计划。

②案例教学法。教师给学生提供一个案例，先让学生观看一个对创业者访谈的视频，然后让学生运用所学知识，使用英语进行分析。进行案例分析的前提是学生要充分理解并掌握相关知识和英语表达，因此锻炼了学生分析问题、解决问题的能力。

③混合式教学法。教学采用"线上学习+课堂教学+实践"的混合式教学模式。课前通过让学生学习"商务英语"慕课，指导学生阅读课本相关章节内容，使学生对本单元知识点有了基本了解，并利用"云班课"线上平台给学生布置任务。课堂上教师对教学内容进行梳理、答疑，引导学生进行讨论；课后教师布置实践任务，要求学生运用所学知识完成指定任务。通过混合式教学法，培养学生在课前自主学习，课上主动思考，课后实践操作，这种多渠道、全方位、立体化的教学模式，使学生在知识与能力方面都有所增强。

(2) 教学内容和步骤

第一单元创建企业的教学内容包括讲解市场经济中四种基本的企业形式、概念、性质及其特点，比较分析每种企业形式在市场运行中的优势和劣势，讲解应该如何确定选择哪一种企业形式，怎样撰写商业计划书等。教学步骤包括以下三点。

①课前由教师布置任务，学生自主学习。上课之前，教师引导学生搜集关于国际时局及国家宏观环境的资料，使学生通过对国内外政治、经济、文化、社会等方面进行分析，了解创业相关商业环境的基本情况。通过对比国内外经济发展态势，激发学生的创新创业精神和爱国情怀。此外，教师还要求学生对本单元内容进行阅读，扫清词汇障碍，把握主要内容。学生通过自主学习，基本能够掌握相关商务知识及其主要英文表达。

②课堂上教师讲解、提问与学生讨论相结合。本单元教学包含课堂提问、讲授、答疑、案例分析和小组讨论五个环节，共计 2 课时。首先，教师通过提问的方式对学生的课前自主学习效果进行检测，这也是对学生自主学习内容的巩固，大概用时 15 分钟。然后，教师对本单元知识体系和主要知识点进行整体梳理，讲授重点、难点问题，本单元需要重点讲解的是每种企业形式在市场运行中的优势和劣势，讲授用时 45 分钟，回答学生的提问用时 5 分钟。最后是案例分析，要求学生归纳总结案例中企业在创建过程中的经验和教训。学生先进行分组讨论，再在班级内汇报，用时 25 分钟。

③课后练习和作业。教师要求学生搜集各国政府对于创业行为的鼓励性政策；给学生布置关于"大学生创业"的思考题；要求学生以小组为单位，创建一个虚拟企业，用英文撰写一份商业计划书，并在下次课上做口头报告。

(三) 教学效果的评估和考核

教学方法、教学手段和教学环节的多元化，决定了对课程教学效果的评估也必然需要采用多元化的评价方式，要将英语表达、商务知识和职业技能均纳入评价范围。

课程总评成绩 =（线上）慕课总评成绩 ×0.4+（线下）期末考试总评成绩 ×0.6

其中，期末考试总评成绩＝平时成绩×0.3+期末考试卷面成绩×0.7

平时成绩考查内容包括思想素质、课堂考勤、回答问题、课后作业、小组展示等，其中思想素质是最主要的评价内容。

五、案例反思

通过本单元的教学实践，可以总结出课程建设在以下几个方面还需要进一步改进和优化。

（一）优化课程思政内容体系

根据国家政策和企业的现实需求，优化课程整体结构设计和单元内容设计。继续改革和完善课程的教学内容、教学方法，进一步明确每个单元中课程思政的具体内容。

（二）完善课程思政教学方法设计

结合每个单元的教学内容、特点和学生的个性化特征，做好差异化、个性化的教学方法设计。以问题导向、任务导向的方式，引导学生学习知识、培养能力，提高学生思想素质，从而实现立德树人的目标。

（三）丰富课程思政教学活动设计

理论教学与实践教学并重，不断完善实践教学环节。将课堂教学与课外实践相结合，组织更加丰富的教学活动，加强对学生进行思想上的正确引导，帮助其完成知识积累和人格塑造。

（四）加强课程思政教学团队建设

逐步形成一支政治素质过硬、结构合理、教学水平高、教学效果好、熟练掌握各种现代化教育手段的高水平师资队伍，培养1～2名青年主讲教师，以保证课程的可持续发展。

（五）建设一个线上线下一体化的立体式商务英语教学资源库

在现有国家精品在线开放课程"商务英语"和线上线下混合式校级一流课程"工商导论"的基础上，力争在未来三年打造出一个融自编纸质教材讲义、音视频多媒体辅助教案、VR案例资源库等为一体的商务英语思政教学资源库。

六、教学效果

"工商导论"课程在我校已有十多年历史，一般开设在本科第4学期，教学对象是商务英语专业二年级学生，每年选课人数近100人。商务英语专业学生在前3个学期进行了大量的语言技能训练后，在通用英语听、说、读、写、译方面都达到了中级以上水平，因此从第4学期开始进行商务知识的学习。"工商导论"作为商务知识概论课程，对激发学生兴趣，引导学生进一步探索学习具有重要作用。

在该课程教学中加入了课程思政的教学内容后，经过对两个年级商务英语专业学生的教学实践考察，发现整体教学效果很好。学生不仅对专业知识的关注度更高了，对融入专业教学的思政内容也表现出了极大的热情。大部分学生认为课程思政的引入对其世界观、人生观和价值观的形成有很重要的引领作用。学生表示，这种在专业课程中引入思政教育的方式很新颖，这种教育不是说教式的，采用的案例往往是发生在生活中的真实事件。在思想政治课上学生学习的是宏观的系统的知识，而专业课程中引入的思政教育可以从专业的角度引领学生正确地处理专业领域的事情，是对思想政治理论课程的有效补充。

"工商导论"课程教师在教学任务结束后也对课程思政教学效果进行了评估，认为在课程中引入思政教育可以提升学生的社会责任感，激发学生的学习积极性，使学生能够更自觉地进行学习。教师在良好的课堂氛围中进行教学，讲课也更有激情，这是一个良性的循环。为了更好地进行课程思政教学，教师不但要有丰富的专业知识，而且要有较高的思政水平，要熟练掌握国家经济发展中的时政热点问题，因此，课程思政教学对教师教学能力和水平的提高也有一定的促进作用。

礼之用，和为贵：礼貌和礼仪

外语学院　孔令达

 案例概述

本课程以"礼貌和礼仪"为主题，展开一系列课堂活动，结合社会主义核心价值观中的"友善""和谐""文明"，引导学生感受并学习礼貌和礼仪的文化性和重要性；通过对比中西文化差异，使学生了解中国传统礼仪文化，增强民族文化自信；勉励学生从自身做起、从小事做起，做讲文明、懂礼貌的社会主义好青年。

一、基本信息

课程名称：基础英语 1

授课对象：英语专业一年级学生

学习章节：第三单元　礼貌怎么了？

使用教材：《新世纪高等院校英语专业本科生系列教材（修订版）综合教程 1》，顾大僖，上海外语教育出版社

教学课时：10 课时

二、课程思政教学整体设计思路

本课程目标为培养德智体美劳全面发展，具有扎实的英语语言基本功，具备较强的跨文化交际能力与较高的人文素养的复合应用型人才。本课程是语言基础课，将思政融入英语专业课堂，关键是在夯实学生英语语言听说读写等基本功的同时引导学生独立思考、探索语言背后的东西，在日常教学中潜移默化地影响学生，帮助他们完善人格、丰富思想，结合思政教育引导学生树立正确的世界观、人生观、价值观。教师以教材单元话题为主，从每个话题分别找到与思政相联系的切入点，围绕其搜集相关阅读和影音资料。教师想以此为契机，让课堂少一点填鸭式的"教"，多一些不同形式的以课堂或课外活动为载体的交流讨论、学生展示和社会实践活动，在轻松愉快的气氛中引导学生独立思考并作出正确选择。本课程思政教学改革策略已经在课堂实践中实施了一个学年，并初步建立了课堂思

政的模式，总体效果还是比较明显的。

本课程所选择的主题为礼貌和礼仪。如何让学生自觉主动地学习这个主题，心悦诚服地接受正确的价值观，还是具有一定挑战性的。教学整体设计思路为引导学生多角度看问题，使学生提高感知能力和共情能力，体会中华传统文化的深厚底蕴，加强道德修养与社会责任感；思政的切入点为社会主义核心价值观中提倡的"文明""和谐""友善"。

采取的教学方法主要有翻转课堂、移情教学法、交际教学法和情景教学法。通过观看视频、初步讨论、小组演讲及课堂话剧表演等活动，让学生多方面、多角度展示自己的想法和观点。

教学成效评价要坚守思政的底线，并能达到促进思政的效果。在对学生进行学期成绩评定时，除了考查其对知识技能的掌握程度，还要考核学生的思想政治素质，从而使学生知进退，扬长补短，争取更大的进步。

三、教学目标

（一）课程教学目标

①理解文章主题、写作目的和行文结构。
②掌握新单词和词组，能在口语和写作中运用。
③了解文章写作风格，能在写作中用此风格仿写。
④能用英语流利表达对相关话题的见解。

（二）思政育人目标

①通过对比中西文化差异，深入了解中国传统礼仪文化，增强民族文化自信。
②通过讨论、演讲和表演，感受礼貌和礼仪的文化性和重要性。
③体会社会主义核心价值观中的"文明""和谐""友善"。

四、教学实施过程

（一）课前准备

采取翻转课堂教学法。课前让学生通过中国高校外语慕课平台预习课文，使用单词App记忆单词，搜集关于中国传统文化礼仪的背景资料，组成小组进行讨论和信息梳理，以PPT的形式总结成果。以小组为单位进行话剧剧本编写、选角排练等一系列幕后准备工作。

（二）课堂导入

这个部分主要是引入话题。合理引入话题才能提高课堂的整体实效性。教师提出下面三个问题。

问题1：如何评价视频里的男士们？

问题2：他们违反了哪些用餐礼仪？

问题3：正确的用餐礼仪是怎样的？他们应该怎么做？

教师要求学生带着这些问题仔细观看接下来播放的英语情景喜剧片段，在问答中引出本章主题——礼貌礼仪。

（三）小组讨论

这个部分主要是就上个环节引入的话题进一步深入讨论。教师会将全班学生分成小组，通过五个问题引导学生分享自己的故事，探讨对于礼貌礼仪的认知和态度。具体问题如下。

问题1：在路上碰到陌生人且目光交汇了，你会打招呼吗？

问题2：你平时习惯说"谢谢"吗？你认为有必要经常对父母或者朋友说"谢谢"吗？

问题3：你对父母说过"我爱你"吗？如果没有，为什么？如果有，在什么情况下说的？

问题4：你知道哪些中国传统礼仪？

问题5：你知道哪些礼貌用语？请列出各种不同场合的礼仪（用餐时、公车上、电影院里……）。

这些问题的设置既与课文紧密相关，又有适度的延伸和发散。前三个问题是根据课文中提到的一些礼貌用语和行为，结合学生的亲身经历进行提问。其目的一方面是引导他们用英语围绕话题分享个人经历，另一方面是引出中西文化的差异，如欧美国家的人更习惯用言语表达感谢和爱，而含蓄的中国人可能更内敛，不会把"谢谢"和"我爱你"挂在嘴边。第四个问题承接上面已经讨论到的中西文化差异，溯古及今，引导学生了解和学习中国传统优秀文化，增加文化底蕴，增强文化自信。第五个问题更加细化，通过分类讨论不同场合的礼貌和礼仪，为后面的话剧表演做铺垫。

这里主要用到"移情教学法"。从语言学习的层面来说，把作者蕴含在课文中的情感传递给学生，引导学生代入自己的经历和故事，会让他们有更深的体会，对理解课文意思和增强学习兴趣有很大帮助。从非语言学习层面来说，移情能力有助于学生建立多角度思维模式，形成正确的价值观。

（四）小组演讲

这个部分承接上一个环节提出的第四个问题——中国传统礼仪，主要由学生对课前自己准备的内容进行展示。小组已经在课前分好，一共六组，每组五人，采取"翻转课堂教学法"，学生做好充分的准备工作，分别选取中国传统礼仪（历史溯源，具体礼仪等）的不同方面做演示。

用英文讲中国传统文化对学生来说是一个巨大的挑战，这个环节不仅锻炼了学生的英语表达能力，而且加强了对学生的中华优秀传统文化教育，使学生能够在中华文化与欧美文化的对比中，放眼世界、增强民族文化自信。

（五）话剧表演

这个部分承接小组讨论中的第五个问题，以英语戏剧表演的形式进一步展示不同场合的礼仪。教师采取控制人数、自由组合的模式将全班分为六组，分别表演六种公共场合的礼貌和礼仪。同样采用翻转课堂教学法，小组在课前也都已经分好，但是与第四环节的小组演讲不同，这个环节主要鼓励学生之间的交流与合作。学生在课前准备活动中先完成编写剧本、选角、制作道具、排练表演等步骤，在课堂上直接进入正式表演环节。教师在每个小组表演过后会及时给予反馈，分别从剧本设置、服道灯光、演员表演、语言发音等方面进行点评，教学相长，相互促进。

（六）课文精读

这个部分主要是对课文的主题、写作目的、行文结构、写作风格和语言表达进行具体分析和学习。其实大部分内容学生已在课前预习过，对课文内容的"输入"和"输出"也已在前五个环节完成，因此这个环节主要是教师与学生一起结合课文对知识点进行分类总结。

（七）课堂总结

教师从头回顾课堂各环节，为学生梳理脉络，点出礼貌和礼仪的关系。整个教学过程看似不谈社会主义核心价值观，但又句句在谈社会主义核心价值观的"文明""和谐""友善"，拒绝生搬硬套、强行思政，让学生在轻松的讨论中、愉悦的表演中体会礼貌和礼仪的文化性和重要性。

五、案例反思

案例教学中可能存在的问题如下所述。

①教师的政治理论水平限制思政效果。课程思政最重要的是政，要弄清楚思的是什么政，如果教师的政治理论水平不够高，对马克思主义、邓小平理论、"三个代表"、习近平新时代中国特色社会主义思想等经典理论或有关讲话研读不够，理解有限，就会影响课程思政的效果。这节课中的思政元素是社会主义核心价值观中的"文明""和谐""友善"，这几个词的内涵需要教师带领学生深入学习，以使其与专业学习内容完美融合。

②学生课前是否准备充分尚难预料。这堂课主要是学生在课上分享课前准备的内容，如果前期学生的准备不够，那么课堂效果就会打折扣，所以教师需要加强对学生课前学习的检查和监督，这也是课堂上能顺利进行思政教育的前提。

③课堂中所用教学材料不够丰富。教学环节以讨论表演为主，如果教师能准备更多的多媒体资料，特别是有思政内容的英文资料，可能教学效果会更好。教师可以从《习近平

谈治国理政》中英文版、中国文化典籍英译版、国外传媒报道与评论等资源中，补充各类融英语教学和思想政治教育于一体的教学素材，并在此基础上，根据学生的思想状况，灵活运用教学方法，从而在完成课程既定教学目标的同时，使思想政治教育效用最大化。

六、教学效果

在专业知识方面，通过本课程的学习，学生理解了文章主题、写作目的和行文结构；掌握了新单词和词组，并能在口语和写作中运用；了解了文章写作风格，能用英语流利表达对相关话题的见解。课堂互动和课后的测试、作业保证了课程教学目标的实现。

在思政育人方面，通过这堂思政课程，学生了解了中国传统礼仪文化，增强了民族文化自信，切实感受到礼貌和礼仪的文化性和重要性，体会到了社会主义核心价值观中的"文明""和谐""友善"。与思政紧密结合的教学极大地调动了学生主动学习、主动探究的热情，学生在课后爱查爱问，在课上更加活跃，也更乐于分享。他们不再拘泥于单词、句法的学习，而是会通过学习有所思考和感悟，并更愿意跟教师和同学交流想法，求同存异，进而使师生之间的关系更加和谐。

以媒介教育实现自我教育

新闻学院 吴玉兰

 **案例概述**

"媒介素养理论与实务"是面向全校本科生开设的一门通识选修课。本课程旨在深化学生对媒介的认知,提高学生媒介辨识能力、媒介运用能力及对媒介的批判意识。本课程在阐述媒介功能的基本理论与技巧后,要求学生课后观看中央电视台《新闻调查》栏目的《方舱》(2020年3月7日播出),从媒介功能、媒介运用的角度提交一份观后感,观后感以小组为单位提交至课程教学微信群,供全班学生阅读,课上每一组选派一个代表进行课堂发言,每组发言结束后由教师进行点评。本课程旨在帮助学生将教学的理论知识与现实生活、个人成长真正融合,了解媒介功能在现实生活中的表现,同时培养学生正确认识媒介、评价媒介和运用媒介的能力,在提高学生媒介素养的同时提升学生的家国情怀,增强学生的民族自豪感。

一、基本信息

课程名称:媒介素养理论与实务

授课对象:全校本科生

学习章节:第二讲 大众传播功能认知

使用教材:《媒介素养14讲》,吴玉兰,北京大学出版社

教学课时:4课时

二、课程思政教学整体设计思路

"课程思政"的提出是对思想政治教育的新探索。正如有学者指出,"课程思政"是一种科学的教育理念和教育方法,是对高校思想政治教育规律的正确把握,是对社会主义新时代实施高校思想政治教育的创新。可见,"课程思政"的本质是在课程讲授的全过程中,充分挖掘课程中所蕴含的思想政治元素,通过课堂教学渠道对学生予以全方位、全过程的思想政治教育,从而实现思想政治教育的目标。"课程思政"既是一种思想政治教育理念,

又是一种教育方法。在课程思政中，"思政"是目的，"课程"是手段。从目的上看，课程思政要发挥各类课程的思想政治教育功能，达到教化学生、引导学生、启发学生的目的，在课程育人方面真正落实立德树人根本任务，将"立德"贯穿教学全过程。从手段上看，课程思政是依托教学渠道来达到思想政治教育目标的。

本课程的设计思路主要有：①将知识传授与价值塑造相融合；②充分挖掘本课程的思想政治元素（媒介对社会的影响、媒介传播内容对个人成长的影响等）；③发挥课堂教学中理论讲解、案例展示等方法的育人功能。

三、教学目标

（一）课程教学目标

"媒介素养理论与实务"是面向全校本科生开设的一门通识选修课。本课程在阐明媒介素养教育必要性的基础上，展开对大众传播功能、媒介机构与媒介制度、媒介理论、传统媒体和新媒体的传播特性等基础理论知识的讲授；实务部分着重讲授新闻的采访与写作技巧，并以此为基础，进行电视访谈节目、电视娱乐节目、网络舆论引导、广告及电影的生产等方面的专题讲授。本课程旨在加强学生对媒介的认识、评价与运用能力，传授学生选择、使用媒介的技巧，进而提高其解读、辨别信息的能力和驾驭媒介的能力。

本课程主要讲述大众传播的社会功能的相关知识和理论。通过学习，学生能够了解和认识大众传播的复杂性与多面性，把握拉斯韦尔的"三功能说"（环境监视功能、社会联系与协调功能、文化遗产传承功能），和赖特的"四功能说"（环境监视功能、解释与规定功能、社会化功能和提供娱乐功能）。

（二）思政育人目标

从理论意义上讲，"课程思政"的研究和改革，能够丰富新时代课程内容。从实践意义上讲，全面推进课程思政建设是落实立德树人根本任务的战略举措，它"影响甚至决定着接班人问题，影响甚至决定着国家长治久安，影响甚至决定着民族复兴和国家崛起"。推进课程思政建设能够解决高校目前存在的知识传授与价值塑造脱节的问题。

通过对大众传播功能相关理论的学习，学生可以了解大众传播在传播知识、价值及行为规范方面具有的重要作用，特别是在社会转型期，大众传播在改变受众的行为和世界观等方面起着潜移默化的作用。通过对典型案例的学习，学生得以将教学的理论内核与现实生活、个人成长真正融合，切实提高媒介素养。

四、教学实施过程

本课程在理论讲述后，要求学生课后观看中央电视台《新闻调查》栏目播出的《方舱》，结合大众媒介的功能与个人观看节目的感悟完成节目观后感。全班共分为 10 个小组,每个小组将个人观后感汇总后发至课程教学微信群。在下次课上,每组选派一个代表进行发言,发言时间为6分钟,教师点评2~3分钟。课后每个学生对其余小组的发言进行书面点评并提交给小组长。小组长将本组点评发至课程群,选课学生可以互相查看,从而使学生作业变成课程学习的资源。通过查看他人作业,学生可以"取长补短"。本课程通过案例学习引导学生了解大众传媒功能在现实生活中的表现,在互动过程中引导学生将课程理论内核与自身成长、价值塑造相结合,提升学生的媒介素养和价值认同感。

下面是部分学生的观后感摘录。

"从新闻的定义来讲,《方舱》内容新鲜、报道客观;从媒介功能来讲,它真实反映了方舱医院中医护人员和患者的生活状况,发挥了社会沟通的功能,同时能够反映出爱国、敬业、友善、互助等价值内核,并带动受众形成对新冠肺炎疫情的良性认识,传播齐心协力、共同抗疫、灾难无情人有情等正能量。"

"该节目很好地实现了媒介的社会监视功能。视频中提出了控制新冠肺炎疫情的关键:防止交叉感染,减少新增感染人数。通过介绍方舱的分区布局和患者核酸检测、CT检查的情况,让观众看到了一个井然有序的方舱医院。除了大家都关心的"热度"问题,节目也用护士长帮助患者的孩子购买并送去物资这样温暖人心的小故事展现了《新闻调查》节目的温度。"

"首先,《方舱》作为深度调查类节目,它采用了最真实朴素的镜头,向受众展示患者与医护人员及其他工作人员共同抗疫的温暖生活,从患者的第一视角出发,保证了新闻调查深度,体现了媒体的环境监视功能,帮助受众全方位地了解方舱医院。其次,节目深刻发挥了媒体的社会化功能。片中,环卫工人为保障大家安全,要频繁对厕所进行消毒,工作量巨大;办理刑事案件的民警到了方舱医院化身万能服务员;等等。这些都向受众展示了各行业的艰辛与不易,在潜移默化中改变了受众的行为和世界观。最后,节目还起到了社会联系与协调、文化传承的作用,给人以温暖的精神鼓舞。随着彼此的熟悉,集体娱乐活动也日益丰富多彩,大家都在彼此加油、彼此打气。这期充满着人性之光的节目无疑向受众展示了人间温情,中华民族自古以来团结友爱,在面对新冠肺炎疫情时,更是紧紧抱成一团。新型冠状病毒虽然可怕,但只要人们团结一心必定能战胜它!我想,这正是这期《新闻调查》节目想要告诉我们的。"

"《方舱》以一个平凡的轻症患者的手机(或许是相机)镜头记录着武汉方舱医院中发生的生活点滴。在紧张的抗击疫情的气氛中,将朴素的百姓生活尽数展现,平凡且朴实,朴实又让人感动,充分显示了媒介的功能。①记录与叙实。也许杨晶的拍摄水平并不高,但恰恰是她'晃动着的镜头''浓郁湖北味的口音'让我们沉浸到这种生活人情之中。央视记者走访各个地点拍摄到的一些令人潸然泪下的场景,使真实的方舱生活就这样以一种淳朴的模样展现在每个人眼前。我记得有一个对'保洁阿姨'的镜头描写——阿姨毫不顾忌地在镜头面前穿上防护服,还一边点评这项工作的意义,像这种并不'唯美'的画面此刻却是再美不过的瞬间。②渲染与鼓舞。毕竟被杨晶记录到的镜头并不多,仍然有许多医务工作者在没有被看见的地方默默工作着。还有那些工作者的家人、那些乐观积极配合治疗的患者们也并没有被记录到。但在那个护士长'一伊妈妈'的防护服上我们看到了鼓舞,看到了信心,也看见了伟大。这些舍小家为大家的'白衣天使'就是我们的一剂镇静剂,让我们心安,给我们希望。同样,媒体的职责就在于弘扬这种正能量,鼓舞大家的士气。③宣传与督促。这部纪录片不仅仅是一个新闻记录,更是中国临危不乱的态度的体现,是中国作为大国的责任与担当的证明。它督促着国人积极奋进,也督促着人类团结一心。"

"杨晶是整部纪录片的记录者,以这样一个普通患者的视角,带领大家体悟方舱生活,非常真实。方舱医院是一个很温暖的存在,传递着正能量。不论是各个省份的医护人员,还是保证患者饮食的餐饮人员,或者是每天负责消毒的环卫、保证安全的警察,这里的每个人都充满了希望。这样的镜头是有温度的,这部纪录片的播出是能够给大家带来力量和希望的。节目在保持真实记录和传递正能量的同时,安抚了大众的慌张情绪,让人民和政府的决策离得更近。这个节目也向我们展示了非专业人员在新闻传播中的重要作用,展现了自媒体的独特魅力。节目还给我们带来一个启示,在自媒体时代,我们每一个人都可以正确运用媒介为社会的和谐与发展贡献自己的力量。"

"《方舱》中记录的人物有保洁、酒店工作人员、普通患者、医护人员、警察,正是他们共同的努力才确保了方舱的稳定。他们其实也跟我们一样,有血有肉,有这样那样的牵挂,但在新冠肺炎疫情面前,他们将生死置之度外,竭尽所能抗击疫情。我相信无论新冠肺炎疫情多么严重,只要我们团结一心、合理预防,就一定会战胜疫情,阴霾也终将散去。"

五、案例反思

2014年9月9日,习近平总书记在同北京师范大学师生代表座谈时指出:"一个人遇到好老师是人生的幸运,一个学校拥有好老师是学校的光荣,一个民族源源不断涌现出一批又一批好老师则是民族的希望。"教学内容是课堂教学的核心,教师水平是课堂教学的灵魂。教师的育人水平,决定了课堂教学的成效。

"课程思政"是当前高校贯彻落实思想政治工作的重要抓手,坚持立德树人是所有教育工作者的神圣使命,与学生接触最直接、对话最集中的专业课教师,是开展课程思政的主要力量,而专业课程思政是课程思政系统中最为关键也是最难解决的部分。提高教师的育人水平与做好课程思政是相辅相成的,通过该案例教学,可以引出以下几点思考。

首先,要加强教师的品德修养。德高为师,身正为范,教师要以德才兼备作为对自己的基本要求,要了解学生的所思所想,与学生的思想和情感共振,从而真正实现因材施教。

其次,要提高教师的思想政治教育能力,使教师真正成为政治强、情怀深、思维新、视野广、自律严、人格正的好教师。在新媒体环境下,教师可以运用多种手段收集经典的教学案例,将案例融入协同育人的教学过程中,通过案例教学,拓宽学生的视野,让学生更加深入地了解了世情、国情、社情。

最后,要重视优化教学方法。好的教学方法应当是坚持守正创新。"守正"就是要坚守正道,把握事物的本质、遵循事物的客观规律。教师在教学方法上要把握课程思政的本质,遵循思想政治工作规律、教书育人规律和学生成长规律,旗帜鲜明地亮出观点。"创新"就是要做到因事而化、因时而进、因势而新。教师在教学方法上要善于运用青年人的话语体系、善于运用新媒体、善于运用大数据,增加如体验教学、互动教学、现场教学等新颖的教学形式,以促使学生发挥主观能动性。

六、教学效果

本次教学达到了非常好的思政教育效果。通过对节目视频的观看与讨论,学生不仅对大众传播功能的理论有了直观、深入的理解,还认识到媒介传递的信息要兼具温度与深度,要兼顾专业性和人文关怀。本次教学还引发了学生对非专业记者、对媒介使用的思考,这期聚焦新冠肺炎疫情的节目,不摆冰冷的数据,不在伤口上撒盐,不一味地做赚人眼泪的宣传,而是站在平凡人的角度,用平凡人的事迹引起受众共鸣。通过此次教学,使学生更深刻地认识到"教育不仅是知识教育,还有人格教育。社会各方面应该加强对学生的责任教育、生命教育等多方面的教育";还引发了学生对大众媒介功能,以及如何通过媒介教育来完成自我教育的深度思考。

 参考文献

何玉海,2019.关于"课程思政"的本质内涵与实现路径的探索[J].思想理论教育导刊(10):130-134.

高德毅,宗爱东,2017.从思政课程到课程思政:从战略高度构建高校思想政治教育课程体系[J].中国高等教育(1):43-46.

讲好中国故事，实践马克思主义新闻观教育

新闻与文化传播学院　苏新力

 **案例概述**

"新闻作品评析"是新闻学专业三年级学生的专业必修课之一，该课程的思政教育是将马克思主义新闻观应用到新闻传播学人才培养过程之中。本课程围绕第二章"新闻作品的评析方法"中的"主题分析"内容，结合"学习强国"的新闻报道和评论文学，总结系列作品的主题和写作风格。通过带领学生分析 2020 年中国两会的重大主题宣传报道、以"三农"问题为核心的主题报道，探寻新闻作品主题的概念、原则和评析方法，引导学生在新闻主题的选择和判断上坚持马克思主义新闻观、坚持新闻事业的党性原则、坚持正确的舆论导向。

一、基本信息

课程名称：新闻作品评析

授课对象：新闻学专业三年级学生

学习章节：第二章　新闻作品的评析方法

使用教材：《新闻评析》，夏琼，高等教育出版社

教学课时：2 课时

二、课程思政教学整体设计思路

马克思主义新闻观是指马克思主义关于人类新闻传播活动规律的总看法，是无产阶级政党领导的新闻舆论事业的指导思想和行动指南。"新闻作品评析"的课程思政建设过程，就是把马克思主义新闻观教育融入新闻传播人才培养各环节的过程。

本课程围绕"新闻作品的评析方法"的第二部分"主题分析"展开，具体内容是对新闻作品的主题、要求和评析方法进行讲授和讨论。

（一）理论阐释

强调马克思主义理论的系统性，把思想价值引领贯穿课程的全过程，充分展示新闻媒

体作为党和人民的喉舌应当承担起的责任。以新闻理论课程教学过程中的思政教育和价值引领为核心，通过解释新闻的党性属性、舆论导向、媒体的社会属性、爱国情怀等专有词汇，引导学生树立正确的世界观、人生观、价值观。

（二）案例分析

教师将带领学生共同分析以下两组主题报道。

①关于十三届全国人大三次会议和全国政协十三届三次会议的系列报道。主要涉及的媒体包括《人民日报》《光明日报》《经济日报》《新华日报》《解放军报》《工人日报》《中国青年报》《北京青年报》《中国妇女报》《文汇报》《黑龙江日报》《吉林日报》《江西日报》《湖北日报》《福建日报》等。

②以"三农"问题为核心的主题报道，主要包括《2000多个"老物件"记录农村变迁　七旬老人办起农民博物馆》《昨日，长江嘉鱼段最后一条渔船上岸了　当地渔民从此告别长江捕鱼为生历史》《云梦新农民玩转"定制农业"》等。

通过以上两组系列报道的主题分析，引导学生关心和了解国家发展，强化学生的社会责任和担当。

三、教学目标

（一）课程教学目标

本课程以马克思主义新闻观为指导，力图从新闻理论与方法、新闻实践与应用两个层面系统讲述新闻作品评析的总体原则和方法，新闻作品的主题的概念、要求和评析方法。通过评析新闻作品案例，一方面可以检验新闻实践成果；另一方面可以总结新的实践经验并升华到理论层面，进一步促进新闻实践的发展。通过本课程教学，引导学生坚持正确的舆论导向，鼓励学生勇于改进新闻宣传工作，提高新闻报道艺术水平，推进新闻事业的发展。

（二）思政育人目标

本课程充分发挥马克思主义哲学对社会科学的指导作用，坚持以马克思主义新闻观为统领，用中国特色社会主义新闻理论教书育人，培养具有家国情怀和国际视野的高素质、复合型、专家型的新闻传播后备人才。

四、教学实施过程

（一）课前准备

①学生5人为一组，课前搜集教师指定的相关作品。

②教师指导学生通过"学习强国"App搜索本课程涉及的新闻作品，让学生提前熟悉相关作品案例并简单归纳总结其主题，为课程中的主题讨论做好准备。

（二）授课环节

1. 问题引入

展示第二十九届中国新闻奖的特等奖获奖作品名单（图1），让学生通过新闻作品的标题分析其主题要求和高度，从而引入新闻作品主题的概念及其政治性要求。

项目	题目	作者(主创人员)	编辑	刊播单位/发布平台	报送单位
文字评论	创造历史的伟大变革——纪念改革开放40周年（上）	集体	李宝善、庹震、卢新宁	人民日报	人民日报
文字通讯与深度报道	关键抉择，必由之路——献给中国改革开放40周年	集体	何平、张宿堂、孙承斌	新华社	新华社
电视消息	习近平同金正恩举行会谈	集体	申勇、马立飞、魏建	中央广播电视总台央视	中广联合会
网页设计	"伟大的变革——庆祝改革开放40周年大型展览"网上展馆	集体	张晨、谢宁、郭婕	央视网	网信办传播局
短视频新闻	"中国一分钟"系列微视频	集体	集体	人民日报客户端	中国记协新媒体专委会

图1 第二十九届中国新闻奖特等奖获奖作品名单

2. 理论阐述

（1）新闻作品主题的概念及其重要性

（2）新闻作品主题的评价方法（教学重点和思政要点）

①在评价主题是否符合新闻事实时，要注意主题不能脱离新闻事实所提供的依据，夸大拔高、强扭角度的失实报道，容易使受众产生逆反心理。

本部分展示案例：《习近平在北京市调研指导新型冠状病毒肺炎疫情防控工作时强调 以更坚定的信心更顽强的意志更果断的措施坚决打赢疫情防控的人民战争总体战阻击战》。

②在讲述主题是否具有社会人文意义上的针对性时，要注意"政治上很重要的"问题，也就是说要抓方向性的问题，选择那些代表事物发展方向的、对全局有影响的、有一定的政治思想高度或政策思想高度的主题。主题应与当前的形势紧密相连，对实际工作和社会生活往往具有普遍指导意义。主题还应"为大众所注意的"，即选择和确定新闻主题时，要考虑人民群众所关心的问题和事物。主题还应"涉及最迫切问题"，这是指要选择对全局或整体有影响的问题，群众普遍关注的热门问题，对实际工作有指导意义的问题。多为从事实际工作的群众着想，才能真正通过新闻报道解决工作中遇到的难题。

本部分展示案例：《警惕"云陷阱" 织牢"安全网"》（图2），《焦点访谈》，2020年9月17日。

③分析主题是否鲜明、深刻、集中。主题鲜明，是指作者所写的人和事，要有鲜明的态度，提倡什么、反对什么应当清楚明白；主题深刻，表现在它能揭示事物的本质，反映客观事物的内在规律；主题集中，是指主题应尽量单一、集中、明确，能抓住要点，把中

心思想写深、写透。

图 2 《焦点访谈》视频截图

本部分展示案例:《一根纱的韧劲——武汉裕大华百年坚守的故事》(图 3),《湖北日报》,2019 年 12 月 25 日。

图 3 《湖北日报》新闻图片

3. 课堂讨论

(1) 案例一

关于十三届全国人大三次会议和全国政协十三届三次会议的重大主题宣传报道,涉及的媒体包括《人民日报》《新华日报》《解放军报》《光明日报》《经济日报》《中国青年报》《中国妇女报》《文汇报》《江西日报》《黑龙江日报》《吉林日报》等。

讨论引导:重大主题宣传是新闻传播的基本要求,也是新时代舆论工作的基础。面对特殊时期的新安排、新变化,新闻媒体应如何圆满完成重大主题宣传报道?请大家观察、分析以上媒体呈现的重大主题报道。

讨论安排:请 2～3 名学生进行主题分析讨论。

讨论结论:中国媒体强化责任担当,精心组织谋划、运用全媒体融合传播技术,启用

"微视频访谈""屏对屏采访"的方式，全面阐释解读习近平总书记重要讲话精神，讲述代表委员履职故事。新闻报道有深度、有厚度、有亮点，可读性强，受到广大读者和社会各界的广泛好评。传统媒体探索出重大主题报道传播的新路径，通过深入报道习近平总书记重要讲话精神，生动展现"人民至上"领袖情怀；通过聚焦会议的重大主题，全方位做好深度新闻报道，凝聚全面建成小康社会的奋进力量；通过创新融合报道，形成了全方位的立体化传播格局。

（2）案例二

以"三农"问题为核心的主题报道，主要案例包括《2000多个"老物件"记录农村变迁 七旬老人办起农民博物馆》（《天门日报》，2019年2月27日），《昨日，长江嘉鱼段最后一条渔船上岸了 当地渔民从此告别长江捕鱼为生历史》（《咸宁日报》，2019年10月22日），《云梦新农民玩转"定制农业"》（《孝感日报》，2019年10月24日）等。

讨论引导：脱贫攻坚战的服务对象，是数千万农村贫困人口；脱贫攻坚战的主战场，是作为全面小康突出短板的农业农村领域。无论是从党媒姓党的本质属性出发，还是从农报为农的职责定位考量，新闻媒体都在这场重大主题宣传报道中担负着特殊的职责。

讨论安排：请2~3名学生进行主题分析讨论。

讨论结论：新闻媒体精心策划报道内容，不断创新报道形式，在报道上兼顾空间性和历史性，选取具有代表性的脱贫攻坚实践典型，不断推出精品力作，号召读者一起为贫困地区加油，为贫困地区的旅游产业、特色农产品增加"流量"，为我国如期完成新时代脱贫攻坚任务贡献了力量。

4. 课堂总结

通过对新闻作品主题的理论阐述和案例讨论，我们不难得出如下结论，即新闻作品的主题除了应满足鲜明、深刻、集中的要求，还应坚持新闻理论与实践相结合的原则，做到党性和人民性的统一。

①坚持马克思主义新闻观。社会主义新闻事业是社会主义国家党和人民的喉舌，担负着引导舆论的重要任务。新闻工作者必须立场坚定，旗帜鲜明、准确全面地宣传党的路线、方针、政策，服务于全党的中心工作。我国新闻事业的这种性质和作用，往往是通过具体的新闻作品的主题体现和发挥出来的。

②坚持新闻事业的党性原则。社会主义新闻事业的党性，是无产阶级阶级性和马克思主义革命性、科学性和群众性在新闻传播活动中的具体体现。它要求新闻事业要旗帜鲜明地与党中央保持一致，要有大局意识、大局观念，要正确认识所谓"新闻自由"的实质。

③坚持正确的舆论导向。坚持社会主义新闻传播事业的指导思想和报道方针；重视新闻作品的宣传教育性，重视新闻作品主题对社会政治、经济、文化、生态建设的引导和推动作用；着重加强对改革开放和现代化建设中的正面报道，鼓舞全国人民的士气，提升全

民族的精神状态。

五、案例反思

本课程在教学实践过程中，也存在一些不适应社会发展和人才培养要求的问题，主要有以下几点。①部分教学内容抽象、枯燥，缺乏针对性和趣味性，缺少新的实践经验和理论成果，如在新闻作品的主题政治性分析的讲述中，对于社会主义新闻事业的政治性，有一些学生表示讨论起来有困难。②部分教学内容拘泥于课本，强调教材理论，传授的理论知识脱离学生的现实生活，不能帮助学生解决实际问题。③个别学生在思想上对于"新闻作品评析"的思政教育缺乏感性认同，从而影响了最终的学习效果。

因此，根据中共中央、国务院《关于加强和改进新形势下高校思想政治工作的意见》精神，应当将"新闻作品评析"的课堂内教学和课堂外实践结合起来，适当减少理论内容、适度增加实践内容，改革课堂教学方法、加强教学实践环节，真正增强本课程思政教育的实效性。如果课时允许，可以适当组织学生开展实践活动，增加课外阅读，以加深学生对理论的理解。

六、教学效果

本课程在教学实践中，深入贯彻理论联系实际的原则，围绕新闻作品的分析和评价，以马克思主义新闻观为指导，组织学生积极开展课外实践活动，具体形式包括演讲、辩论、社会调查、社会实践等，使学生亲身感受改革开放的巨大成就，了解我国缩小贫富差距面临的新困难和新问题，了解党和政府解决问题、克服困难的方法，并学会运用马克思主义新闻观来分析和研究媒体新闻作品。

此外，学生在课程结束后纷纷表示，"要牢牢坚持马克思主义新闻观"，作为未来的新闻舆论工作者，要做好党的政策主张的传播者、时代风云的记录者、社会进步的推动者、公平正义的守望者。

参考文献

夏琼，2002. 新闻评析 [M]. 北京：高等教育出版社．

读懂改革初心：人民对美好生活的向往，就是我们的奋斗目标

工商管理学院　钱学锋　赵曜

 案例概述

本课程围绕改革开放的伟大成就及其与人民美好生活的内在联系这一主题展开，将思政育人贯穿教学全过程。在导论部分的教学实施过程中设计何为美好生活、改革开放的缘起、改革开放创造美好生活三个主要环节，每个环节结合具体教学内容特点，有针对性地运用启发式教学、多媒体和数据图表展示、互动讨论、对比思辨等教学方法，引导学生深刻理解美好生活的现实内涵和改革开放的历史缘由，在此基础上，使学生水到渠成地得出改革开放创造美好生活这一核心结论，同时通过给予学生思想上的冲击与精神上的震撼，促使学生去理解中国故事、讲好中国故事、传播中国声音。思政教育充分激发了学生将个人对于美好生活的追求与实现中华民族伟大复兴的中国梦相融合的动力与热情，得到学生的普遍认可，取得了显著的成效。

一、基本信息

课程名称：改革开放与美好生活

授课对象：全校本科生

学习章节：第一章　改革开放何以创造美好生活

使用教材：自编讲义

教学课时：2课时

二、课程思政教学整体设计思路

本课程设计的初心在于引导青年学生"读懂中国"，通过在课堂上根植理想信念教育，培养一批具有家国情怀及使命担当的社会主义现代化建设者和接班人。课程围绕诠释改革开放的历史进程与美好生活之间的内在联系、为改革开放的宏大叙事构建微观基础展开，

将思政育人贯穿课程教学全过程。导论部分的教学内容包含何为美好生活、改革开放的缘起、改革开放创造美好生活三个主要环节，每个环节通过结合具体教学内容特点，有针对性地运用各种教学方法，对学生形成思想上的冲击与精神上的震撼。本课程以事实为依据、以理论为支撑，引导学生深刻理解改革开放如何"以人民为中心，不断实现人民对美好生活的向往"，理解新时代主要矛盾转变的内在逻辑，在纵向与横向对比、历史与现实定位中坚定"四个自信"，促使学生将个人对于美好生活的追求与实现中华民族伟大复兴的中国梦相融合。本课程通过随堂问答、分组讨论、案例展示等平时表现和课程论文等课后作业对教学效果进行综合评价。

三、教学目标

（一）课程教学目标

通过对本课程的主旨进行总括式的介绍，为学生构建改革开放的宏大叙事与人民生活的微观领域之间的逻辑联系。通过何为美好生活、改革开放的缘起、改革开放创造美好生活三个环节，引导学生把握美好生活的现实内涵与改革开放的历史缘由，在此基础上，水到渠成地引出改革开放创造美好生活这一核心结论。使学生在总体上理解改革开放的伟大成就及其与人民美好生活的内在联系，激发学生对改革开放的经济学逻辑展开进一步思考。

（二）思政育人目标

启发学生用经济学的思维方式来思考、探索改革开放对于人们生活的微观影响，引导学生理解中国故事、讲好中国故事、传播中国声音；培养学生坚定"四个自信"；促使学生将个人成长与实现中华民族伟大复兴的中国梦相融合，未来积极投身新时代改革开放的伟大征程之中，并努力创造自己的美好生活。

四、教学实施过程

（一）启发式教学——何为美好生活

在教学过程的初始环节，教师首先引导学生结合实际生活体验和感悟，阐述对于美好生活的理解。通过师生分享交流，增强教学活动的代入感和现实感，同时为后续环节介绍改革开放带来的生活变迁做好铺垫。

（1）随机提问5～6位学生，请他们从不同角度分享自己对目前生活状态的评价及对理想生活的畅想。

（2）教师对学生的发言进行总结，提炼其中的共性特征与多元化特征。

（3）列举中国文化和古希腊哲学中对于美好生活的若干描述，引导学生从历史和文明的角度展开思考，并进行如下对比分析。

①中国文化中的美好生活：丰衣足食、彝伦攸叙、道法自然，既注重当下的美好生活，也注重蕴含个人的主体性、自觉性、能动性和创造性的美好生活。

②古希腊哲学中的美好生活：幸福是与理性相一致的，理性内在于美好生活的普遍理想。

（4）展示一些影视剧、综艺节目、时尚品牌和典型人物对于美好生活的诠释，引导学生从多个层面体会美好生活的内涵，向学生直观展现"日益增长的美好生活需要"这一理论命题背后的现实特征。

（5）介绍关于美好生活的一些代表性学术观点，将现实问题进行理论升华。

①在某种程度上，一种美好生活会让一个人自由地发展，充分地成为他自己。

②好的人际关系使我们变得更加幸福健康。

（6）阐述美好生活的崭新图景："自由人联合体"——涵盖丰富的物质生活、高尚的精神生活、和谐的生态生活的统一整体。

（7）聚焦党的十九大提出的理论观点：我国社会主要矛盾已经转化为人民日益增长的美好生活需要和不平衡不充分的发展之间的矛盾。进入新时代，人民对美好生活的需要日益广泛，不仅在物质文化生活方面提出了更高要求，而且在民主、法治、公平、正义、安全、环境等方面的要求也日益增长。

通过多维度的诠释和讨论，使学生能够把握"美好生活"的时空坐标，深刻理解美好生活的历史性、现实性、人民性、根本性、全面性、发展性、世界性和创造性。

（二）讲授——改革开放的缘起

考虑到改革开放以来中国经济社会发生了巨大变化，青年学生的成长环境与改革开放之前相比存在时代差异，因此本教学环节在设计上以引入视频、数据、图表等素材的讲授为主，使学生通过鲜明的数据对比产生"震撼感"与"冲击感"，从而形成对改革开放伟大成就的深刻认识。

（1）播放影视作品《我们走在大路上》关于小岗村和中国共产党第十一届中央委员会第三次全体会议的片段节选。

（2）展示1978年12月24日人民日报头版文章《中国共产党第十一届中央委员会第三次全体会议公报》，并向学生提问：中国进行改革开放的主要原因有哪些？

（3）从国际背景、国内形势、历史经验、客观规律四个方面对改革开放的原因进行分析。

①国际背景。立足于第三次工业革命的背景，介绍20世纪70年代后期各国经济的横向对比情况；展示1978年世界主要国家和地区的人均GDP及其排名。

②国内形势。概括官方资料中对当时经济、思想、人民生活等方面的描述。

③历史经验。通过讲授全球化的历史进程，重点聚焦于中国发展与全球化之间的互动

关系，引导学生理解"开放带来进步、封闭必然落后"的历史经验。

④客观规律。从信息机制和激励机制两方面讨论计划经济的内在缺陷，同时分析市场经济的优势与缺陷，从而引出改革开放的一个重要主线：处理好政府与市场的关系。

（4）小结与思考。教师提问：有观点认为，由于大数据让预判和计划都成为可能，因此我们需要对计划经济和市场经济进行重新定义，市场经济不一定比计划经济更好。同学们是否同意这一观点？

通过思考和讨论环节，进一步加深学生对于"为什么要改革开放""为什么要持续深化改革开放"等问题的认识，使学生能够从历史的角度理解"使市场在资源配置中起决定性作用和更好发挥政府作用"的深刻内涵。

（三）互动讨论——改革开放创造美好生活

在学生已经充分理解"美好生活"内涵与改革开放缘由的基础上，完成课程"拼图"的最后一块，即在总体上厘清改革开放与美好生活之间的因果关系。该环节以讨论式教学为主，目的是激发学生自主思考、强化学生的思想认识。

（1）播放纪录片《我们一起走过——致敬改革开放40周年》节选片段，展现改革开放以来人们衣食住行的若干典型变化。

（2）依次展示1978—2019年中国GDP占世界比重、人均GDP、城乡居民人均可支配收入、社会消费品零售总额、城镇化水平、人均能量摄入量等图表，要求学生阐述数据变化所反映出的客观事实，并定量分析各个层面的变化。

（3）观点辨析。列举部分西方学者对改革开放的质疑，引导学生依据定性和定量的事实思考这些观点存在的谬误。

（4）教师小结。改革开放为什么能够创造美好生活？习近平总书记《在庆祝改革开放40周年大会上的讲话》中提出了九条成功经验。

①必须坚持党对一切工作的领导，不断加强和改善党的领导。

②必须坚持以人民为中心，不断实现人民对美好生活的向往。

③必须坚持马克思主义指导地位，不断推进实践基础上的理论创新。

④必须坚持走中国特色社会主义道路，不断坚持和发展中国特色社会主义。

⑤必须坚持完善和发展中国特色社会主义制度，不断发挥和增强我国制度优势。

⑥必须坚持以发展为第一要务，不断增强我国综合国力。

⑦必须坚持扩大开放，不断推动共建人类命运共同体。

⑧必须坚持全面从严治党，不断提高党的创造力、凝聚力、战斗力。

⑨必须坚持辩证唯物主义和历史唯物主义世界观和方法论，正确处理改革发展稳定关系。

（四）课堂总结环节

（1）总结与升华。实践证明，改革开放是党和人民大踏步赶上时代的重要法宝，是坚持和发展中国特色社会主义的必由之路，是决定当代中国命运的关键一招，也是决定实现"两个一百年"奋斗目标、实现中华民族伟大复兴的关键一招。

（2）后续章节安排。后续课程将以改革开放总体进程为主线，具体讨论改革开放和社会主义市场经济建设过程中的若干核心议题及其与美好生活之间的内在关系和经济学逻辑。要求学生提前查阅农村改革的相关资料。

（3）布置课后作业。观看《我们走在大路上》第八集——伟大转折，并在下次课分享观后感。

五、案例反思

（一）教学中存在的问题

（1）作为一门开设时间不长的通识选修课，选修本课程的学生的专业背景和年级层次差异化程度较高，因此在有效把握知识深度与学生普遍接受度之间的平衡方面，还存在一定的优化空间。

（2）由于本课程选修学生数量较多，尽管教师在教学过程中加入了大量的互动讨论，但进行全覆盖的过程考核在客观上仍存在一定的难度，因此在最终的成绩判定中，期末课程作业仍占有较大比重。

（二）改进思路

（1）教师要加强与不同专业学生的课后交流，根据反馈不断优化调整教学内容和细节安排，根据不同层次的学生特点增加更多元化的教学素材，持续激发学生的学习兴趣。

（2）拟聘请1～2名研究生助教，加大平时作业和课外研读的比例，以便全面、及时地识别每个教学阶段学生思想认识的变化情况。

六、教学效果

本课程目前已完成三个学期的完整教学实践。从各方面反馈来看，本课程取得了良好的教学效果。

（1）校、院两级教学督导员多次随堂听课，对课程融入思政育人的方式和效果给予充分肯定，对教学内容的展现形式也给予了较高评价。

（2）课程得到学生的认可。作为一门选修课，每个教学班的学生规模都超过了100人。从课程论文的情况来看，绝大部分学生对于改革开放的伟大成就有了更加清晰、深刻的认识，并且能够较好地将经济学基本原理与中国改革开放的具体实践相联系。

（3）本门课程被推选为我校面向华中农业大学学生开设的跨校选修课，课程受到了兄弟院校学生的欢迎，每次开课都有 110 ～ 120 人选修。从课后与学生交流的情况来看，许多理工科专业的学生对于中国经济发展的现实问题也有了更多的了解和关注。

参考文献

《巨变：改革开放 40 年中国记忆》编写组，2018. 巨变：改革开放 40 年中国记忆 [M]. 北京：新华出版社 .

迟福林，2018. 伟大的历程：中国改革开放 40 年实录 [M]. 广州：广东经济出版社 .

从"云端"走入"心坎",立德树人润物无声

工商管理学院 邓爱民

 **案例概述**

在课程思政的建设过程中,"现代旅游发展导论"始终秉承"课程承载思政"和"思政寓于课程"的理念,站在为国家培养接班人和建设者的高度,立足国际视野,将家国情怀、民族复兴和社会责任融入教学中,不断优化课程设计,合理嵌入思政新元素,在传授专业知识的同时完成对学生理想信念层面的精神指引,以符合新时代德才兼备人才培养的基本要求。本课程以"乡村旅游"为教学内容,在讲述乡村旅游的发展现状和前景时,结合国家脱贫攻坚政策,帮助学生理解"旅游+扶贫"的发展模式,并借此引导学生增强爱国情怀与社会责任感,勉励学生从自身做起、从点滴开始,努力成长为有大爱大德大情怀的有用青年。

一、基本信息

课程名称:现代旅游发展导论

授课对象:旅游管理专业二年级学生

学习章节:第四章 乡村旅游

使用教材:《现代旅游发展导论》,邓爱民,华中科技大学出版社

教学课时:4课时

二、课程思政教学整体设计思路

旅游扶贫是精准扶贫的一种有效途径,是一种"授人以渔"的扶贫方式。通过学习"乡村旅游+旅游扶贫",学生不仅可以掌握乡村旅游的内涵和发展模式,还可以深刻认识习近平总书记扶贫开发战略思想的时代贡献。本课程把理想信念、职业道德等思政元素纳入课程教学之中,采用多媒体教学,组织学生讨论、互动,以培养学生独立思考、语言表达及人际交往的能力。在进行旅游扶贫案例的讲解时,通过融入理想信念层面的精神指引,实现"实现立德树人,培养时代新人"的目标。本课程不仅重视专业知识和技能考核,还重视德育考核,教师通过学习小组讨论、课外实地调研等方式对学生进行

学习成效考核，以强化课程的德育功能。

三、教学目标

（一）课程教学目标

将"旅游扶贫"这一精准扶贫政策融入教学过程，在讲述乡村旅游的发展现状和趋势时，突出乡村旅游在旅游扶贫工作中的重要作用，让学生在接受专业知识的同时了解国家相关发展政策；同时引导学生将理论与实际相结合，探讨旅游活动中的乡村文化现象，掌握乡村旅游规划与开发过程中需要注意的事项，从而提高学生的理论水平和科研创新能力。

（二）思政育人目标

深挖课程的思政元素，立足旅游学科的视野、理论和方法，将习近平新时代中国特色社会主义思想融入课程教学，推进专业教育和思政教育的有机统一。将学科知识与国家重大发展战略紧密结合，打破思政教育与专业教育相互隔绝的状态，从素质教育视角培养具有职业素养及强烈爱国情怀的优秀旅游人才，助力乡村振兴。

四、教学实施过程

本课程通过追溯乡村旅游诞生的过程，介绍乡村旅游的特点、现状和发展趋势，以及贫困地区发展乡村旅游的注意要点；依托乡村旅游相关知识点的介绍和分析，把价值观融入课程，将"美丽中国"建设、脱贫攻坚政策及爱国情怀传递给学生。教学实施过程包括课堂导入、教学内容讲解、讨论与反思、课堂总结、户外实地调研等五个环节。在教学过程中，教师综合运用理论授课、案例分析、结构化研讨等教学方式。

（一）课堂导入

课堂导入的成与败将直接影响整个课堂教学效果。本次课堂将从国家关于乡村振兴的一系列重要政策引出乡村旅游的重要使命。从陕西袁家村、湖南十八洞村、贵州西江千户苗寨等乡村旅游的成功经验，引出乡村旅游能够带动贫困地区走上脱贫致富的道路，从而切入本次课堂教学的主题。

（二）教学内容讲解

1. 乡村旅游的概念

乡村旅游是指以农村社区为活动场所，以乡村田园风光、森林景观、农林生产经营活动、乡村自然生态环境和社会文化风俗为吸引物，以都市居民为目标群体，以领略农村田野风光、体验农事生产劳作、了解风土民俗和回归自然为旅游目的的旅游方式。通过播放与乡村旅游相关的教学视频，让学生直观地感受乡村旅游的魅力及发展前景，从而激发学生的学习热情。

2. 乡村旅游的发展历史

（1）国外乡村旅游发展历史（结合时代背景，具体案例分析）

1865年，意大利"农业与旅游全国协会"的成立标志着乡村旅游的诞生。国外乡村旅游的类型主要有农业旅游、农庄旅游、绿色旅游、偏远乡村的传统文化和民俗文化旅游、外围区域的旅游等。结合时代背景，通过案例分析，总结国外乡村旅游发展对国内乡村旅游发展的经验借鉴与启示。

（2）国内乡村旅游发展历史

结合我国经济社会发展的时代背景，介绍乡村旅游发展各阶段的特征、标志性事件、发展成效等，使学生较为全面地了解国内乡村旅游的发展史。

①初创阶段：1980—1994年，农家乐兴起。

②全面发展阶段：1995—2001年，乡村假日经济。

③纵深发展阶段：2002—2006年，关注"三农"问题。

④可持续发展阶段：2007年至今，产品转型、产业升级。

3. 乡村旅游发展现状

重点讲解乡村旅游的五种发展模式：一是大城市近郊的"农家乐"；二是高科技农业观光园；三是农业新村（其特点是经济发达、乡村城镇化，在发展中有意识地使本村成为有特色的目的地）；四是古村落；五是农业的绝景和胜景（如桂林的龙胜梯田和云南的元阳梯田等）。分别介绍五种模式的优势、劣势，总结不同模式发展过程中的经验与教训。

4. 乡村旅游发展趋势

结合国家政策趋势及人们对美好生活的需求变化趋势，总结归纳国内乡村旅游未来的发展趋势。同时，结合我国的发展实际强调说明，未来的乡村旅游发展应以休闲度假游为重点，乡村地区要重点挖掘"乡村休闲、生态野趣、民俗风情、康养度假"等特色旅游产品。

5. 乡村旅游与旅游扶贫

剖析习近平总书记扶贫开发战略思想的丰富内涵；分析乡村旅游对推动脱贫攻坚，实现全国同步全面建成小康社会的战略性意义。使学生在明确乡村旅游重要性的同时，进一步增强其专业自豪感与责任感。

（三）讨论与反思

为进一步深入学习习近平新时代中国特色社会主义思想，加深学生对乡村旅游教学内容的理解，使学生掌握如何立足本地资源禀赋、区位条件、文化特色、目标市场制订乡村旅游规划，增强学生的爱国情怀和社会责任感，本次课程提出以下三个问题，供学生讨论与反思，讨论结束后任课教师进行点评与总结。

问题1：乡村旅游与乡村振兴的内在关系是什么？

问题2：在乡村旅游开发过程中，如何贯彻落实习近平总书记提出的"绿水青山就是金山银山"理念？

问题3：乡村旅游与乡村扶贫怎样才能完美结合？

问题1的目的是使学生更加深刻地理解课堂学习的具体内容，认识乡村旅游的重要性，以及厘清乡村旅游与乡村振兴两者之间的内在逻辑关系。问题2、问题3起到延伸拓展的作用，通过进一步切入思政育人要点，培养学生树立正确的生态观念，增强学生的社会责任感，使其更加深刻地认识到他们在乡村振兴过程中的责任与担当。

（四）课堂总结

对课堂讲授内容进行归纳与总结，并与课堂导入内容相呼应，进一步强化思政育人的目标，使学生明确本专业的社会价值，并认识到旅游专业人才的社会责任与担当，从而立志为乡村振兴、建设"美丽中国"做出贡献。

（五）户外实地调研

本次课程注重培养学生的实践创新能力，在课堂授课结束后将另外安排时间组织学生开展户外调研活动。调研活动将借助旅游管理系的"田野党建""田野课堂"系列活动，带领学生走进深度贫困地区和革命老区，使学生充分了解贫困地区的发展现状、明白旅游扶贫的重要性，增强学生的社会责任感，引导学生为实现乡村振兴贡献自己的力量。

五、案例反思

"现代旅游发展导论"作为专业核心基础课程，在专业人才培养中担负着基础性、系统性及理论性的作用。本课程将乡村旅游作为教学内容，通过深入学习习近平新时代中国特色社会主义思想和"两山论"等政策理论知识，将乡村旅游与乡村脱贫致富、乡村振兴、建设"美丽中国"等我国乡村发展的实际紧密联系，真正实现了将思政教育融入教学过程，在"学、思、行"中培育适应时代发展的德才兼备新人才，对未来的思政课程建设有着重要的现实意义和启示作用。

（一）教学改革需结合专业特色

"课程思政"是以人的全面发展为根本目的，以思想道德素质为核心和灵魂的。在课程教学过程中教师一定要紧密结合专业特色，制订详细的教学改革方案，营造轻松、自由的学习氛围，有目的、有计划、有实效地对学生进行思想政治教育，提炼专业课程中的思政元素和文化元素，开发有温度的思政课。

（二）立德树人需体现时代特色

"课程思政"要求教学工作从"育人"的本质要求出发，把"立德树人"作为教育的根本任务。教师在开展"课程思政"建设工作时，要紧紧围绕当下热点问题和时代趋势，在专业课程中有机融入习近平新时代中国特色社会主义思想、国家重大发展战略及社会主义核心价值观等内容与元素，实现专业知识教育和思想道德教育的有机融合。同时，在精神层面，教师要注重在知识点讲授中有意识地对学生进行中国精神、科学精神、创新精神的塑造。

（三）教学方式需与时俱进

"课程思政"建设必须要充分结合课程特点，其教学方式要适应信息时代的变化，授课方式应根据教学内容的不同而进行相应的调整。教师可以开展专题讲座和调研实践等开放性活动，也可以在传统课堂理论教学的基础上，开发一系列特色实践课程。教师通过讲授乡村振兴、脱贫攻坚等国家战略，并结合"田野党建"活动，在提高学生专业素养的同时，提升学生的爱国情怀、增强学生的社会责任感。

六、教学效果

（一）专业素质方面

通过本课程内容的学习，学生掌握了乡村旅游的内涵，了解了国内外乡村旅游发展现状和乡村旅游发展趋势，熟悉了乡村旅游的起源及发展阶段，并且能够做到理论联系实际，能分析旅游活动中的乡村文化现象。本课程重视授课过程中的价值导向，将美丽中国、精准扶贫、文旅融合与全域旅游等旅游发展新思想、新理念贯穿课堂教学的全过程，使学生熟悉旅游扶贫相关的国家政策和专业践行方式，鼓励学生将课程成果转化为竞赛作品，学生多次获得全国大学生挑战杯奖励，并入选文化和旅游部万名旅游英才计划、学生创新创业计划，专业素质得到了极大提升。

（二）政治育人方面

本课程从家国情怀、社会责任和职业道德等方面，将乡村旅游理论知识与思想政治教育有机融合，引导学生树立正确的世界观和人生观，提高思想觉悟，坚定政治立场，强化政治感悟。本课程的课外实践活动使学生对中国的国情、乡情有了更加深刻的认识，进一步坚定了"四个自信"。

（三）人文修养方面

为推进课程思政建设，本课程以立德树人作为最终目标，发挥理论传播、思想引领、价值引导、精神塑造等育人作用。在讲授"乡村旅游"教学板块的知识时，教师结合旅游扶贫、美丽中国和乡村振兴等政策讲授国内外乡村旅游发展历程和趋势等知识点，不仅提高了学生的人文素养，还提升了学生的家国情怀、民族自豪感、社会责任感和专业自信。

（四）服务社会方面

本课程充分发挥学科优势和课程特色，以旅游管理系的"田野党建""田野课堂"系列活动为教学载体,由任课教师带领学生深入贫困乡村、田野山头,倾力打造"智力扶贫""教育扶贫""宣传扶贫"的新高地,为解决社会矛盾、预防社会问题、改善民生提供了"中南大"的智力支持,为乡村振兴、建设"美丽中国"贡献出一份力量。

参考文献

万君,张琦,2021. 十八大以来绿色减贫的成就以及对乡村振兴的启示 [J]. 石河子大学学报(哲学社会科学版),35(2):21-30.

刘芬,段铁梅,彭分文,2021. 基于"三位一体"的旅游政策与法规课程思政体系构建探究 [J]. 湖南人文科技学院学报,38(2):120-124.

邓爱民,龙安娜,2021. 乡村旅游可持续发展路径创新与政策协同研究 [M]. 北京:中国旅游出版社.

从"课堂"走向"田间":贫困治理的中国故事

工商管理学院 吴海涛

 案例概述

本课程坚持以人为本的育人理念,强调人文底蕴、科学素养和农本精神,注重学识、能力、素质"三位一体"的综合培养目标,通过课堂教学,资料搜集、整理和展示及实践调研等环节,使学生充分认识到中国反贫困事业取得的巨大成就,深刻体会习近平新时代中国特色社会主义思想的时代意义、理论意义、实践意义、世界意义,系统理解这一成就背后的中国特色社会主义道路、理论、制度、文化优势。本课程结合学科特点,将思想政治教育贯彻到课堂教学和课外社会实践之中,培养学生树立正确的世界观、人生观、价值观,引导学生坚定"四个自信"。

一、基本信息

课程名称:农业政策学

授课对象:农林经济管理专业三年级学生

学习章节:第十四章 第三节 中国农村扶贫政策

使用教材:《农业政策学》,钟甫宁,中国农业出版社

教学课时:6课时

二、课程思政教学整体设计思路

本课程思政教学整体设计按照"四个一"展开。

(1)坚持一个思想——习近平新时代中国特色社会主义思想。本课程通过系统讲述党中央实施的一系列扶贫政策及习近平总书记关于扶贫工作的重要论述,将习近平新时代中国特色社会主义思想有机融入专业课程教学的各环节。

(2)运用一个方法——马克思主义世界观和方法论。本课程以中国农村扶贫政策为典型案例,在引导学生分析问题的过程中,始终坚持马克思主义世界观和方法论,使学生充分认识中国反贫困事业取得的巨大成就,深刻体会习近平新时代中国特色社会主义思想的

时代意义、理论意义、实践意义、世界意义，系统理解这一成就背后的中国特色社会主义道路、理论、制度、文化优势。

（3）解决一个问题——专业课程教学与立德树人根本任务有机融合。中国的反贫困事业为世界反贫困做出了巨大贡献，本课程以中国农村扶贫政策为典型案例，使学生深刻体会中华民族摆脱贫困、重回世界舞台中心之坚定信心，培养学生树立正确的世界观、人生观、价值观，引导学生坚定"四个自信"。

（4）形成一个体系——完整包含教学方法、教学手段、教学内容、教学途径、教学评价、教学反馈等要素的课程思政教学体系。通过本课程思政案例教学的探索与实践，形成要素完整的可复制、可推广的专业课课程思政教学体系。

三、教学目标

（一）课程教学目标

本课程秉承"致力农本精神之弘扬、培养善治'三农'之人才"的教学理念，以"中国扶贫政策"为主题，全面回顾中国扶贫政策的实施历程，重点梳理改革开放以来中国扶贫政策的演变逻辑，客观评价和分析中国扶贫政策的效果和世界贡献，使学生从原理上了解中国农村扶贫政策是什么（政策内容）、为什么（政策目的）、怎么做（政策实施）和怎么样（政策评估）等基本理论问题，引导学生坚定"四个自信"。

（二）思政育人目标

通过中国农村扶贫政策案例的分享和实践教学，深入挖掘专业知识点与立德树人根本目标的契合点，积极探索"专业课程"和"思政课程"协同前行的有效路径，实现课堂学习与"三农"问题的有效对接，加深学生对党的"三农"政策特别是习近平总书记关于扶贫工作重要论述的理解，从而全面提高学生缘事析理、明辨是非的能力。培养学生成为德才兼备、全面发展的"三农"事业建设者和接班人，把爱国情、强国志、报国行自觉融入坚持和发展中国特色社会主义、建设社会主义现代化强国、实现中华民族伟大复兴的奋斗之中。

四、教学实施过程

（一）中国农村贫困问题

【引入】以世界顶级学术期刊 *Science* 所提出的问题作为本节课的引言，从而引发学生对贫困问题的思考。2016 年 7 月，在 *Science* 创刊 125 周年之际，杂志社总结并公布了科学界当前面临的 125 个最具挑战性的问题，其中第 119 个问题是"为什么改变撒哈拉地区贫困状态的努力几乎全部失败？"与该问题形成鲜明对比的是，作为世界第一人口大国的中国，在过去 40 多年里取得了农村贫困人口全部脱贫的伟大成就。

【提问】同学们知道关于我国 1978 年以前贫困问题的情况吗？

【讲授】带领学生回忆 1978 年以前的中国农村贫困问题。引导学生正确认识我国 1978 年以前经济发展水平相对较低的事实，体会当前国家经济高速发展的来之不易，引导学生坚持拥护党的领导，努力为社会主义建设贡献力量。

让学生观察和分析我国"1954—1982 年农民每日营养摄入量""1973—1977 年年均粮食分组统计表""1978—2017 年中国农村贫困发生率""1978—2016 年农村居民人均收入""中国扶贫成就的国际比较"等重要图表。

【提问】这些表格反映了我国扶贫的哪些成就？

引导学生思考这些成就的取得与党和国家的正确领导密不可分，这些成就凝集了中国共产党几代领导人的辛苦付出。

【总结】消除贫困、改善民生、逐步实现共同富裕，不仅体现着社会的良心和公平正义，还事关全面建成小康社会，事关增进人民福祉，事关巩固党的执政基础，事关国家长治久安，是社会主义的本质要求和中国共产党的重要使命。

设计目的：以 Science 提出的问题为切入点，唤起学生对贫困问题的关注，使学生了解我国 1978 年以前的贫困状况，以及党和国家在扶贫领域所做的努力和贡献。

（二）中国扶贫政策阶段性演变

【引入】贫困问题是世界各国政府和相关国际组织关心的重要议题。改革开放以来，中国农村扶贫政策经历了体制改革下的救济式扶贫阶段（1978—1985 年）、大规模的开发式扶贫阶段（1986—1993 年）、扶贫攻坚阶段（1994—2000 年）、参与式扶贫开发阶段（2001—2012 年）、精准扶贫阶段（2013 年至今）五个阶段。随着改革开放后经济的高速发展和国家对农村地区扶贫开发力度的不断加大，我国贫困人口数量快速减少。我国于 2021 年消除了绝对贫困，取得了脱贫攻坚战的全面胜利。

【提问】同学们对我国扶贫政策的历史演变有哪些了解？

【讲授】总体讲授体制改革下不同扶贫阶段的主要特征、瞄准区域、重点措施等。

【提问】从我国扶贫政策的历史演变中，同学们知道了党和国家始终贯彻为人民服务的宗旨，关心困难群众，坚持立党为公、执政为民的执政理念，那么请同学举例说一说身边的扶贫案例？可以是自己看到的或者是听长辈讲过的。

【点评】完成脱贫攻坚任务，应坚持以人为本、执政为民的理念，调动最广大人民群众的积极性、主动性、创造性，团结汇聚最广泛的智慧和力量，尽一切努力，让贫困群众实现脱贫致富，与大家共同富裕。

【讲授】分别讲授前四个阶段扶贫政策出台的政策背景、制度安排、政策配套及实施成效。

引导学生认识到这些政策的高效落实和实施，体现了社会主义的制度优势，这些扶贫的成就反映出坚持党的领导可以集中力量办大事。

【讲授】重点讲授精准扶贫阶段党和国家在脱贫攻坚方面所做的努力及中国反贫困为全球反贫困事业贡献的中国智慧，包括反贫困思想、方案与经验等。

引导学生深刻认识到我国脱贫攻坚取得的伟大成就体现了习近平新时代中国特色社会主义思想在扶贫领域的指导作用。

【总结】归纳总结40多年来我国扶贫工作的基本经验，其中最为重要的就是坚持党的领导、发挥制度优势。

设计目的：通过全面回顾中国扶贫政策的实施历程，重点梳理改革开放以来中国扶贫政策的演变规律，特别是党的十八大以来脱贫攻坚政策的内在逻辑，客观评价和分析中国扶贫政策的效果和世界贡献，引导学生深入理解习近平新时代中国特色社会主义思想及与"精准扶贫"相关的重大决策，切实体会我党执政为民的理念，从而培养学生为人民服务、建设社会主义家园的情怀。

（三）2021年以后中国贫困治理的方向

【引入】2021年，中国向全世界宣布：中国消除了绝对贫困。这是否意味着中国贫困问题就此解决？答案是否定的。发达国家的人均福利水平远远超过了中国，但是贫困依然存在，这意味着尽管中国现行标准下的绝对贫困已消除，但是中国未来依然面临着新的贫困问题。

【提问】2021年以后贫困问题会如何表现？

【讲授】中国贫困问题从绝对贫困向相对贫困转型，从单一维度经济贫困向多维度贫困转型，从普遍性贫困向特殊类型贫困转型，从农村贫困向城市贫困扩展。重点讲述相对贫困、多维度贫困、能力贫困、权利贫困等贫困类型的具体表现。

【引导学生思考】如何有效治理相对贫困？

【总结】相对贫困治理需要依据"共治共建共享"思想建立协同治理机制，这要求政府、市场、社会组织、民众等多元主体共同参与相对贫困治理，体现"共"的深刻内涵。

（四）课外实践巩固

教师利用暑期带领学生深入农村贫困地区，通过现场观察、关键知情人座谈、入户调查，让学生亲身了解中国农业政策的具体执行情况，特别是了解农村扶贫政策在促进贫困户脱贫致富中发挥的重要作用，鼓励学生勇于发现政策执行中可能存在的问题，并提出相关的对策建议，从而达到进一步巩固课堂教学效果的目的。以"田野思政"的形式，进一步提升学生的农本精神，培养学生扎根乡土、弘扬农本的精神，以及为农业、农村、农民服务和奉献的思想和情怀。

五、案例反思

本课程内容生动、翔实，具有重要的启发和教育意义，但仍存在进一步提升的空间。第一，对微观现象的解释需要进一步深化。本课程的设计主要是通过宏观数据（如全国的贫困率）向学生展示多年来我国在扶贫方面取得的巨大成就，在以后的案例教学中可以融入更多的微观指标来展示我国居民生活水平的改善，如人均可支配收入、学前儿童入学率、居民医疗保险的覆盖率等。第二，城镇化所带来的农村转移人口的贫困问题需要关注。随着中国经济社会的发展，以及乡村振兴战略的实施，农村居民的生活水平得到了很大的改善，但是在城镇化过程中某些农村转移人口的贫困问题却日益突出，未来如何改善这些贫困群体的生活也是政策关注的重点。

六、教学效果

（一）实现了专业课程教学与立德树人的有机结合

教师不仅在课堂教学中深入挖掘思政元素，积极宣讲和分析党的"三农"政策和"三农"理论，还围绕脱贫攻坚、乡村振兴、生态文明建设等主题，坚持每年组织学生开展大规模的田野调查研究，带领学生奔赴全国各地的贫困地区，获得大量的第一手数据和资料，并指导学生依据调研资料和心得撰写相关调研报告和毕业论文。通过开展专业课程思政教学改革，使学生在掌握了农业政策学基本理论和基本原理的基础上，对党的"三农"政策的认识更加透彻、理解更加深刻、运用更加娴熟，真正实现了专业课程教学与立德树人的有机结合。

（二）形成了专业课程思政教学的基本模式

通过开展专业课程思政教学改革，充分发挥了专业课程思政教学的育人作用，以习近平新时代中国特色社会主义思想为引领，加强了课程教材、学生课堂、学术研讨及各类思想文化阵地的建设管理，形成了党建引领人才培养的长效机制，培育出校内校外相结合、理论与实践相结合的"党建+人才培养"模式。这种将思政教育与专业课程教学紧密结合的教育模式具有较好的学术价值和应用价值。

高高飘扬在社区的党旗
——基层党组织引领非正式组织、社会组织和商业企业的抗疫实践

工商管理学院 石军伟 刘文通

 案例概述

"管理学"是管理学科的基础课程、主干课程。本课程旨在拓宽学生知识储备，培养具有管理能力、中国情怀、国际视野和时代精神的新时代"经管法融通"的复合型人才。本课程自主开发了社区基层党组织引领非正式组织、社会组织和商业组织有效抗击新冠肺炎疫情的教学案例，通过多媒体展示、小组提案、圆桌论坛、与模范对话等形式，极大地拓展了管理学的应用范围，为管理学理论体系注入鲜明的中国经验，使学生更加深刻地领悟伟大抗疫精神，更加深刻地理解基层党组织如何动员、激发、组织各类型组织为高效的社区抗疫注入强大的群众力量，引导学生尊重生命、增强社会责任感，培养学生形成健全的人格。

一、基本信息

课程名称：管理学

授课对象：工商管理类专业一年级学生

学习章节：第三篇 第六章 组织设计

使用教材：《管理学》,《管理学》编写组，高等教育出版社

教学课时：3课时

二、课程思政教学整体设计思路

（一）教学思路定位

深入学习伟大抗疫精神，探求党组织如何动员、引领和协调各方力量，集中力量办大事，从重大社会实践中汲取管理学的知识与宝贵经验，是我们组织此次"管理学"思政案例教学的主要目的。

（二）教学整体设计思路安排

以抗疫中的真实案例为蓝本，结合管理学经典理论，引导学生认识到党组织是灯塔、是催化剂、是护航人，而以非正式组织为代表的其他各类组织是党的方针、路线的传播者和践行者。动员、引领、协调不同组织参与到抗击新冠肺炎疫情中来，是党领导能力、应对能力、决策能力、组织动员能力的生动体现，突出了中国治理体系和治理能力的优势和潜力，体现了中国特色社会主义制度的优越性，彰显习近平新时代中国特色社会主义思想的实践价值。教学方法见图1。

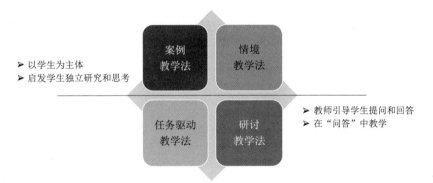

图1 教学方法

本次课程分为四大板块，如图2所示，分别是知识导入、案例启迪、模范对话和主题升华。

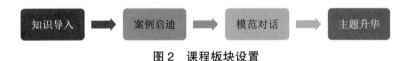

图2 课程板块设置

三、教学目标

（一）课程教学目标

本课程教学目标如下（图3）。

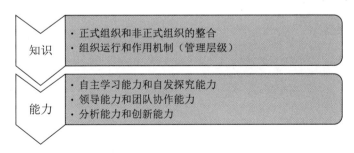

图3 教学目标

1. 知识维度

①掌握正式组织、非正式组织的定义、活动和区别。

②理解管理幅度的定义；思考和掌握管理设计的影响因素；理解职权的定义、来源、形式；思考和掌握组织设计中的授权问题。

2. 能力维度

①培养学生自主学习和自发探究的能力。

②培养学生的表达能力、沟通能力、小组协作能力和领导能力。让学生不再只重视书本知识，而是从更高层次学习和掌握技能。

③通过社区抗疫实践案例，培养学生将管理学的知识与理论有效运用到重大社会事件或公共事件管理过程中的综合能力，包括学习能力、分析能力、创新能力等。

（二）思政育人目标

①领悟党组织的领导力与伟大抗疫精神。

②坚信"中国力量"，厚植"爱国、爱党、爱人民"的情怀。

③更加深刻地理解基层党组织是如何动员和激发各类型组织，为高效的社区抗疫注入强大的群众力量的。

④强化学生对党组织领导角色的心理认同感。

四、教学实施过程

本课程教学环节如图 4 所示。

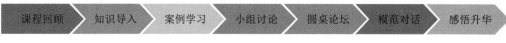

图 4　课程教学环节

（一）第一部分：课程回顾与知识导入（路线图如图 5 所示）

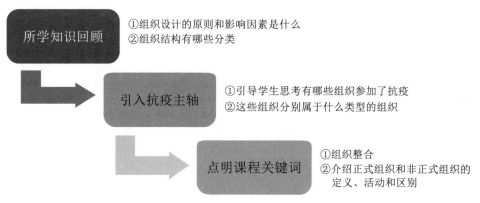

图 5　课程回顾与知识导入路线图

（二）第二部分：案例学习（路线图如图6所示）

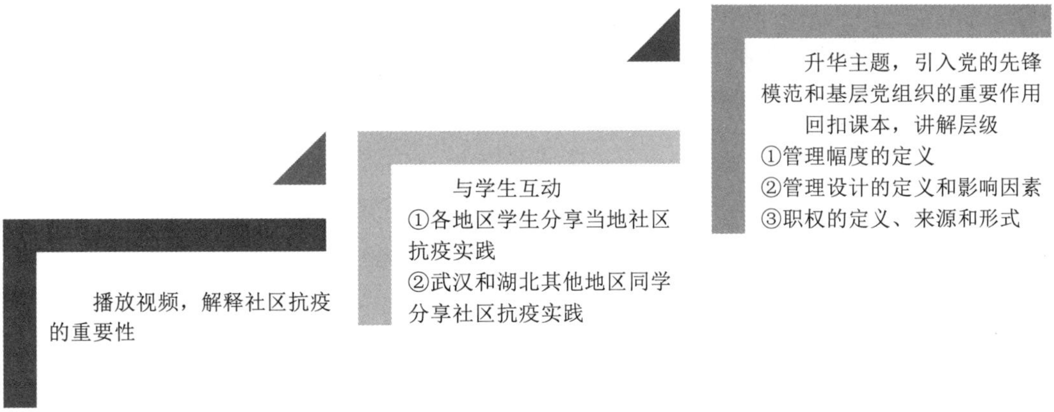

播放视频，解释社区抗疫的重要性

与学生互动
①各地区学生分享当地社区抗疫实践
②武汉和湖北其他地区同学分享社区抗疫实践

升华主题，引入党的先锋模范和基层党组织的重要作用
回扣课本，讲解层级
①管理幅度的定义
②管理设计的定义和影响因素
③职权的定义、来源和形式

图6 案例学习路线图

（三）第三部分：案例讨论步骤安排及教学要点

1. 第一课时

①解释社区抗疫的重要性，播放社区基层抗疫视频短片，引入案例。

②视频结束后与学生互动，并讲解层级、管理幅度、职权等知识点。

由来自不同地区的学生介绍在他们生活的社区都有哪些具体的抗疫实践。根据学生的讲述，向学生传递社区抗疫作为抗击新冠肺炎疫情战线的"最后一千米"，基层社区党组织和社工在抗疫过程中的使命与艰辛，并讲解层级、管理幅度和职权等。

2. 第二课时

第一步，小组讨论（小组讨论路径图如图7所示）。

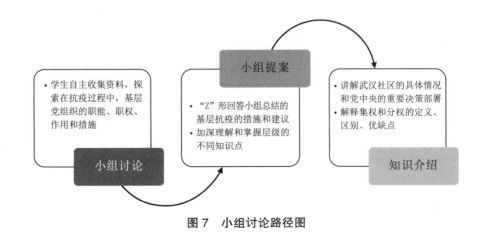

图7 小组讨论路径图

第二步，圆桌论坛（圆桌论坛路径图如图8所示）。

| 介绍最新的非正式组织的定义 从资源的角度探讨非正式组织面临的挑战 | 介绍正式组织和非正式组织为什么整合，如何整合 通过圆桌论坛的形式，探讨基层党组织如何引领和协调其他组织，解决困难，抗击疫情 | 总结答案，介绍科技抗疫，进一步讲解党的引领和协调作用 |

图 8　圆桌论坛路径图

3. 第三课时

第一步，模范对话。邀请"抗疫模范"百瑞景社区书记与学生对话。

第二步，感悟升华。回顾所学的知识点，对三节课所学知识进行总结。

第三步，升华主题。通过弹幕收集感悟，让学生做到真正的有所感悟，有所体会。

五、案例反思

本次课程旨在通过基层党组织抗击新冠肺炎疫情的实际案例，深化学生对于组织的理解和认知，使学生从更深层次掌握和思考组织的类型、运作机制，以及不同类型组织之间的作用机制。

在讲解每个知识点时，教师都会通过案例展示在这场抗疫战争中，基层党组织是如何保持模范带头作用，引领其他类型的组织以最高的效率、最高的热情投入到抗击疫情的最前线的；展示基层党组织作为抗击疫情的"最后一千米"，是如何利用自身资源和力量，协调不同类型的组织共同抗击新冠肺炎疫情，书写伟大抗疫精神的。

本课程利用多媒体展示丰富、翔实的案例资料，引导学生思考和重新认识基层党组织的重要作用。教师通过圆桌论坛倾听学生的理解和感悟。通过小组讨论和展示，让学生更加踊跃地参与到思政课堂中来，传递和分享自己的所知所想，将自己对基层党组织协调机制的理解阐述出来。通过视频连线的方式，让学生倾听基层社区党组织的抗疫模范的工作实践，从更深层次理解党员的模范带头作用和社区党组织的引领与协调机制。在课程的最后，让学生使用弹幕将自己的感悟和思考表达出来。

在接下来的教学中，我们将从主动邀请基层社区模范出发，让学生走出去，在社区中寻找答案。同时，本思政课程可以与管理学科其他课程有机联动，如战略管理、企业社会责任和商业道德、公共管理等，甚至可以与法学学科进行联动，使得学生能够将这门课的理论知识和对党建的认识运用到更多的地方。

六、教学效果

通过本次课程学习，学生不仅掌握了组织整合和作用机制的理论知识，还通过多频次、多方位、多角度的讨论、互动和探究，在实践中加深了对知识的学习和理解。本课程锻炼了学生及时运用所学管理学知识来分析社会生活中的重大问题或代表性问题的能力，而且为管理学理论体系添加了中国元素和中国力量,为"管理学"的马克思主义理论研究和建设工程重点教材提供了中国特色的代表性管理实践案例。

本课程深化了学生对抗击新冠肺炎疫情过程中党组织引领作用的思想认识,强化学生对党组织领导角色的心理认同感,使学生从宏观和微观的角度学习和感受到了中国共产党动员、激发和引领各类组织并进行统一部署的能力,增强了学生的自信心、自豪感、凝聚力和向心力。

本课程使学生认识到基层党组织是灯塔、是催化剂、是护航人,以非正式自治组织为代表的各类型组织是党领导力、应对力、组织动员能力的践行者和传播者,更深入地了解了中国治理体系和治理能力的优势和潜力,以及中国特色社会主义制度的优越性。

同时,本课程还拓展了管理学的应用范围,从传统的组织拓展到更广泛的非正式组织,丰富了教学内容,为完善学生的人格提供了教学实践案例。

杨东升,2020. 夯实社区治理网络 筑牢抗击疫情防线 [J]. 民生周刊(Z1):49-51.

基于游戏思维和现象教学法的课程思政教学典型案例

工商管理学院　吴英娜

 案例概述

　　游戏思维，简单说就是通过进阶式的学习累积学习的成就感。现象教学法强调由教师提供一种社会现象或者历史场景，师生一起制订一个具体的教学计划，其目的是鼓励学生在现象中，通过发现问题、认识问题和寻求问题的解决之道来提升立体思维能力。教师首先将桌游"卡坦岛"引入课堂，通过应用贸易理论复盘游戏，引导学生理解全球贸易结构的形成过程。然后由案例助教小组给学生讲解中国对外贸易结构近40年的演变历程，并根据小组讨论归纳中国在改革开放以前、改革开放至加入世界贸易组织前、加入世界贸易组织后这三个阶段的外贸结构特点，引导学生感受中国经济、社会、制度和文化等方面的发展成就。

一、基本信息

课程名称：国际贸易学

授课对象：工商国际班学生

学习章节：Chapter 5　Who gains and who loses from trade

使用教材：《国际贸易（英文版·第17版）》，托马斯·普格尔，中国人民大学出版社

教学课时：2课时

二、课程思政教学整体设计思路

（一）设计目标

　　本课程的设计目标为教学内容经典、教学形式活泼、教学效果突出。本课程力求用学生熟悉的思维方式授课，以加深学生对理论的学习和对实践的理解，并训练学生的批判性思维能力，提升学生从现象到本质的分析能力，培养学生树立社会主义核心价值观。

（二）设计原则

　　只有将教学内容与思政建设目标有机融合，才能使课程思政教学达到水到渠成的效

果。因此，设计教学内容的过程，就是通过合适的教学方法和教学活动设计将合适的思政建设内容与合适的课程内容进行匹配的过程。

（三）设计内容

改革开放是中国经济长期增长的原动力，在"国际贸易学"的教学中开展课程思政教学无疑具有天然优势。本思政教学案例设计包括四个方面的内容。

①确定和教学内容相匹配的思政建设目标。本课程的教学目标是用主流经济理论讲好中国故事，教师在应用赫克歇尔–俄林模型框架分析中国对外贸易结构的演进过程时，可以通过总结中国经济发展成就，增强学生的民族自豪感，引导学生坚定"四个自信"，因此本课程将"四个自信"确定为思政教学目标。

②确定和课堂内容相匹配的教学方法。要达到好的教学效果就需要考虑学生的学习特点和时代趋势，要避免传统说教式的课程思政，要让学生主动学习、主动分析、主动总结国家发展成就，从而在此过程中坚定"四个自信"。因此本课程基于小规模限制性在线课程、现象教学法和游戏教学法，以国际经济领域的重大经济现象和标志性经济事件为例，引发学生的研究兴趣。

③确定和教学方法相匹配的教学活动。合适的教学方法需要以合适的教学活动为载体，才能达到教学目标。本课程通过理论学习问答、口头展示、小组讨论，以及桌游等教学活动实现了师生的课上课下互动，实现了经济现象与相关课程知识点的联通，促进了学生学习态度和价值观的升华。

④对课程目标和思政目标的教学成效进行评价设计和结果收集。教学成效可通过课前学习、课堂活动和课后作业三种途径获得反馈。助教小组对案例现象的口头展示是否能够启发学生透过现象去思考？课堂上各小组的总结发言是否能够体现其价值观的升华？课后学生对桌游策略的复盘和课程主题的持续分析，是否能体现出与国家发展道路选择、发展理论、发展制度和文化之间的联系？

三、教学目标

（一）课程教学目标

在前几次课程中已经讲授了古典和新古典贸易模型，这次课程是对赫克歇尔–俄林模型实证检验相关内容的讨论。

①知识点掌握：回顾比较优势理论和要素禀赋理论（赫克歇尔–俄林模型）基本要点和分析框架，以及赫克歇尔–俄林模型对要素收入的理论解释。

②能力培养：根据样本国家的贸易结构和全球贸易结构情况判断赫克歇尔–俄林模型对贸易模式的解释力，分析现实贸易中的利益分配问题。

③素质培养：使学生了解中国对外贸易结构的演进历程及变化原因，引导学生从道路

选择、发展理论、制度设计和文化底蕴等方面解读中国对外贸易的发展。

（二）思政育人目标

①使学生能够用主流国际贸易理论讲好中国故事。

②使学生加深对中国经济社会发展内涵的理解，培养学生树立政治意识、大局意识、核心意识、看齐意识，坚定"四个自信"。

四、教学实施过程

（一）贸易理论复习（15分钟）

表1 贸易理论复习中的教学活动设计

教学活动	时长（分钟）	互动模式	内容	意图	对应教学目标
问答	5	生–生 师–生	教师从上一次课后学生的提问中挑选2个问题请学生解答，每个问题的解答不超过2分钟，教师用1分钟点评和补充。	鼓励学生通过提问和答题积极思考课堂内容，关注社会经济实践，启发学生对道路和制度相关问题的思考。	知识点 能力 素质 思政
小测验	10	师–生	教师准备5个判断题或者选择题，通过教学平台（畅课、雨课堂等）在线回答和解析。	帮助学生尽快进入学习状态，并复习主要知识点。	知识点

【说明】

①本环节的两个活动（见表1）均为课程的常规环节，主要巩固学生对知识点的掌握及提高学生对现实经济生活的观察和思考能力。

②针对学生主动提问较少的情况，教师设计了课后在学习平台提交问题的环节，教师每次从问题中挑选2个进行解答。挑选的问题可以是有代表性的、典型性的，也可以是社会关注度高或者足够有趣的。

③小测验环节能够督促学生对课堂内容进行复习。利用各类互动学习平台既能节约这个环节的时间，又能加强师生互动。

（二）全球贸易结构分析（45分钟）

表2 全球贸易结构分析中的教学活动设计

教学活动	时长（分钟）	互动模式	内容	意图	对应教学目标
桌游：卡坦岛	30	生–生	学生4人一组，按照30分钟时点的情况确定赢家。	卡坦岛的设计理念体现了一个经济体从人民自给自足到国内贸易再到海外贸易的过程，玩家策略选择的过程非常契合新古典贸易理论的分析框架。	知识点 能力 素质

续表

教学活动	时长(分钟)	互动模式	内容	意图	对应教学目标
桌游策略复盘	15	生-生 师-生	学生先对自己的游戏策略进行复盘，教师通过策略复盘，引导学生对当今的全球贸易格局的演变和形成原因进行分析。	通过对自己资源禀赋情况和策略的分析，加深对新古典贸易理论及其对贸易利益分配解释的理解，结合制度特点分析发展中国家在经济发展中面临的现实经济问题。	知识点 能力 素质 思政

【说明】

①本环节的教学活动（见表2）由学生自由分组，每组在课程中承担一次助教任务，完成情况计入平时成绩。

②助教小组的学生要在课前提前熟悉游戏规则，并在桌游环节分散到各组作为技术支持。

③本环节的重点和难点在于如何根据学生的策略复盘，找到合适的切入点来介绍全球贸易结构、模式和利益分配，让学生自主建立起它们之间的关联，引导学生应用理论框架分析自己的游戏策略和现实经济情况，并发掘思政相关内容。

④在分析结束时，将学生的关注点引到中美贸易争端问题上，从而完成向下一个教学环节的转换。

（三）中国贸易结构演进（25分钟）

表3 中国贸易结构演进中的教学活动设计

教学活动	时长(分钟)	互动模式	内容	意图	对应教学目标
案例讨论	20	生-生	助教小组先讲解中国贸易结构演进历程，回顾相关知识点，展示相关统计数据，介绍关键的时间节点；然后根据陈述内容提出不超过3个讨论问题；最后组织全班同学进行分组讨论和讨论结果汇报。	认识国情，总结中国改革开放以来的建设成就，应用贸易理论理解中国对外贸易结构的演变特征，通过问题设定引导学生对道路、理论、制度和文化进行思考。	知识点 能力 素质 思政
案例总结	5	生-生	助教小组汇总各组对案例问题的讨论情况，对讨论结论进行升华总结。	总结学生对中国贸易发展的思考，以及中国的道路和制度选择在其中发挥的作用。	能力 素质 思政

【说明】

①本环节的教学设计（见表3）对助教小组学生的基本理论知识掌握、组织能力、分析能力、沟通能力、批判性思维能力等提出了较高要求。

②教师给各助教小组分配选题，各助教小组做好背景知识搜集、问题设计和活动设计后与教师开会讨论，并根据讨论后的修改意见完善活动方案。这个课下讨论的过程也是本环节思政目标实现的关键，教师在帮助助教小组完善活动方案时要确保思政教学目标能够在活动中得以体现。

③助教小组的学生在组织各小组讨论时要和教师一起参与到小组讨论中，并适时给予相关的理论支持和意见引导，从而鼓励学生自发地参与到对社会主义核心价值观的有益探索中来。

（四）课堂总结（见表4）（5分钟）

表4 课堂总结环节教学活动设计

教学活动	时长（分钟）	互动模式	内容	意图	对应教学目标
课堂总结	5	师－生	教师对课程活动进行总结：强调重点的知识点；对课堂活动表现突出的学生和环节进行表扬；对课堂讨论和助教小组出现的错误予以纠正；对课程思政目标进行点题总结。	教师总结这段时间学习的重点和难点，肯定学生能力和素质的提升，并再次对思政目标进行升华。	知识点 能力 素质 思政

【说明】

成功的教学需要遵循科学的教学方法，学生对知识点的掌握需要不断重复学习以加深印象和理解，学生的进步需要鼓励的土壤，学生素质的培养需要教师不断引导和及时纠偏。只有这样，思政目标才会水到渠成。

五、案例反思

（一）存在的主要问题

①时间控制。一方面，桌游这类活动比较容易让学生兴奋，所以很容易超时；另一方面，助教小组在组织学生讨论时，有时候会碍于同学关系，不能按时中断讨论。

②个别学生的课堂参与度问题。如有一个学期，课堂上有两个特殊学生。一位是转专业同学，他由于缺乏相关的先修课程背景，难以跟上班级进度。另一位是留学生，由于疫情管控未能到校学习。针对此情况，教师在课堂中开启了腾讯会议，同时展开线上线下教学，但这两名学生的课堂参与度仍受到一定程度的影响。

③助教小组对案例讨论节奏的影响。一是助教小组准备的内容过于丰富，导致部分环节重点不够突出；二是助教小组担心学生不能自主提炼思政教学内容，过早地进行提示或者总结，给予学生自主思考的时间不足。

（二）改进思路

① 在教学活动中，各小组指定特定学生承担时间控制的任务。

② 教师要加强与教学场地技术支持部门的沟通，为每一名学生创造学习条件，不让一名学生掉队。

③ 教师要进一步加强课前与助教小组的沟通，完善课程方案。

（三）注意事项

① 关于游戏的选择。采用游戏的形式比较容易吸引学生主动学习和思考，但兴奋度过高、又会使活动超时。建议不熟悉的教师可以先选取短小的游戏进行尝试。

② 关于现象教学法。现象教学是指从选题、课程设计到课堂的具体组织实施，所有的学生都参与其中，教师的主要职责是做知识导师，在关键的时候对学生进行帮助和指点。

③ 关于助教小组的作用。教师是点，助教小组是线，整个课堂是面，助教小组是教师以点带线、以线带面，有计划和有步骤地实现课程思政教学目标的桥梁和关键所在。

六、教学效果

（一）课前效果

课前助教小组需要熟悉桌游的游戏规则，准备现象教学的材料，与教师开展教学方案设计讨论。助教小组为自己小组能够先一步分析出中国对外贸易发展的道路、理论、制度和文化优势感到骄傲，并制作了精美的分享课件。

（二）课堂效果

桌游进课堂和现象教学对立体思维和思辨能力的要求，使学生在课堂上保持了良好的学习主动性，在对具体经济现象进行分析的过程中，学生的问题意识、动手与实践能力均得到了较好体现。这种教学方式提高了学生多元思考、多学科知识整合、信息搜集与分析整合的能力。

在助教小组的带领下，学生在小组讨论中均能很好地联系中国国情，并在小组汇报中进行总结和升华。其中，助教小组非常有思政特色的 PPT 模板也起到了很好的激励作用。

（三）课后效果

课后学生以小论文的形式对自己在桌游中的策略进行复盘，对全球和中国的贸易结构情况进行总结，并对国际贸易中利益的分配提出自己的见解。小论文选题符合课程思政目标，逻辑自洽，分析结论能够体现社会主义核心价值观和"四个自信"。

从"温室"走向"操作间":沉浸式教学实践探索

工商管理学院 杜鹏

 案例概述

本课程基于教学团队对营销价值观和市场营销专业人才培养规律的分析,立足于学科的学术内涵和传承脉络,提炼出爱国情怀、法治意识、社会责任、文化自信、人文精神等思政元素,并将其融入教学全过程。本案例采取基于成果导向教育(Outcomes-based Education, OBE)理念的任务驱动教学法,让学习者"沉浸"在创设的情境或真实环境中,通过课堂讨论、自主学习、三级层层递进课程实践等方式,使课程教学实现理论与实践的融合,提高学生运用现代信息技术进行分析的能力,强化学生对知识的综合理解及运用能力,从而达到课程思政教学的目标。

一、基本信息

课程名称:市场营销学

授课对象:经济管理类专业二、三年级本科生

学习章节:第六章 消费者心理与行为

使用教材:《市场营销教程》(第4版),万后芬、杜鹏、樊帅,高等教育出版社

教学课时:2课时

二、课程思政教学整体设计思路

本课程基于教学团队对营销价值观和市场营销专业人才培养规律的分析,立足于学科的学术内涵和传承脉络,从专业课程中提炼出爱国情怀、法治意识、社会责任、文化自信、人文精神等要素。

(一)社会发展与消费的变化

引导学生关注社会发展,通过对不同消费阶段的消费特点进行分析,使学生感受改革开放以来中国取得的巨大成就给人民生活水平带来的变化及人民消费观念发生的变化,从

而增强学生的民族自豪感，坚定学生的爱国信念。

（二）文化和亚文化对消费行为的影响

在明确本学科对文化和亚文化的定义与内涵的基础上，引导学生分析各国文化及各民族、各地区的亚文化对消费者行为的影响。着重总结我国灿烂悠久的文化及各民族丰富多彩的亚文化，有意识地培养学生坚定文化自信。

（三）消费引导

将消费流行及消费者群体心理与行为等相关内容融入消费引导。对消费进行正确的引导，一方面有利于提高消费水平，建立合理的消费结构和产业结构；另一方面有利于提高劳动力质量，促进人们身心健康和全面发展，促进社会主义物质文明和精神文明建设。

（四）消费者行为调查研究

设计"某品牌产品或某企业的消费者满意度调查""某产品的市场需求调查"等消费者行为研究的调研项目，引导学生通过调研发现现实问题，掌握如何为企业制订营销策略提供客观依据。调研项目的实施使本课程教学实现了从教室课堂向实践课堂的迁移。

三、教学目标

（一）课程教学目标

①使学生能够运用现代信息技术分析影响消费者行为偏好及消费者产品选择的内、外部因素，发现感觉、知觉、学习、记忆、需要、动机、个性、态度等对消费者个体的影响及其作用机制。

②分析群体、情境变量等其他外部因素对消费者行为的影响。

③使学生能够基于对消费者心理与行为特征的精准把握，明确企业产品（或服务）的市场定位，制订适当的营销策略，向目标市场客户提供产品和服务，实现客户与企业共赢。

（二）思政育人目标

①培养学生树立正确的价值观和消费观、良好的职业道德、专业的职业素养（实事求是、客观分析和服务消费者的职业素养）和遵纪守法的坚定信念。

②培养学生树立以消费者为核心的服务理念。

③引导学生理解不同文化、亚文化、家庭、群体下的消费者心理与行为的差异，感受我国改革开放以来社会进步和祖国富强给人民消费观念和消费方式带来的深刻变化。

四、教学实施过程

本课程教学实施过程及具体的教学活动设计分别如图1、表1所示。

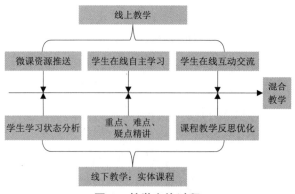

图 1 教学实施过程

表 1 教学活动设计

教学阶段		教师活动	学生活动	线上教学资源
课前学习		发布课程资源,包括微课、PPT、讨论题、测试题、案例	提前学习在线课程、在讨论区互动	国家级精品在线开放课程"人人学点营销学"
课中内化:知识点点拨	暖身/导言	案例导入	互动	
	学习目标/结果	讲授		
	先测		完成上一单元在线测试	慕课
课中内化:知识迁移	参与式学习	引导、点评、总结	①"黄金悟研习",知识拓展,分享一本与本课程相关的书; ②企业家进课堂	
	后测	引导、点评、总结	分组案例讨论	
课中内化:布置作业	总结	布置作业		
课后升华		教学反思	①分组完成延伸阅读; ②准备下一期的"黄金悟研习",并按照规定格式完成读书心得,上传到微信公众号,进行文章的推广、互动; ③分组完成作业(案例、调研、预习等)	在线开放课程"人人学点营销学"
教学环境				
数字化环境		慕课、微信公众号、视频		

本课程采取基于成果导向教育理念的任务驱动教学法,让学生"沉浸"在创设的情境或真实环境中,为学生安排各种学习和实践任务,通过课堂讨论、自主学习、三级层层递进课程实践等方式,使学生能够在实际体验中理解和应用知识,从而完成课程思政教学目

标和教育内容的要求。

（一）内容设计关注社会发展

本课程在课程内容设计上，关注社会发展，如要求学生通过互联网等信息载体查阅文献资料，调查20世纪70年代、80年代、90年代和21世纪以来的"结婚四大件"的内容，并结合对身边人物（父辈和祖父辈）的访谈，分享交流各自对消费变迁的认知。通过分析四个消费阶段的消费特点，学生深刻体会到改革开放以来中国取得的巨大成就及其给人们消费观念和消费领域带来的变化，增强了民族自豪感。

（二）选定专题形式的研讨项目

选定专题形式的研讨项目，如"文化和亚文化对消费者行为的影响分析"，引导学生以小组学习的方式搜集资料。教师讲解本学科对文化的定义（指一定社会下经过学习获得的、可以指导消费者行为的信念、价值观和习惯的总和）。基于此定义，让学生以小组讨论和课堂展示的方式，交流中华文化的主要内容及各民族亚文化的特点，使学生深刻理解文化和亚文化对消费者行为的重要影响。在学习过程中，学生的文化自信和人文精神得到潜移默化地培养和强化。

（三）选定专题形式的调研项目

选定专题形式的调研项目，如"某产品的消费者行为调查""影响消费者对某产品购买因素调查"等，以小组为单位完成调研项目、撰写调研报告并汇报交流。通过项目的实施，引导学生从实际出发，发现现实问题，学会以调研的方式为企业制定营销策略提供客观依据；引导学生树立把消费者需求放在第一位的营销理念，并做到经济效益和社会效益兼顾。调研项目的实施使课程教学实现从教室课堂到实践课堂的迁移，使学生既能将第一课堂学到的知识用于第二课堂的实践，又能用第二课堂中获得的学习和实践能力去支撑第一课堂中所学的知识，实现知行合一。

（四）开展第二课堂活动

通过开展第二课堂，引导学生关注社会热点问题，用专业理论和方法、实事求是的态度客观地分析和解决问题。在提升学生专业应用能力的同时，注重培养学生的团队合作精神、实事求是的探究精神和脚踏实地、坚持不懈的做事态度。如在第八届全国大学生市场调查与分析大赛中，本教学团队教师带领本科生参加了本科组比赛，在从初赛到分赛区复赛再到总决赛，从选题到方案设计、项目实施、报告撰写，再到最后成果展示的整个过程中，学生的专业能力和职业综合素质都得到了全方位的提高，团队合作意识和能力也得以提升。大赛为学生未来的职业生涯发展积累了项目实践经历，给学生提供了更高层次的展示平台，同时也带动了专业发展。

（五）设计三级层层递进课程实践

三级层层递进课程实践是指解释性实践、体验性实践、综合应用性实践的逐级递进，它能够促进学生职业能力的提高和职业素质的养成。

①解释性实践：教师通过带领学生对典型案例进行分析，加深学生对新知识的理解，提高学生的学习兴趣和学习效果。

②体验性实践：一是通过情景模拟、角色扮演、真实消费等模拟或真实体验的实训形式使学生掌握专业知识和技能；二是通过"命题式"的任务或活动，培养学生的创新思维和综合运用能力。

③综合应用性实践：利用企业资源，让学生在真实的企业及市场环境中感受消费者对企业营销活动的反应，用所掌握的营销知识为企业做消费者心理和行为分析，从而为企业营销决策提供依据，提出建议，并最终完成调研报告。

本课程通过三个层次的实践，多层面创设情境，将学生置于发现问题、提出问题、分析问题、解决问题的动态学习过程之中，使学生在实践中不断地消化、体验、巩固所学知识并构建出知识体系，培养学生分析消费者心理与行为的能力，促进学生职业能力的提高和职业素质的养成。

（六）设计包含思政目标达成情况的考核方式

本课程思政教学采取过程考核与目标考核相结合的方式，其中，过程考核由出勤（5%）、课堂表现（5%）、报告（40%）、演示汇报（50%）组成，目标考核由期中（40%）和期末（60%）两次阶段测验组成。从学生出勤状况、课堂参与任务情况、完成报告的质量等方面可以全面考核学生职业能力和职业素质目标的达成情况，同时通过考查学生的做事态度、团队合作意识和团队合作能力，可以考核课程思政教学目标的达成情况。

五、案例反思

"市场营销学"中存在大量与思政相关的内容，这为思政教育的融入创造了有利条件。教师应在平时注意搜集与市场营销密切相关的思政内容，建立资料库，并结合本校的特点，提炼思政元素。"市场营销学"所涉及的思政元素包括以顾客为中心的价值观，以及公平交易、诚信经营的营销价值观等。通过在教学中融入这些思政元素，提高学生的职业道德、心理素质和技能水平；通过在课堂上引入思维创新训练活动，为学生创新创业能力的提高奠定基础。

在开展相关教学活动时，教师应以实际情况为依据，对教学方法进行创新；以学生的需求为依据，拓展教学的深度和广度；合理运用慕课、翻转课堂、模拟教学等教学模式，激发学生的兴趣，帮助学生在情感、认知及行为上产生认同感，培养学生形成正确的价值观。

六、教学效果

（一）学生反馈收获较大

学生普遍反馈，通过本课程的学习，自己的专业能力和职业综合素质都得到了全面提高，团队合作意识和能力也得以提升。

（二）学生的成果在大赛中获奖

本教学团队指导学生开展消费者行为相关内容的调研项目，并带领学生参加了教育部高等学校经济与贸易类专业教学指导委员会 2018 年全国高校商业精英挑战赛，在此次竞赛中，本教学团队的指导项目荣获了一等奖、二等奖和最佳院校组织奖等奖项。

油价涨跌牵动人心　循循诱导拨云见日

工商管理学院　吴振球

 案例概述

　　成品油价格调整，是与广大人民群众切身利益密切相关的价格问题。对于"国际原油期货价格下降而我国成品油价格不紧随下降"的现象，有些人不理解，甚至颇有怨言。本案例基于成本与价格关系原理，结合这一价格现象，以我国能源战略安全为出发点，运用讲授法、提问法、研讨法等教学方法和多媒体教学手段，从我国原油进口的多样性、原油价格的多类型、地缘政治与国际形势的复杂多变性、上下游油价调整的时滞性、成品油价格形成机制的完善、能源基础产品价格与CPI调控等方面，启发学生理论联系实际、全面而深入地思考，从而使学生透过现象抓住本质，拨开思想的迷雾，认识到政府成品油调价决策的正确性与人民性。

一、基本信息

课程名称：市场价格学

授课对象：贸易经济专业二年级学生

学习章节：第三章　第二节　生产成本

使用教材：《企业定价》（第2版），吴振球、倪叠玖，武汉大学出版社

教学课时：1课时

二、课程思政教学整体设计思路

　　【指导思想】本课程以课程内容中成本与价格的关系为依据，结合实际价格现象，强调理论联系实际，使学生能够学以致用，加深对课程内容的理解，培养学生提出问题、分析问题、解决问题的能力，从而为国家培养德智体美劳全面发展的中国特色社会主义的可靠建设者和合格接班人。

　　【教学方法】讲授法、提问法、研讨法和案例法。

　　【载体途径】多媒体、网络信息。

【解决问题】引导学生深刻认识政府定价机制的科学性、调价的正确性，从而发自内心地拥护政府决策，增强爱党、爱国、爱社会主义的自觉性。

【思想政治教育】党和政府出台的各项政策，涉及千家万户和广大人民群众的切身利益。如果广大人民群众因缺乏必要的专业知识和相关信息而不理解、不支持，就会破坏党群关系、干群关系，损害党和政府的形象。如果广大人民群众掌握了必要的专业知识和相关信息，就会理解、支持党和政府出台的政策，从而自觉维护政策的权威性和严肃性，保证政策的顺利执行，进而提高党和政府的威信和公信力。因此，利用专业知识进行深入分析、拨开迷雾，使广大人民群众由不理解变为理解，由不支持变为支持，尤为关键。政府依据原油价格的变化并遵循汽油调价规则（成品油价格形成机制）来调整汽油价格，既维护了生产者的利益，也维护了广大消费者的利益，体现了中国共产党全心全意为人民服务的根本宗旨和"为中国人民谋幸福，为中华民族谋复兴"的初心。

【教学成效评价标准】学生是否真正理解了政府调价的科学性与正确性；理解了科学性与正确性后，学生是否会对亲友进行宣讲；学生会不会在媒体上发表文章，宣传正确的观点，从而引导消费者。

三、教学目标

（一）课程教学目标

让学生了解商品生产成本的概念，理解商品生产成本的地位和作用，掌握商品定价与调价规律，能够运用"生产成本的大小在很大程度上决定了商品价值量的大小，决定着商品价格的高低"这一原理分析现实生活中的商品定价与调价问题，理性地认识现实生活中的商品定价与调价现象，大力支持政府调节汽油价格的决策。

（二）思政育人目标

引导学生正确看待"原油价格跌汽油价格不跟着跌"的价格现象，科学地分析其背后的原因，从而正确认识政府定价与调价的科学性与人民性，正确理解中国共产党"立党为公，执政为民"的执政理念，坚定走中国特色社会主义道路的信心和决心。

四、教学实施过程

首先教师讲述本节课的主要内容。第一，生产成本是构成商品价格的主体。在一般情况下，生产成本的大小在很大程度上反映了商品价值量的大小，决定着商品价格的高低。一般来说，工业品生产成本占价格构成的70%～80%。农产品生产成本占价格构成的50%～90%。第二，生产成本是制定价格的最低经济界限。即商品售价的最低经济界限是由成本价格决定的。如果低于成本价格出售，生产成本中已经消耗的组成部分就不能得到补偿，简单再生产就不能维持。第三，生产成本是反映经营管理水平的最重要的经济指标。企业某些生产成本指标可以反映企业的管理水平，如固定资产和工时的利用率，原材料和能源的耗用率、利用率等。第四，生产成本是企业竞争力的关键。在市场经济条件下，市场竞争的实质就是价格竞争，价格竞争的内容就是成本竞争。

接着，教师播放一段视频，主要内容是某段时间国际原油期货价格大幅下跌，其他国家的汽油价格跟着下降，然而我国的汽油价格却维持原价。通过提问的方式，引导学生深入思考和分析。

通过播放 PPT 展示我国原油进口的比例与进口结构。全球原油生产主要集中在中东地区，欧佩克国家原油产量占全世界原油产量的 40% 以上。然而，原油消费却主要集中在美国、欧洲和中国等经济体，2017 年，美国、欧洲和中国原油消费量在世界占比分别为 20%、20% 和 13%。从原油产业链来看，上游为原油开采，下游为原油炼化和消费，油轮运输作为重要的商品流通环节，位居产业链中游。全球主要原油海运流向为：从以中东、西非、南美为主的产油区，运往中国、美国、日本、韩国等主要经济体。其中，中东地区占 2017 年全球原油海运出口周转量的 50%。而中国、北美和日本则分别占 2017 年原油海运进口周转量的 29%、17% 和 10%。全球油运航线运输量较为集中，原油流量较大的海峡主要有位于中东产油区的霍尔木兹海峡，以及位于亚洲消费区连接印度洋和太平洋的马六甲海峡。近年来，中国原油产量持续低于原油消费量，消费缺口不断扩大，只能通过原油进口弥补缺口。中国原油进口增速多年来维持高位，进口依赖度已达到 70% 以上。2018 年，中国原油进口量排名前十的来源国及比例分别是：俄罗斯，15.48%；沙特阿拉伯，12.28%；安哥拉，10.26%；伊拉克，9.75%；阿曼，7.12%；巴西，6.85%；伊朗，6.34%；科威特，5.04%；委内瑞拉，3.60%；刚果，2.72%。

我国进口的原油大部分需通过海上运输，因此在很大程度上受到国际原油期货价格的影响；20%～30% 的原油通过石油管道从俄罗斯等国家进口，管道原油的价格主要由双方签署的长期合同确定，不随国际原油期货价格的变化而变化。由此可以看出，我国汽油的价格不随国际原油期货价格的下跌而迅速下跌是有道理的，也不违反生产成本下跌，价格必然下跌的原理。国家发改委出台的成品油价格形成机制，实现的是与国际油价有条件的联动，而不是无条件、绝对的联动。

最后，教师用 PPT 展示了我国成品油价格形成机制改革的要点：① 2008 年 11 月，国内成品油价格形成机制改革方案将成品油零售基准价格允许上下浮动的定价机制，改为实行最高零售价格，并适当缩小流通环节差价，将上下浮动 8% 降为 4% 左右；② 2013 年 3 月，将成品油计价和调价周期由现行 22 个工作日缩短至 10 个工作日，并取消上下 4% 的幅度限制；③根据进口原油结构及国际市场原油贸易变化情况，相应调整了国内成品油价格挂靠油种。

我国汽油价格之所以维持基本稳定，不频繁地变化，其实还有一层考虑，就是为了实现 CPI 的调控目标。汽油价格是能源价格，属于基础产品价格。如果基础产品价格频繁变化，其他产品价格必然频繁波动，而传导的放大效应，会导致 CPI 难以控制。

五、案例反思

这堂专业课程思政教育课，虽然取得了较为明显的育人成效，但也存在一些问题。主要表现为：教师课前没有给学生讲这节课要讨论的内容，没有布置任务让学生思考或查阅资料，因此难以使他们的思考更深入，对问题的认识更深刻、更全面。

改进思路：课前布置任务，让学生根据要讨论的主题查阅资料，课上做 PPT 展示，学生展示后，教师进行提示、点评。这样做课堂效果会更好，课堂气氛会更活跃，思想政治教育会更深刻，育人效果会更优。

六、教学效果

对学生进行思想政治教育，仅仅依靠思想政治教育课是远远不够的。在专业课中，穿插进行思想政治教育，往往效果会更好。党和政府为人民服务，不是一句空洞的口号，而是扎扎实实地体现在了每一项经济政策之中。通过专业课的思政教育，纠正了学生原来模糊甚至错误的认识，使其提高了认识水平，坚定了"四个自信"。

把课堂搬到山沟乡野　用创意提振乡村旅游

工商管理学院　周凌旭

 案例概述

　　党的十九大报告提出，必须始终把解决好"三农"问题作为全党工作重中之重。2018年中央一号文件《中共中央国务院关于实施乡村振兴战略的意见》提出了实施乡村振兴战略的实施意见和总体要求。在此背景下，旅游成为许多"老少边穷"地区发展经济、改善空间结构、重塑社会网络关系的最优选择。旅游管理专业学生应该加强政治素养，全方位了解国家乡村振兴战略和精准扶贫政策，关注经济欠发达地区优质旅游资源的合理利用和乡村旅游产品的创新性开发，以实现人文素养与专业素养双提高的目标。"旅游目的地管理"是为旅游管理专业学生开设的专业必修课。为适应旅游管理系和工商管理学院的国际化课程体系建设，该课程采用全英文授课。本案例以"乡村旅游目的地的管理与发展"这一章为教学内容，融入乡村振兴战略的实施和旅游扶贫政策，引导学生进行乡村旅游发展理论的学习，使学生理解政策指导力量在乡村旅游中发挥的不可替代性作用；通过实践基地调研活动，指导学生分组设计"接地气"的乡村旅游产品和营销方案。

一、基本信息

课程名称：旅游目的地管理

授课对象：旅游管理专业三年级学生

学习章节：第六章　乡村旅游目的地的管理与发展

使用教材：自编讲义

教学课时：6课时

二、课程思政教学整体设计思路

　　"旅游目的地管理"是旅游管理专业本科生的一门专业必修课程，主要教学目标是帮助学生了解旅游目的地的复杂性、系统性及相关的管理方法。教学前期以理论授课为主，让学生充分掌握目的地管理的理论知识。教学中期将理论与实际结合，引入不同目的地的管理模式及国内外的相关案例，引导学生进行讨论。在课堂讲授中，除教材上的案例外，教师要补充必要的案例和素材，以辅助本课程教学。本课程要求学生进行大量的课堂及课下讨论，思考相关问题和现象，从而使学生更全面深入地掌握知识要点，加强对理论的实践运用能力。实践教学也在教学中期进行，通过在课下增加实地体验和考察，并组织学生与目的地管理者座谈，提升学生对"旅游目的地管理"课程的学习兴趣和实践技能。教学后期通过讲授目的地管理的研究方法，为学生进行相关研究打下基础，并布置以小组为单位的研究报告任务。

具体教学环节如下：
①课前集中观看乡村旅游地或红色旅游地相关视频资料；
②进行发散性讨论；
③课堂讲授，在教学过程中贯彻思政教育；
④实践调研与座谈；
⑤开放式作业或小组策划报告；
⑥成果展示及反馈。

本案例将思政教育有机融入课程内容，并且贯穿整个教学过程。本案例采取的教学方法有引入式学习、探究式学习、开放式学习等。案例中的实践调研与座谈是十分重要的教育环节。这种融合思政的教学方式，既能提高学生对乡村旅游的认识，又能帮助学生解决实际专业课中研究的问题，在此基础上还能使学生感受党政力量，提升家国情怀和思政修养。

三、教学目标

（一）课程教学目标

课程的知识与技能目标包括以下几点：
①了解乡村旅游的定义；
②概括乡村旅游的益处；
③阐述中国及国外乡村旅游的发展模式；
④简述乡村旅游产品及怎样发展乡村旅游产品；
⑤区别乡村旅游与农业旅游；
⑥进行乡村旅游扶贫产品的设计与策划。

（二）思政育人目标

课程的情感态度与价值观目标为：
①通过这节课的学习，使学生体会到旅游与精准扶贫政策的契合，了解国家为取得脱贫攻坚战全面胜利所付出的努力；

②通过课外实践环节，使学生了解精准扶贫政策取得的重要现实成果，学会欣赏和利用乡村的传统文化和自然生态景观，进一步促进学生爱国、爱党价值观的形成；

③使学生在理论与实践学习的基础上，进一步提升家国情怀。

四、教学实施过程

本案例以"思政进课堂，润物细无声"为原则，以"以学生为中心"作为教学理念，将教学内容与实践相结合，在专业知识传授过程中潜移默化地提升学生的职业使命感和荣誉感，培养学生的人文情怀。本案例从教学内容、学情分析、教学重难点、教学方法、教学过程五个方面来实施，具体实施过程如下。

（一）教学内容

本案例基于前一节课所学旅游产品开发的内容，进一步带领学生学习乡村旅游管理与发展。教学分为两部分，包含一次课堂教学与一次为期两天的实践教学。本案例的主要教学目标为帮助学生了解乡村旅游目的地的复杂性、系统性，以及相关的管理方法，并在此基础上，引导学生分析国家的"乡村振兴"政策，从而提高学生的思政素养。本案例的教学部分与实践部分相辅相成，完整地为学生呈现旅游助力精准扶贫的机制与案例，鼓励学生参与到乡村旅游扶贫的实践中去。本案例通过介绍乡村振兴战略和旅游扶贫政策，使学生认识到政策指导力量在乡村旅游中发挥着不可替代的作用；以学生为中心，引导学生进行乡村旅游发展理论的学习；依托实践基地调研，指导学生分组设计"接地气"的乡村旅游产品和营销方案。

（二）学情分析

"旅游目的地管理"课程采用全英文授课，使用国内外知名教材，引入国内和国际先进的旅游目的地管理理念和案例，拓展旅游管理专业学生在旅游目的地管理方面的知识，提升其国际化旅游目的地管理能力，培养具有竞争力的旅游专业人才。学生在开始学习这门课之前，已经学习过管理学、营销学、旅游学等基础课程，对专业认可度较高，专业知识扎实，但实地调研经验不足，对乡村旅游的认知还较为浅显。因此，教师在授课过程中应当充分介绍乡村旅游的相关理论和前沿研究，引导学生在实践中观察和讨论，从而发挥出学生群体的创造性优势，并鼓励学生将理论与实践相结合，为乡村旅游目的地设计优质旅游产品。

（三）教学重难点

1. 教学重点

（1）了解乡村旅游的定义、概念及内涵

（2）理解整合型乡村旅游发展模式

（3）了解国家乡村政策成效，进一步提升思想水平

2. 教学难点

（1）理解乡村旅游扶贫的路径与机制

（2）参与实践教学活动

（3）设计乡村旅游产品

（四）教学方法

1. 讲授法

教学以教师讲授重点、难点内容为主，引导学生探索式学习为辅，采用多媒体教学与阅读教材相结合的方法，使学生对教学内容产生兴趣，并且通过微助教等互动教学平台组织学生进行讨论和布置作业，确保学生的学习质量。

2. 实践教学法

实践教学环节采用"以学生为中心"的理念，由教师带领学生前往初级阶段乡村旅游目的地进行调研并组织学生分组进行旅游产品设计，教师会在此过程中不断巡视，观察学生讨论情况，辅导学生完成任务。

3. 业界学术导师

在实践环节引入业界学术导师，请乡村旅游企业经营者及管理者参与实践活动，与学生座谈，并对学生设计的方案提出修改意见。

（五）教学过程

1. 课堂环节

（1）观看"燕儿谷"视频

教师引入教学内容——乡村旅游目的地的管理与发展，并对学生提出问题："什么样的背景，促进了黄冈市燕儿谷旅游的发展？"

（2）学生进行发散性讨论

教师引导学生讨论对旅游扶贫的想法和建议，激发学生的学习自主性（如主动回答问题、代表小组到讲台展示想法等）。

（3）教师进行重点讲授

为贯彻思政教育与课堂教学相结合的思想，教师着重讲述关于乡村旅游的定义、乡村旅游的益处、中国及国外乡村旅游的发展模式、旅游扶贫的实践与理论、党和国家的相关举措等。

（4）布置开放式作业或小组研究报告

教师引导学生以爱国、爱党、爱家为基础，进行扶贫旅游产品的理念构思，并结合燕儿谷的实际情况进行产品框架的搭建，为后续实地调研做好准备。

2. 实践教学环节

在实践环节，由教师带领学生前往黄冈市燕儿谷景区，开展调研活动（见图1）。学生以小组形式展开对景区内各景点和农户的深入调研与访谈,编制具有可行性的旅游产品及活动策划方案。在燕儿谷景区的支持下,评选出的优质方案将有机会在景区落地实操。

图 1　学生在燕儿谷开展实地调研活动

(1) 与燕儿谷旅游部部长及相关领导、员工座谈

学生了解燕儿谷发展历史及旅游扶贫成效,并与燕儿谷相关人员沟通旅游产品设计方案。

(2) 分组进行实地调研、资料收集与小组讨论

培养学生的观察能力与创新思维。学生以小组为单位,按照课堂拟定的设计思路,对燕儿谷进行调研,确定方案的可行性。

(3) 进行师生互动与答疑

教师参加各小组的讨论会,进行辅助答疑,对小组设计方案提出修改建议。

3. 反馈及汇报环节

实践调研两周后进行学生反馈与汇报环节,各小组的最终设计方案汇总如图 2 所示。学生将设计方案以 PPT 的形式在课堂进行展示,由其他学生与教师匿名评分,设计方案还会

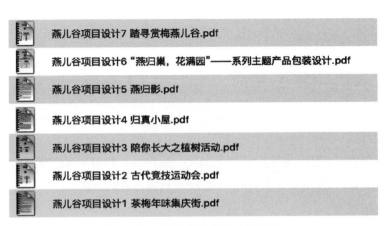

图 2　各小组的最终设计方案汇总

发送给燕儿谷管理人员并获得实践目的地的评价。通过三方评分最终得出每个小组的作业评分，该评分作为平时成绩纳入期末考核。本案例通过实践前—实践中—实践后这三个环节，加深学生对所学内容的印象和理解，培养学生解决实际问题的能力及发散性、创新性思维。

五、案例反思

本案例带领学生学习习近平总书记关于脱贫攻坚战全面胜利的讲话，鼓励学生为旅游目的地的发展出谋划策，并形成系统化、可操作的书面报告，提高了学生的创新意识和解决问题的能力。社会实践活动旨在将教学内容与实践相结合，促进产、学、研的共同发展。在课程设置中将理论知识与产业需求相结合，将理论知识、实践知识与思政教育相结合。通过引导学生在实践环节贯彻精准扶贫政策的相关精神，为目的地的旅游扶贫提供了智力支持与理论基础。

教学中主要存在以下问题。

①学生课堂参与度有待进一步提高。传统课堂上学生不敢说话、不愿主动发言的问题仍然存在。教师需要针对此问题，进一步探索并提出相应的改进方案。

②实践教学效果有待提高。本课堂的实践教学采用实践前—实践中—实践后三个环节的合理搭配，但是由于实践时间较短，学生无法深入了解实践目的地的现状与需求。

③思政教育与专业知识教学的融合程度需要进一步提高。在未来的教学过程中，教师应致力于将两者有机结合，以促进学生的全面发展。

六、教学效果

（一）学生课堂积极性提高

通过这次课程思政教学，学生在课堂上的积极性显著提高，具体表现为：参加课堂讨论更积极；能主动回答老师提出的问题；对于"乡村旅游扶贫"有自己独特的见解；扶贫旅游产品设计作业完成度高；等等。通过课堂观察、课外活动反馈及业界学术导师评价可以发现，学生课堂参与的积极性显著提高、回答问题更具开创性。

（二）学生的家国情怀得以提升

学生在小组设计中充分引入了国家在乡村振兴及精准扶贫方面的政策，认识到了党在脱贫攻坚战中所付出的巨大努力和作为当代大学生的重要使命。学生充分了解了旅游业在"乡村振兴"中的作用，提升了家国情怀。本案例不仅使学生提高了对乡村旅游的认识，还帮助学生解决了实际专业课研究中遇到的问题，使学生充分感受到所学知识的重要性，并在此基础上培养学生形成了正确的价值观、提高了思政修养。

（三）学生专业技能得到锻炼

本案例通过将课堂教学与课外实践活动相结合，不仅使学生开阔了视野、了解了旅游业发展的基本现状，还使学生运用课堂所学理论知识解决行业现实问题的能力得到了提升。同时，本案例实现了社会主义核心价值观教育、人生价值与理想信念教育等教学目标，帮助学生树立了正确的价值观和远大的理想。

（四）教学实践基地建设进一步加强

教学团队增强了与不同类型旅游目的地的联系，后续还将继续推动教学基地的建设，打造更多的本科教学实践平台，与红色研学、乡村旅游、自然保护、历史人文等景区的旅游经营企业建立深入合作关系，在长期发展过程中不断开发具有创新、创业元素的教学内容和实践项目，助力实践教学与人才培养。

"大白话"教学与"会计学原理"课程思政同行

会计学院　孙贤林

 案例概述

本案例强调会计知识传授、会计技能培养、价值引领和育人导向的有机统一，强调专业教育与思政教育目标和方向的一致，在知识学习中融入精神指引，"润物细无声"地实现立德树人的根本任务。具体方法为：在课程设计中贯彻习近平总书记的讲话精神，用习近平新时代中国特色社会主义思想铸魂育人；在课堂教学中深入挖掘专业课程中的育人元素，对学生进行价值引领和思想渗透；在实践教学中通过技能模拟比赛使学生将所学知识运用到会计实践中；在案例建设中注重培育学生的思想道德品质和职业素养，提升他们的应变和识别能力。

一、基本信息

课程名称：会计学原理

授课对象：会计学专业一年级学生

学习章节：第一章~第十章

使用教材：《会计学原理》，唐国平，中国财政经济出版社

教学课时：51课时

二、课程思政教学整体设计思路

如何把思政教育全面地渗透到会计学专业的教书育人全过程？这是每一位会计学人应该探索的教学课题。高校会计学专业最大的特点就是应用性强，学生不能只是停留在基本理论的掌握层面，能适应社会的需求才是人才培养的关键。在满足社会需求方面，要坚持正确的政治方向，要做到对国家、对单位、对个人负责，才能在对社会做贡献的过程中，实现人生的价值。但如果个人把握不好政治方向，不能在诱惑面前把握好自己，就会给国家和单位带来不应有的损失。比如：不按照规范的会计做账要求记录账簿，做假账；不按照税法要求计算税款，偷税漏税；等等。这些做法害人害己，社会影响极坏。因此，怎样

提高会计专业学生的思想道德修养和职业素养，提升他们的应变和识别能力，让学生健康地成长，做合格的财会人才，是现阶段亟待解决的问题。

在"会计学原理"课程中采取课程思政教学方法，强调专业教育与思政教育目标和方向的一致，通过"大白话"教学与思政同行，强调会计知识传授、会计技能培养、价值引领和育人导向的有机统一，是中南财经政法大学当前推进课程思政改革的核心方向之一。

三、教学目标

（一）课程教学目标

将专业教育与德育有机融合，注重关心学生生活点滴，引导学生进行会计职业生涯的规划。

（二）思政育人目标

把握会计学专业最新发展动态与学科最新学术理论，钻研打磨"会计学原理"课程教学方法、授课技巧，提高学生的思想道德修养和职业素养。

四、教学实施过程

（一）课程设计：贯彻习近平总书记在思想政治理论课教师座谈会上的讲话精神，用习近平新时代中国特色社会主义思想铸魂育人

根据"会计学原理"教学目标、使用教材、教学对象等教学要素，找准课程思政切入点，开放式地探索课程思政教学设计。将理想信念、会计职业道德、工匠精神、奉献社会等思想政治教育核心元素纳入"会计学原理"课程体系，通过会计案例引领，探寻课程知识点和立德树人根本目标的契合点，积极探索课程思政和思政课程"同向同行、同频共振"的有效路径。

（二）课堂教学：深度挖掘专业课程中的育人元素

明晰"会计学原理"课程的教学要求，厘清脉络，在"价值引领、能力本位、知识教育"三位一体的教学设计中，扎实推进习近平新时代中国特色社会主义思想进教材、进课堂。坚持立德树人这个中心环节，让课程发挥育人功能，履行育人职责，承担育人任务，做到全员、全程、全方位育人，培养合格的社会主义财经工作的建设者和接班人。

（三）课堂教学：对学生进行价值引领和思想渗透

在培养学生的过程中，教师要一手抓会计技能，一手抓职业品行。当讲授会计业务时，教师可以强调，财务人员每天面对大量的现金流入和流出，但不能为之所动，要明白君子爱财取之有道；教师还可以结合实际，引导学生理性消费，形成良好的消费观念；等等。

（四）实践教学：把学到的财会原理和法律法规运用到会计实践中

在技能模拟比赛现场模拟单位财务部门工作环境，让学生分别饰演不同的角色，把学到的财会原理和法律法规运用到整个实践过程中，锻炼学生理论和实践相结合的能力。增加作业设计的趣味性和时效性，改变传统的作业设计形式。通过模拟实战，体现学生热爱祖国、追求真理、勇于创新、德才兼备、知行统一和脚踏实地的精神风貌。

（五）案例建设：提高会计专业学生的思想道德修养和职业素养，提升他们的应变和识别能力

教学团队经过多年积累，形成了"感受会计史发展中的辩证唯物主义世界观""经济越发展，会计越重要的理念分析""金融危机与会计实事求是""货物盘存与人生盘点"等多个教学案例。

（六）教学团队：以老带新传帮带，以新促老共进步，教书育人理念代代传

教学团队因材施教，编写了内容丰富、新颖的"会计学原理"课程讲义，设计了灵活多样的课堂活动，课堂上鼓励学生"行高致远"，课后为学生保驾护航。一步步，由浅入深，由外到内，引领学生完成自我成长、自我塑造。

五、案例反思

任何一门课程在培养人才方面都有其独特的发展特点和规律。会计学专业的特点，决定了"会计学原理"课程必须重视应用性教育，注重实践环节教学。近年来，随着教育改革的深入，会计学科更多地强调综合财会人才的培养，力求把高质量人才输入社会，这就意味着高校要在思政教育上加大力度，当然也必须在课程上下功夫。

"会计学原理"课程的任课教师还要强化在教学过程中渗透职业信念和职业道德培养的力度，真正将教书和育人有机协调。教师在努力提升学生专业技能的同时，要重视学生的思想品德教育，增强学生为社会、为人民服务的责任感和使命感。

六、教学效果

本案例提炼了"会计学原理"课程中所蕴含的文化范式，将课程转化为社会主义核心价值观具体化、生动化的有效载体，在知识学习中融入信念层面的精神指引，"润物细无声"地实现立德树人的根本任务。

令出如山：疫情防控中的决策智慧

公共管理学院　庞明礼

 案例概述

2020年年初，新冠肺炎疫情来势汹汹，人民生命安全面临严重威胁。面对严重的疫情，党中央统揽全局、果断决策，同时间赛跑、与病魔较量，迅速打响疫情防控的人民战争、总体战、阻击战，用1个多月的时间初步遏制疫情蔓延势头，用2个月左右的时间将本土每日新增病例控制在个位数以内，用3个月左右的时间取得武汉保卫战的决定性成果，进而又接连打了几场局部地区聚集性疫情歼灭战，取得了抗疫斗争阶段性成果。回首静思，中国抗击新冠肺炎疫情的过程蕴含了丰富的决策智慧，体现了中国公共决策体制的显著优势，是"公共政策学"课程教学的生动案例。

一、基本信息

课程名称：公共政策学

授课对象：行政管理专业三年级学生

学习章节：第四章　公共决策与决策者

使用教材：《公共政策学》，庞明礼，武汉大学出版社

教学课时：6课时

二、课程思政教学整体设计思路

"公共决策与决策者"是"公共政策学"课程的核心内容之一，是理论与实践辩证统一的真实写照，在此章节非常适合进行案例教学。本章将以"疫情防控"为例，以"讲—看—思—议—评"为逻辑完成教学任务。

讲：讲授公共决策的基本理论和基本知识，讲解决策者在公共决策过程中的地位、作用和行为方式。

看：观看大型纪录片《同心战"疫"》，阅读文献资料。

思：引导学生思考疫情防控中的决策智慧。为什么中国的公共政策要遵循以人民为中心的价值取向？为什么在疫情防控的决策过程中没有出现群体思维，却实现了政策的科学性和有效性？疫情防控的决策过程更符合哪种决策模型？中国的防疫政策符合好政策的八项标准吗？

议：结合中国国家治理的制度优势，围绕"疫情防控中的决策智慧"展开课堂讨论，使学生增强对中国共产党领导的政治认同、思想认同、情感认同，坚定中国特色社会主义的"四个自信"。

评：从公共政策的价值取向、功能、科学化与民主化等角度总结学生的发言亮点，引导学生树立家国情怀，关注、分析并尝试解决社会现实问题，培育学生经世济民、科学管理的职业素养。

三、教学目标

"公共政策学"课程将根据公共管理类、政治学类专业特点和学生特点，坚持以立德树人为根本，将价值塑造、知识传授和能力培养三者融为一体，深度挖掘提炼专业知识体系中所蕴含的思想价值和精神内涵，科学拓展"公共政策学"知识的广度和深度，增加课程的知识性、人文性，提升课程的引领性、时代性和开放性，使学生准确理解公共决策的内涵、功能和运行过程，熟练掌握政策方案规划的步骤和方法，提升解决实际问题的能力。

（一）课程教学目标

第一，使学生理解公共决策的含义和特征，特别是能够准确理解公共决策与私人决策的区别，能够从宏观的、全程的和结果导向的视角认识公共政策；第二，使学生能够从中国公共政策价值取向和科学性的角度理解从经验决策到科学决策转变的必要性和可行性；第三，使学生掌握决策群体结构、规模的基本知识，理解决策群体经常性存在的低水平冲突的机理，分析这种低水平冲突对于政策绩效的影响；第四，使学生掌握公共决策理论的基本知识，理解不同类型决策模型的适用条件和使用方法；第五，使学生熟练掌握并能灵活运用政策方案规划的步骤与方法。

（二）思政育人目标

充分发挥专业教育与思想政治教育的合力作用，利用课程育人的功能，构建出更高水平的人才培养体系，以促进学生的全面发展。第一，让学生深刻认识到党以人民为中心的发展思想的显著优势；第二，提升大学生群体的政治觉悟，引导学生始终在政治立场、政治方向、政治原则、政治道路上同党中央保持高度一致；第三，培养社会主义建设者和接班人，引导广大学生热爱和拥护中国共产党，立志听党话、跟党走，立志扎根人民、奉献国家。

四、教学实施过程

本章将以"讲—看—思—议—评"为逻辑完成教学任务。首先,教师进行课堂讲授;然后,学生课后看纪录片和文献资料并思考其中蕴含的决策智慧;接着教师带领学生进行课堂讨论;最后,教师进行总结和评议。

(一)课堂讲授(3课时)

公共决策又称公共政策制定,是公共政策过程的关键环节,对公共政策的后续发展起着方向性作用。因此,本章将首先回顾"公共政策的生命周期图"(图1),使学生了解公共决策在公共政策过程中的地位和作用。

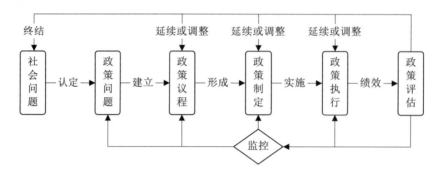

图1 公共政策的生命周期图

公共决策是指公共组织在管理社会公共事务过程中所做出的决定,是公共管理的首要环节,贯穿于整个公共管理过程的始终。对公共决策进行研究与探讨,对于加快我国公共决策科学化、民主化和法治化进程,提高制定公共决策的质量,以及有效实现公共管理目标是非常必要的。公共决策具有四大特点,分别是决策主体和内容的公共性、问题的清晰度较差、追求公共共识和舆论的可行性、公共决策的后果是公众关注的焦点。其中,后两点比较难以理解。在此,教师可将公共决策与私人决策进行对比,分析二者目标的差异,从而帮助学生理解公共共识和公众关注对公共政策的影响。

科学决策是公共决策的基本原则,也是其努力的方向。教师需要从决策者、决策方法、决策目标等方面解释从经验决策到科学决策的发展过程。

在群体决策中,存在着一种较为普遍的行为现象——群体思维。群体思维是指在群众决策过程中,群体中的成员单纯为了维护群体的统一,以表面一致的压力阻碍了不同意见的发表,个别成员的不同意见得不到群体的重视和客观评价,使决策者不能对问题和解决办法做出符合实际的评价和分析。

群体思维不利于集思广益并形成科学决策,因此需要在发言顺序、理性程度、语言倾向、决策时机等方面对其加以规避。群体思维的避免策略见图2。

决策群体往往以"整体互补、团队协作、合理精干"为基本原则进行结构优化,但"整体互补"和"团队协作"存在互斥性,教师要把这种互斥性讲透。

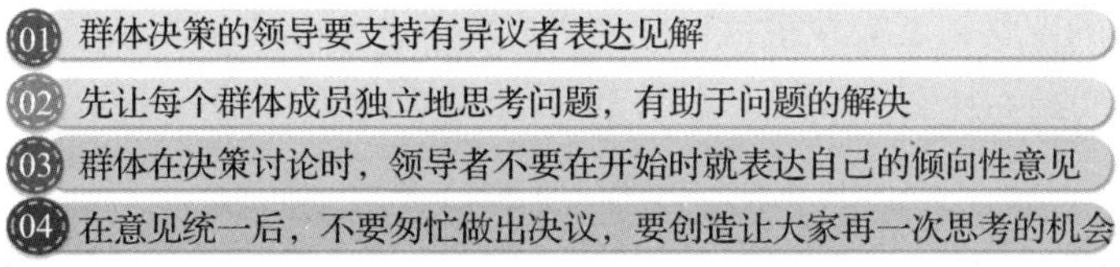

图 2　群体思维的避免策略

公共决策理论的基本模型（图 3）是具有一定难度的知识点，教师需要详细讲解每一种模型的含义、内容、优缺点。

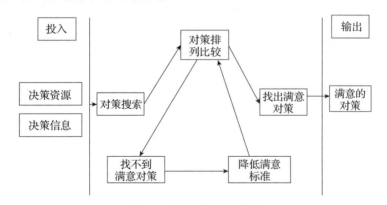

图 3　公共决策理论的基本模型

理性决策模型从纯粹功利主义取向出发，其目标是追求个人的最大利益，不考虑时间和其他耗费的限制。理性决策模型具有相对苛刻的使用条件，这些条件在现实中往往很难满足，这也是理性决策模型的局限性所在。

有限理性决策模型（图 4）是美国管理学家西蒙创立的，该模型旨在通过一套标准，找出令人满意的、最低限度的替代办法。

图 4　有限理性决策模型

渐进决策模型要求决策者根据其过去的经验对现行政策做小的修改，每次仅仅是缓慢的变化，但从长期来看却可能从这种小的变化中获取较大的改变。

垃圾桶模型将决策过程描述成 4 个相互独立的过程，即问题源流、技术源流、参与者源流及决策机会，只有当与决策过程相关的 4 个流程相互融合时，决策才可能发生。

政策方案规划的步骤与方法是本章的重点内容，也是应用性很强的知识点，包括确定政策目标、设计备选方案、备选方案评估和确定政策方案 4 个环节。

政策目标的确定受到上级政策目标、客观条件、主观条件的影响。在此部分教师要注意讲解政策目标的动态性（图5）。

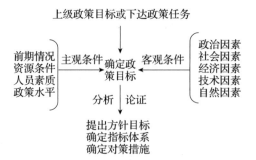

图 5　政策目标的动态性

设计备选方案时，通常会使用头脑风暴法。这种决策方法有利于产生新观念或激发创新设想，积累足够多的备选方案。

对演法是政策方案评估的方法，也称为"逆头脑风暴法"。头脑风暴法提倡高度自由联想，禁止批评。对演法则是靠相互批评激发创造性。

德尔菲法也是政策方案评估的方法，是采用背对背的通信方式征询专家小组成员的预测意见，经过几轮征询，使专家小组的预测意见趋于集中的决策方法。

在确定备选方案时，通常有以下8项标准。

①针对性：方案是不是针对所要解决的问题的？

②可行性：在任何既定的时间内实施所选方案的概率有多大？

③风险性：该方案失败的可能性大吗？

④经济性：我们能否负担该政策方案实施的成本？

⑤稳定性：方案在实施过程中如果遇到干扰还能实施下去吗？

⑥可传播性：政策方案能够被那些非政策分析人员所理解吗？

⑦相容性：选择的方案是否与现行的规范或程序相适？

⑧可逆性：如果方案失败了，进行修订或替代的难度有多大？

要求学生熟悉背诵这8项标准，因为这对于提升公共决策的科学性和个人职业发展具有重要作用。

（二）看资料、思感悟

学生结合老师课堂讲授的知识，在课后学习疫情防控中的决策过程。在此期间，学生要完成相关纪录片的观看和文献阅读任务。

（三）课堂讨论

学生在课堂上围绕如下几个问题展开讨论：第一，疫情防控决策是一种科学决策吗？如果是，体现了哪些科学决策思想？第二，疫情防控决策体现了公共决策的特点吗？第三，疫情防控决策比较符合哪种决策理论模型？第四，结合评估方案的 8 项标准，谈谈疫情防控决策质量如何？第五，中国抗疫彰显了国家治理中的哪些制度优势？

（四）教师点评

在学生进行充分的课堂讨论之后，教师进行点评和总结。对学生的爱国情怀、价值观念、学以致用等给予充分肯定，并进一步从制度优势、百年未有之大变局和国际国内形势等方面对学生进行正面引导。

五、案例反思

通过案例教学激发学生的参与热情，引导学生对现实问题进行价值判断，唤起潜藏在学生身上的理性认知。通过引导学生针对同一问题的不同观点进行交流与讨论，激发学生的创造性思维，提高学生的判断能力、分析能力、表达能力和解决问题能力。在本章教学中，有以下 3 个问题值得高度重视。

第一，要引导学生认真学习领会《中共中央关于坚持和完善中国特色社会主义制度、推进国家治理体系和治理能力现代化若干重大问题的决定》的核心内容和精神。要让学生对国家治理的重要文献认真读、反复读、经常读，甚至对于部分内容要熟记于心，这样才能够学以致用。

第二，要提高学生对"公共政策学"科学属性的认识。"公共政策学"属于社会科学的分支学科，符合科学的基本特征。因此，要提高学生对"公共政策学"的科学属性的认识，使学生能够对"公共政策学"的基本理论和知识举一反三，能够将不同层级、领域、区域和对象的公共政策抽象到基本理论上，并能应用基本理论分析上述公共政策。

第三，要提高学生对我国疫情防控中彰显的制度优势的认识。在课堂教学中，教师要进一步结合《中共中央关于坚持和完善中国特色社会主义制度、推进国家治理体系和治理能力现代化若干重大问题的决定》和《习近平关于统筹疫情防控和经济社会发展重要论述选编》的内容，充分发挥"公共政策学"的课程思政优势，进一步提高学生的政治认同感和参与社会主义现代化建设的意愿。

六、教学效果

本章教学紧紧围绕"培养什么人、怎样培养人、为谁培养人"的思想政治教育主线，努力落实立德树人的根本任务，实现了价值塑造、知识传授和能力培养三位一体，帮助学生树立了正确的世界观、人生观、价值观，提高了学生的政治认同、思想认同、情感认同和家国情怀。

公管学问强基础，思政融魂铸栋梁

公共管理学院　周博雅

 案例概述

　　思想引领，课程为基。本课程不仅是公共管理专业学生的专业必修课，更是挖掘思政元素、开展思政教育的重要抓手。本课程以习近平新时代中国特色社会主义思想为指导，以热点新闻时事为素材，围绕"公务员"这一核心话题对我国目前的公务员管理制度，以及相关知识点进行了详细的介绍，凸显了在党的领导下中国政府治理的重要成果。在课堂教学方面，通过鼓励学生演唱《我和我的祖国》、播放教学辅助视频等多种教学手段，将课程核心知识与学生现实需求有机串联，引导学生明确公共组织尤其是政府的责任与担当，引导学生坚定理想信念，以天下为己任践行公共精神，为实现中华民族伟大复兴的中国梦而努力奋斗。

一、基本信息

课程名称：公共管理学

授课对象：公共管理专业学生

学习章节：第五章　第一节　公务员

使用教材：《公共管理学》，徐双敏，科学出版社

教学课时：2课时

二、课程思政教学整体设计思路

　　为深入贯彻落实习近平新时代中国特色社会主义思想，学习贯彻习近平总书记关于教育的重要论述和全国教育大会精神，贯彻落实中共中央办公厅、国务院办公厅印发的《关于深化新时代学校思想政治理论课改革创新的若干意见》，贯彻教育部印发的《高等学校课程思政建设指导纲要》重要精神，本课程在原有知识内容基础上增添了思政元素，以培养符合时代发展要求的新时代青年。

本课程主要围绕公务员相关知识展开。公务员制度的设置是公共管理学思想的重要体现。如何有效提升公务员工作效率，如何保证公务员职权行使的合法性和合理性，以及如何保证公务员的基本权利与义务，都体现出公共管理学的管理思想与管理艺术。本课程融合讲授法、讨论法、直观演示法、任务驱动法和自主学习法等多种教学方法，辅以现代信息技术，力求使学生真切、深入地领悟公务员相关知识，树立为国奉献、为人民服务的远大理想。

在实际教学过程中，本课程注重培养学生的思想政治意识，鼓励学生为祖国和社会奉献。首先，教师带领学生歌唱《我和我的祖国》，并观看抗疫一线公务员的抗疫工作视频，唤起学生对公务员的思考。其次，运用讲授法，使学生熟练掌握公务员相关概念、分类管理办法，了解新时代公务员考试的基本情况，为其日后求职提供路径参考。最后，运用讨论法组织学生交流讨论，使学生理解公务员作为国家公职人员对国家的担当与对人民的责任，引导学生思考个人利益与集体利益的关系，从而培养学生树立无私奉献、敢于付出的精神。

本课程将思想政治教育与学科课堂教学相结合，将理论知识学习与社会生活实践相结合，将公务员相关知识与学生现实需求有机串联，真正做到把书本内容运用于社会政治生活的实践分析当中，力求通过高质量的课程教学，激发公共管理学院学生加入公务员队伍、投身国家公务的愿望，有效体现了学科的理论意义、思政意义与实际意义。

三、教学目标

（一）课程教学目标

帮助学生掌握公务员制度相关概念，重点辨析中西方公务员制度的差异及其原因。鼓励学生将所学知识灵活应用于生活，运用公务员制度相关知识为日后求职提供路径参考，激励学生成长为信念坚定、为民服务和勤政务实的高素质专业化人才。

（二）思政育人目标

培养学生树立爱党、护党意识，坚定全心全意为人民服务的崇高信念。进一步深化学生对习近平新时代中国特色社会主义思想的核心要义与丰富内涵的理解，从而使学生提高思想道德水平与政治素养，自觉高举中国特色社会主义思想的伟大旗帜，关心党的使命、国家的前途、人民的福祉。

四、教学实施过程

（一）以"思"探索思政新方法

①询问及检查课堂出勤情况，利用雨课堂辅助签到，提高考勤效率。

②介绍课程考核要求。

本课程考核主要由两部分组成：第一部分，将学生回答问题、讨论等表现作为课堂考核内容；第二部分，要求学生课下分小组模拟公务员录用答辩会，采取拍摄视频的方式记录各小组学生实际表现，并撰写体验心得，由教师和其他小组对视频打分。本次课程考核成绩按照比例折算进入期末最终得分。

③课程趣味导入，启发学生思考。

正式开始上课之前，教师先组织学生合唱《我和我的祖国》，使学生在合唱的过程中逐渐激发出对国家和人民的热爱之情；然后向学生展示各地公务员开展抗疫工作的图片与视频，展现基层公务员在国难面前"不忘初心、牢记使命"的责任与担当，使学生从微观层面感受公务员对国家的重要作用；接着向学生展示有关国家公务员考试的新闻报道，通过强调逐年增长的报考人数与热门岗位报录比，使学生从宏观层面感受国家公务员考试的发展趋势；最后，在完成一系列课程导入活动，使学生对公务员这一岗位具有初步了解后，组织学生相互交流，并采用师生互动的教学形式随机询问学生，从而了解学生对公务员队伍的看法及对相关知识的掌握程度，为之后教学内容的展开做铺垫。

（二）以"学"创思政新模式

1. 教学目的导览

本课程带领学生学习公务员制度相关理论知识，使学生掌握我国公务员的定义、范围与分类管理办法，理解中西方公务员制度的特点与差异。教师重点讲授中国公务员制度下党管干部原则与西方文官制度下政治中立原则及二者的比较分析，并对新时代公务员招考相关内容做适当展开。本课程以习近平新时代中国特色社会主义思想铸魂育人，引导学生厚植爱国主义情怀，增强学生忠于国家、服务人民的责任感和使命感，传承和发展新时代公务员精神，为公务员人才队伍建设蓄力。

2. 公务员的定义

从2020年国家公务员考试新闻报道与学生对公务员的概念认知入手，对我国公务员概念的界定进行介绍，指出国家公务员的三个特征，并结合具体生活实际进行简要论述与说明。在讲述过程中，将公务员参与疫情防控的典型案例穿插其中，通过展现公务员在平凡岗位上发光发热的具体事例，进一步加深学生对公务员职业使命感的理解。

3. 公务员的范围

通过引用《中华人民共和国公务员法》（以下简称公务员法）相关内容，解读公务员法中的亮点，对公务员范围进行简明扼要的介绍。将《人民日报》发布的公务员队伍建设的相关新闻有机融入教学内容，让学生认识到公务员作为基层工作的有生力量群体，必须要有高素质、专业化的水平才能更好地服务于新时代的发展。

4. 公务员的分类管理办法

向学生介绍我国当前的两种公务员分类标准，着重介绍职位管理与品位管理的概念与特点。通过播放教学辅助视频，向学生介绍我国公务员的级别关系，加深学生对公务员职务与职级并行制度的理解，激发学生关心国家大事、参与国家政治生活、进一步了解国家公务员相关机制的学术探索精神，增强学生真抓实干、求真务实的责任担当，培养学生树立大局意识和核心意识，将"为人民服务"的宗旨内化于心，外化于行。

5. 中西方公务员制度的介绍、对比与分析

重点向学生介绍我国公务员制度强调"党管干部"原则与西方文官制度强调"政党中立"原则的差异并说明原因。在介绍我国公务员价值取向的时候，重点强调坚守全心全意为人民服务的根本宗旨，引导学生把"四个自信""两个维护"自觉融入个人发展之中，将个人利益与国家利益紧密相连，让学生将爱国和爱党高度统一起来，树立公务员在思想上、政治上、组织上要与党保持高度一致的意识。聆听选读片段后，让学生结合自身实际分享学习感受。

6. 介绍新时代公务员考试相关内容

通过播放教学辅助视频，从两方面向学生介绍国家公务员考试基本情况。一方面，从报考阶段、考试阶段和考察录用阶段对公务员报考流程进行具体介绍；另一方面，介绍考试的方式与内容。这部分内容的讲解，旨在强调要成为合格的新时代公务员，品德是条件，能力是基础，意识是关键，三者缺一不可，需共同发力。同时鼓励学生要心存为民服务之德，树立"公仆"意识，强化学生"权为民所用、情为民所系、利为民所谋"的思想理念。

（三）以"行"深化思政新成效

本课程强调对学生的思想政治教育，呼应学生群体的求职、择业诉求，以生动活泼的课堂形式、全面翔实的授课内容，以及对现实国情的贴切把握，加深学生对于中国特色社会主义思想的认同，突出学科的思政性、理论性与现实性。

在教学过程中，教师知识点的引入与介绍井井有条。首先，通过系统梳理教学内容，引出公务员相关理论知识，并通过阅读国家公务员考试的相关新闻报道，引出公务员的范围与分类管理办法。其次，通过对比中西方公务员制度，重点强调我国公务员体制下的"党管干部"原则与西方文官制度下的"政治中立"原则的差异及其深层原因。最后，通过介绍公务员职业发展路径和国家公务员考试相关内容，培养学生加入公务员队伍的意愿，从而为我国培养坚定信念、忠于国家、服务人民的青年公务员人才蓄力。

(四)以"事"升华思政新境界

本课程结束前,教师带领学生整体回顾课程知识点,询问学生对于公务员这一职业的看法,并对学生的问题进行答疑,从而了解学生是否在本课程的学习中掌握了公务员的知识概念、坚定了理想信念、增强了责任意识。同时布置课后预习任务,督促学生在课后进行自主预习,以提高学习效率。

课后组织学生开展模拟公务员录用答辩会,以实践体验的方式,加深学生对公务员相关知识的理解,将学生在答辩会中的表现作为课程考核的重要依据,从而达到理论与实践相结合的目的,提升人才培养的质量与效率。

五、案例反思

(一)亮点

将理论与实践有机结合,有效激发了学生的兴趣。教师在授课过程中将理论知识与公务员的抗疫故事等生活实践有机结合,并及时更新教学案例。

(二)重难点

采取多样化的教学方式。在教学中,教师可以采用合唱、问题讨论等方式来引入话题,在介绍课程知识的同时,选好思政素材,将思政教育贯穿其中。

(三)总结

本课程思政教育目标达成情况良好,加强了学生对公务员知识的了解。在今后的教学中,要以学生的反馈为依据,不断对教学方案进行调整,探索出一条更为成熟的课程思政道路。

六、教学效果

本课程通过开展课程思政教学改革,将专业知识讲授与思政教育紧密衔接。学生通过对本课程的学习,进一步深化了对公务员相关知识的理解,提升了对新冠肺炎疫情期间各地基层公务员在国难面前"不忘初心、牢记使命",勇敢担当等时事的关心程度,提升了思想道德修养。在教师的勉励下,学生燃起更高的学习热情与爱党爱国热情,立志为行政管理的改善和提升、为国家的建设做出自己的贡献。

以文化自信引领组织文化建设

公共管理学院　周红云

 案例概述

贯彻党的教育方针，落实立德树人根本任务，充分挖掘"管理学原理"课程的思政元素，全面推进课程思政建设，将思政元素以润物无声的方式融入专业教学中。本案例以"组织文化"为教学内容，以文化自信为引领，增强大学生对中华优秀传统文化的自豪感；引导学生在发现个人价值观和组织文化有差异时，可以适当改变自己去适应组织文化；借鉴中华民族优秀传统文化，打造良好的寝室文化，发挥文化育人的功能；指导学生践行社会主义核心价值观，树立正确的世界观、人生观和价值观，增强为中华民族伟大复兴而奋斗的使命感和责任感。

一、基本信息

课程名称：管理学原理

授课对象：公共管理专业一年级学生

学习章节：第八章　组织文化

使用教材：《管理学》，《管理学》编写组，高等教育出版社

教学课时：2课时

二、课程思政教学整体设计思路

"组织文化"这一章分为六个部分，分别为：问题的提出、组织文化的内涵、组织文化的分类、组织文化的构成、组织文化的功能和组织文化的建设。

①问题的提出。播放视频并采用研讨法，开篇提出本次课堂的主题——文化。

②组织文化的内涵。采用讲授法，使学生掌握组织文化的内涵，理解价值观念、行为准则、团队意识、思维方式、工作作风和团队归属感等在组织中的重要性。

③组织文化的分类。采用讲授法、案例分析法和小组讨论法，引导学生去适应不同的组织文化，而不是让组织来适应自己，增强大学生未来就业的适应力和竞争力。

④组织文化的构成。精神层是组织文化的核心，马克思主义指导思想是社会主义核心价值体系的灵魂。采用讲授法和案例分析法，引导学生践行社会主义核心价值观。

⑤组织文化的功能。采用讲授法，使学生理解组织文化具有导向功能、凝聚功能、激励和约束功能、辐射功能、调适功能。

⑥组织文化的建设。采用讲授法和案例研讨法，指导学生以文化自信为引领，以社会主义核心价值观为指导，借鉴我国优秀传统文化来打造组织文化。

三、教学目标

（一）课程教学目标

课程思政对于保证高校社会主义办学方向，落实立德树人根本任务，构建全员、全过程、全方位育人的大思政工作格局具有重要意义。教师要用好"管理学原理"课堂教学这个主渠道，发挥"守好一段渠、种好责任田"的功能，使专业理论知识与思想政治同向同行，形成协同效应。本案例的主要教学目标如下。

第一，文化自信。增强学生的文化自信，即，对中国特色社会主义文化先进性的自信。坚定文化自信就是要增强学生对中华优秀传统文化的历史自豪感，培养学生形成对社会主义核心价值观的普遍共识和价值认同。

第二，适应组织文化。引导学生在发现个人价值观和组织文化有差异时，通过改变自己去适应新的环境，去适应组织文化，而不是让组织来适应自己。

第三，践行社会主义核心价值观。"富强、民主、文明、和谐；自由、平等、公正、法治；爱国、敬业、诚信、友善"是精神层面的文化，马克思主义指导思想是社会主义核心价值观的灵魂，引导学生以社会主义核心价值观来指导自己的行为。

第四，打造良好的寝室文化。组织各寝室的学生借鉴优秀传统文化，设计寝室名称、寝室标志、寝室目标和寝室口号，并制订寝室制度和行为规范，形成积极向上、努力拼搏、互帮互学、团结协作的寝室氛围。

（二）思政育人目标

第一，"管理学原理"课程授课对象是大一新生，他们正处在人生的"拔节孕穗期"，思维也处于最活跃的状态，最需要精心引导和栽培。本案例全面推进课程思政教学，挖掘每一章节的思想政治元素，将其融入专业课程的教学中，发挥课程思政的育人作用。

第二，本案例通过对组织文化的讲解，使学生深刻体会文化价值观的重要性，引导学生树立正确的世界观、人生观和价值观，养成良好的职业素养。

第三，教师"以立德树人为引领""以学生发展为中心"，将知识传授、能力培养和价值塑造有机结合，为学校培养德才兼备的优秀人才，推动一流本科专业建设和"双一流"学科建设。

四、教学实施过程

（一）问题的提出

教师提出问题并组织学生讨论，如"什么是文化？我国有哪些优秀传统文化？文化自信为何重要？"目的是引导新时代的大学生坚定文化自信，增强大学生对中华优秀传统文化的历史自豪感。

接着提出问题"你认为组织成功的关键因素是什么？为什么这些因素很重要？"从学生的发言情况来看，学生认为组织成功的因素主要有组织制度、人力资源、领导风格、外部环境等。教师对于学生的讨论进行点评，肯定这些因素的确很重要。同时指出，在这些因素中，蕴含着一个无形的因素，看不见、摸不着，但是对组织发展至关重要，是什么呢？此时，教师播放一个短视频——电视剧《亮剑》节选。播放视频之后，启发同学们思考："组织的灵魂究竟是什么？阿里、华为等公司成功的秘诀是什么？"通过讨论，让学生意识到：无论在任何组织中，有灵魂才会强大，而这个灵魂就是组织文化！

（二）组织文化的内涵

1. 文化的概念

在《辞海》中，文化广义指人类社会的生存方式以及建立在此基础上的价值体系，是人类在社会历史发展过程中所创造的物质财富和精神财富的总和；狭义指人类的精神生产能力和精神创造成果，包括一切社会意识形态：自然科学、技术科学、社会意识形态。

2. 组织文化的含义

在《辞海》中，组织文化是指组织成员普遍认同的价值观念和行为准则的总和。通过组织的结构和制度设计、成员的行为规范，外显的象征物和建筑物、实物布局与装饰等物质设施得以体现。其对组织绩效、成员士气、工作积极性产生长期影响。

（三）组织文化的分类

组织文化有以下4种分类。

①按组织文化的内在特征分类。

②按组织文化对组织成员的影响力分类。

③按权力的集中度分类。

④按文化、战略与环境的配置分类。

讲完组织文化的类型后，教师提出问题并组织学生讨论。通过讨论可以发现，现在的大学生大多喜欢开放、平等、创新、灵活的组织文化，不喜欢官僚型、权力型的组织文化。这跟大学生的成长环境有一定的关系，也反映了他们的朝气、活力、创造力等。

学生逐渐明白，当参加工作后发现个人价值观和组织文化有差异时，不能只考虑离职这种方式，也可以选择改变自己去适应新的环境，去适应组织文化，而不是让组织来适应自己。只有这样，学生才能在不同的环境中提升适应力，才能在任何单位都受到用人单位的欢迎,才能在职场上有良好的发展。

(四)组织文化的构成

物质层是组织文化的表层部分,是组织创造的物质文化,是一种以物质形态为主要研究对象的表层组织文化,是形成组织文化精神层和制度层的条件。优秀的组织文化是通过重视产品的开发、服务的质量、产品的信誉、组织生产环境、生活环境和文化设施等来体现的。

制度层是组织文化的中间层次,它把组织物质文化和组织精神文化有机地结合成一个整体,主要是指对组织和成员的行为产生规范性、约束性影响的部分,是具有组织特色的各种规章制度、道德规范和员工行为准则的总和。它集中体现了组织文化的物质层和精神层对组织成员行为的要求。制度层规定了组织成员在共同的生产经营活动中应当遵守的行为准则。

精神层即组织精神文化,是组织在长期实践中所形成的员工群体心理定势和价值取向,是组织的道德观、价值观,即组织哲学的综合体现和高度概括,反映全体员工的共同追求和共同认识。组织精神文化是组织价值观的核心,是组织优良传统的结晶,是维系组织生存发展的精神支柱,是组织文化的核心和灵魂。

(五)组织文化的功能

组织文化有以下 5 种功能。

①导向功能。

②凝聚功能。

③激励和约束功能。

④辐射功能。

⑤调适功能。

(六)组织文化的建设

可以通过以下 4 种方式建设组织文化。

①选择价值观。

②强化认同。

③提炼定格。

④巩固完善。

课程结束后,引导学生借鉴中华民族优秀传统文化来进行组织文化建设。布置课后作业"打造良好寝室文化,成就美好大学生活"。

五、案例反思

后期需要加大实践教学力度。目前,本案例教学对于大一新生主要采用课堂授课的方式，但实际上，对于文化自信和组织文化建设这部分内容，实地调研更有助于学生深刻领悟。因此，后期可以组织历史博物馆参观、红色景点考察、专家讲座等，以更生动形象的方式进行教学，从而有效帮助学生坚定文化自信，并能够借鉴中华优秀传统文化来建设组织文化。

六、教学效果

（一）坚定文化自信

通过本案例的学习，学生理解了文化的重要作用，对中华优秀传统文化充满自豪感，并能够传承和弘扬中华优秀传统文化，将其应用于组织文化建设。

（二）树立正确的世界观、人生观和价值观

通过讲解精神文化价值观，引导学生树立社会主义核心价值观，在学习和工作中践行"爱国、敬业、诚信、友善"，未来肩负起实现中华民族伟大复兴的重任，为国家富强、民族振兴、人民幸福贡献自己的力量。

（三）打造良好的寝室文化

增强寝室的凝聚力，形成积极向上、努力拼搏、互帮互学、团结协作的良好氛围，充分发挥文化育人的功能，助力大学生成长成才。

"书、影、论、景、文":大学生廉洁教育与能力培养的共融之道

公共管理学院 杜兴洋

 案例概述

本案例以树立大学生廉洁思想意识,增强学生的学习能力、实践能力、创新能力,建立正确思政观为目标,采用课堂讲授、情景模拟、榜样示范和实践锻炼相结合的手段,以教材《国家监察概论》、廉洁教育文献资料及经典案例、电影《忠诚与背叛》及校外红色纪念馆等课程资源为依托,依据大学生个性化、多样化需求,创新教学方法,提出"五个一"教学模式(即阅读一本教材、观察一部电影、开展一次讨论、组织一次参观、撰写一篇论文)。在课堂讨论、情景模拟等参与式的教学活动中,学生对于廉洁教育的主观能动性得到提高,廉洁意识得以提升,理论联系实际、分析现实问题的能力大大增强。为将廉洁教育转变为常态化教育模式,教师对参与学习的学生进行问卷调查、抽样访谈,以保持对学生需求的持续关注,从而不断完善课程设置。

一、基本信息

课程名称:国家监察概论

授课对象:行政管理专业二年级学生

学习章节:第六章 廉洁教育与新时代国家监察特色

使用教材:《国家监察概论》,杜兴洋,武汉大学出版社

教学课时:4课时

二、课程思政教学整体设计思路

(一)了解基础知识,认识腐败与人性

通过对已有典型腐败案例的展示,使学生认识到腐败的危害及其带来的巨大损失;从人性的几种假设出发,深层剖析产生腐败的源头,提高学生理论素养。

（二）深入互动，学习我国权力特点及其制约途径

进行"五个一"教学模式中的"阅读一本教材"，在已讲授知识的基础之上，以权力的四个特点为中心，阐述权力是否可以进行交易、权力制约权利和权利制约权力三部分内容，最后讲授我国特有的多样化权力制约途径。

（三）观看电影《忠诚与背叛》，引入国家监察的起源

进行"五个一"教学模式中的"观看一部电影"，组织学生观看电影《忠诚与背叛》，学习我国监察制度的起源，认识先辈们为忠于职守、为党履职、清除腐败、维护党的纯洁做出的巨大努力和牺牲，增强课程趣味。

（四）深入探讨，教师与学生双向互动

进行"五个一"教学模式中的"开展一次讨论"，引出讨论主题——我国国家监察制度的完善建议，鼓励学生积极参与讨论、发表见解。教师最后对学生的观点进行讲评。通过讨论的方式，提高学生对课堂的主动性和积极性，增强其自主思考能力。

（五）参观红色景点，提高理论联系实际能力和实践能力

进行"五个一"教学模式中的"组织一次参观"，组织学生参观中共五大会址、中国共产党纪律建设历史陈列馆、毛泽东旧居和中央农民运动讲习所。参观活动不仅让学生学习了当代廉洁人物的精神，还促使学生将课堂所学转化为实践，在实践中巩固理论知识、提高实践能力。

（六）撰写论文，将所学内容转化为实际成果

开展"五个一"教学模式中的"撰写一篇论文"，安排学生撰写与国家监察相关的课程论文并将其作为期末考核的依据，启发学生独立思考，培养学生提高学习能力、科研能力和专业水平。

三、教学目标

（一）课程教学目标

通过对我国新时代国家监察制度的讲解，使学生对国家监察的认识更清晰，丰富学生的专业知识储备。结合"五个一"教学模式，创新性地开展多样化的思政教学，通过观看国家监察相关影片、参观红色景点、课堂讨论等参与式的教学方法，充分发挥学生的积极性和主动性，从多方面提高学生的学习能力、协作能力、表达能力和创新能力。

（二）思政育人目标

以学生为中心，进行廉洁教育，明晰腐败的危害和后果。通过讲解中国特色的权力制约途径和监察体系的制度创新，培养学生的廉洁意识，增强学生的民族认同感和自豪感，使学生自觉做到始终坚持马克思主义，牢固树立共产主义远大理想和中国特色社会主义共同理想，践行社会主义核心价值观。

四、教学实施过程

（一）阅读一本教材，完善理论知识体系

首先，通过讲授教材内容，使学生深入了解国家监察体制改革的初心，即，要把增强对公权力和公职人员监督的全覆盖、有效性作为着力点，推进公权力运行法治化，消除权力监督的真空地带，压缩权力行使的任性空间，建立完善的监督管理机制、有效的权力制约机制、严肃的责任追究机制，使学生充分认识到国家监察的必要性。其次，通过梳理从先秦至今国家监察的演变过程，让学生了解到中国古代的监察制度已形成了系统完备的监察法规、独立垂直的监察机关、丰富多元的监察方式、科学严格的选任标准等，从而使学生认识到国家监察的历史必然性；通过国内外现有监察制度的对比，让学生认识到具有中国特色的监察制度的制度优越性。最后，通过讲授一系列的监察方法让学生认识到国家监察制度的合理性。本案例搭建起监察制度和廉洁教育的知识框架，形成了一个完整的知识体系，使学生从理论上认识到国家监察制度的优越性和廉洁教育的必要性。

（二）观看一部电影，巩固监察理论知识

通过观看电影《忠诚与背叛》，学生进一步了解了我国监察制度的起源。电影的故事情节，十分切合当代大学生的心理特征，能够潜移默化地将爱国理念植入学生内心深处。观看电影，既能够让学生身临其境地体会到当年革命时期建立中央监察委员会的历史紧迫感，也可以引导学生对当前我国廉政建设和反腐败斗争进行理性的思考，从历史的启迪中反思当前反腐败斗争的现实，充分认识到国家监察委员会职责的重要性，并调动学生弘扬廉政之风的积极性和主动性。

（三）开展一次讨论，树立担当意识

通过引导学生积极思考讨论，帮助学生认识到自己的知识局限性并助其解决价值观上的困惑。课堂讨论不仅有利于学生能力的提升，也有利于学生价值观的塑造。在课堂上，教师鼓励学生相互解答问题，通过学生分组讨论、展示"我国监察制度的完善建议"，让学生对监察制度建立直观的认识。发扬学生主体地位，引导学生理论联系实际，讨论如何运用新科技和新方法进一步发展国家监察制度，有助于深化学生对国家监察制度的理解。通过课堂讨论，教师可以更好地将爱国主义情怀灌输到学生心中，可以更好地激发学生的时代担当精神。只有让学生学会独立思考，通过与他人观点的碰撞积极思考、献言献策，他们才能更好地成为国家未来的顶梁柱。

（四）组织一次参观，激发爱国主义热情

进行实地的参观、调研是对书本教学、课堂教学的一个很好的补充。参观中国共产党纪律建设历史陈列馆，可以使课本中的监察历史演变更加生动具体；参观毛泽东旧居，可以使学生了解毛泽东同志对党内重大问题的认识；参观中央农民运动讲习所、拜访中国农民革命发源地，可以使学生通过回顾过去理解中国监察制度的重要意义；参观中共五大会

址，重温中国共产党艰难的发展历程，可以使学生明白今日的辉煌背后所蕴含的艰辛。这些参观活动可以使学生充分认识到加强党对反腐败工作的集中统一领导，既是持续深化国家监察体制改革的正确政治方向，也是检验改革成效的重要标准，从而使学生理解廉洁教育的重要意义，进一步激发学生浓厚的爱国的热情。

（五）撰写一篇论文，培养综合学习能力

通过理论知识学习，以及观看电影、实地参观调研等多种方式的学习，学生对廉洁教育、国家监察制度有了一定的了解。由于仅仅通过一次讨论很难启发学生深入、独立地思考，所以教师要求学生撰写一篇归纳理论知识、将所见所闻与理论知识相结合的总结论文。

学生也可以利用课余时间，通过阅读相关文献进一步激发自己对廉洁教育的思考和兴趣，同时阅读文献的过程也是对知识的梳理及再吸收过程。

五、案例反思

（一）存在问题

1. 课堂缺乏实践专家指导

目前课堂是以学生为中心、教师和学生双向交互为主，借助教师讲授、课堂讨论、情景模拟、观看电影、参观红色景点等形式展开。在后续课程中，可以通过引入专家讲座的模式聘请校外指导专家，组织学生聆听有关专家的专项讲座，让学生能够从多角度进行学习，从而提高学生的积极性和主动性。

2. 缺乏实践机会

本课堂引入了参观红色景点的实践教学活动，但当前学生仅能"参观"和"学习"相关知识，未能亲身实践。因此后期拟与红色实践基地协商，建立廉洁教育教学实践基地，为大学生的思政教育提供实践场所，进一步培养学生的实践能力。

（二）注意事项

1. 采用"五个一"教学模式，进行差异化教学

由于大学生的思政知识参差不齐、思政需求多样化，所以教师在教学中应注意针对不同情况的学生，根据"五个一"教学模式，进行个性化、多样化、差异化教学，以适应每个学生的特点，杜绝一刀切、念文稿式的教学方式。

2. 创设优良环境，提升实践能力

"五个一"教学模式中的"一次参观""一篇论文"是理论联系实际，培养实践能力的具体体现。在后期的教学中，应该进一步创设实践环境，建立廉洁教育教学实践基地，为社会培养出综合型的高素质人才。

六、教学效果

（一）微观层面

1. 学生的学习能力、实践能力、创新能力显著提升

教学中通过将廉洁教育和国家监察制度教育相结合，增强了学生理论联系实际、分析现实问题的能力。同时，通过将课堂理论学习与实践相结合，提高了学生的实践能力和创新能力。

2. 学生的廉洁思想得到树立，反腐倡廉观念深入人心

将廉洁教育渗透到国家监察理论课程之中，通过观看廉洁教育影片、参观国家监察部门、学习当代廉洁人物精神等活动，使学生了解了党和国家预防和惩治腐败的各种政策和措施。

3. 学生对思政课程的积极性和主动性显著增强，综合能力得到提升

通过课堂讨论、情景模拟等参与式的教学方法，充分发挥学生的积极性和主动性。通过改变枯燥无味的课堂、增加课程的趣味性，使学生的主观能动性得到发挥。以"五个一"教学模式为基础，引入实践环节，显著提升了学生的综合能力。

（二）宏观层面

1. 创新提出"五个一"教学模式，丰富本科教育的课程体系

依托"国家监察概论"课程实现了廉洁教育与理论课教学的相互融合。"五个一"教学模式涵盖了教学的各环节，是开展课程思政的良好思路，它改变了原有的纯粹灌输理论知识的单一教学模式，让学生真正参与、真正思考、真正获益。

2. 进一步坚定"四个自信"

通过对党的基本知识、中国特色的权力制约路径、我国监察制度的创新等知识的讲授，使学生进一步坚定"四个自信"，从而为培养优秀的社会主义接班人打下良好的思想政治基础。

情满香江：特别行政区的"根"与"本"

公共管理学院　王军鹏

 案例概述

培养什么人，是教育的首要问题。特别行政区是我国地方政府的组成部分，是党和国家治国理政的重要课题之一。深入理解和学习相关内容对于当代大学生价值观念和专业能力的提升具有重大意义，同时也是对学生树立正确历史观、民族观、国家观、文化观的必然要求。

本课程以香港特别行政区为例，剖析中央依法行使全面管治权的内涵和实践，讲解特别行政区政府的运行机制。通过对专业知识的梳理、对课程思政资源的挖掘，本课程将专业知识与课程思政资源有机融合，精心设计了科学、严谨、合理的教学方案，取得了良好的教学效果。

一、基本信息

课程名称： 地方政府学

授课对象： 行政管理专业三年级学生

学习章节： 第7章　特别行政区政府

使用教材：《地方政府与政治》（第2版），《地方政府与政治》编写组，高等教育出版社

教学课时： 1课时

二、课程思政教学整体设计思路

在习近平新时代中国特色社会主义思想的引领下，教师认真学习研读了党和国家相关政策文件和会议精神，增强"四个意识"、坚定"四个自信"、做到"两个维护"，坚持正确价值导向，以引导学生树立正确的历史观、民族观、国家观、文化观作为重要教学目标，以中央与特别行政区的关系作为重点教学内容，以深入理解国家大政方针作为能力提升目标。在学情调查基础上，有针对性地开展课程思政，采用问题导向式教学方法，确保课程思政目标清晰，并灵活运用多种教学方法，调动学生积极性，激发其主动思考。具体

设计思路如下所述。

（一）准备充分的学情分析

为深入了解学生思想动态和知识结构，教师开展的学情分析既包括对部分学生的深度访谈，也有覆盖课堂全体学生的问卷调查。经过前期课程学习，学生虽然对于特别行政区有了一定了解，但依然有部分学生表示对一些概念不熟悉，这意味着本次教学要在课程内容的深度和广度上进行拓展，要加强课程思政建设。

（二）问题导向的课堂思政

思政内容与专业课程知识的有机融合要避免生拉硬套、空洞无物。在设计教学方案时，教师坚持采用"问题导向式"的课程思政教学方式，以问题引出课程思政内容，调动学生的学习兴趣和积极性，并结合专业知识进行讲解，将党和国家关于特别行政区的重要论述和精神传递给学生。

（三）多样展示的教学方法

为适应新时代大学生学习特点，本课程改变了传统单向灌输的"单声道"模式，借助"雨课堂"等智慧教学手段，形成师生互动的"双声道"模式。同时，教师结合课程内容，精心准备形式多样的教学资料，包括历史照片、现场音像资料等，以激发学生学习兴趣、提高学生学习积极性和参与度。

（四）综合全面的成效评价

综合全面地评价教学成效，既能检验教学方案的科学性，又能为下一步教学改革提供依据。本课程借助智慧教学手段来获取学生对教学的综合评价，例如，教师通过统计学生抬头率、回答问题积极性和参与度对教学成效进行及时、全面的了解。除此之外，教师还在课后与部分学生进行谈话交流，通过多种渠道了解学生在价值观念和专业知识方面的动态变化，并就如何更好地提高课程"含金量"、改善课程思政工作效果听取学生的意见和建议。

三、教学目标

（一）课程教学目标

在专业知识方面，本课程要求学生充分了解特别行政区基本概念，重点掌握中央和特别行政区之间的关系，并能够基于所学知识，正确理解特别行政区在国家体系中的地位，分析特别行政区融入粤港澳大湾区建设等国家战略的现实路径。

（二）思政育人目标

在课程思政方面，本课程致力于帮助学生树立正确的价值观念，进一步坚定理想信念，形成正确的历史观、民族观、国家观、文化观，使学生对中央和特别行政区之间关系的理解更加深刻，对中国特色社会主义制度更加自信，爱国主义精神更加浓厚。

四、教学实施过程

本课程共设计了 4 个教学环节，其中，环节二"中央依法行使全面管治权"为本课程核心内容，这一环节也是课程思政内容最集中的部分。具体教学实施过程如下。

（一）环节一：新课导入

【讲授】

各位同学，上次课我们学习了民族自治地方的人民政府，今天我们来学习特别行政区的相关内容。

【提问】

什么是特别行政区？

【讲授】

特别行政区是中华人民共和国的享有高度自治权的地方行政区域，直辖于中央人民政府。

【课程思政元素】

以问题切入课堂思政内容，调动学生积极性和好奇心。

（二）环节二：中央依法行使全面管治权

【提问】

特别行政区政府与我国其他地方政府的异同是什么？

【讲授】

中央拥有全面管治权。行使管治权的权力主体包括全国人民代表大会及其常委会、国家主席、中央人民政府、中央军事委员会。

特别行政区依法实行高度自治。高度自治是有限度的自治，不是完全自治，而是中央授予的地方事务管理权，不存在"剩余权力"。

【课程思政元素】

根深才能叶茂，本固才能枝荣。只有受到中央管治权保护的兜底保障，特别行政区才能够实现长远发展。

（三）环节三：香港特别行政区政府

【讲授】

（1）香港特别行政区政府的权力

权力来源：中央授权

权力特征：特别行政区政府拥有高度行政管理权、行政首长拥有主导特别行政区的权力、区域性组织成为政府权力行使的有效补充。

权力内容：高度的人事管理权、高度的经济管理权、高度的社会管理权、高度的公共资源处置权、一定的外事权。

（2）香港特别行政区政府的职能

政治职能、经济职能、文化职能、社会职能

（3）香港特别行政区政府的机构设置

一般由行政长官、政务司、财政司、律政司和各局、处、署构成。

【提问】

如何理解行政长官是特别行政区的首长？

【讲授】

香港特别行政区行政长官的产生、职权、决策协助机构。

【课程思政元素】

发展是解决香港各种问题的金钥匙，香港应当积极主动融入粤港澳大湾区建设规划。

（四）环节四：总结

【讲授】

本堂课我们重点学习了中央和特别行政区之间的关系、香港特别行政区政府运行机制及行政长官等相关内容。

【课程思政元素】

实现香港长期繁荣稳定是实现中华民族伟大复兴中国梦的重要组成部分。

五、案例反思

在"特别行政区政府"章节，本课程精心设计了蕴含丰富课程思政元素的教学内容，对学生掌握相关专业知识和树立正确的历史观、民族观、国家观、文化观具有重要意义，但教学活动依然面临以下挑战。

首先，特别行政区理论知识丰富，涉及知识点广泛且具有深度，尤其是中央对于全面管治权进行了大量、详细的论述，对教学内容优化和教学节奏安排提出了更高要求。

其次，依法治国是特别行政区的重要保障，课程内容涉及相关法律条文的解读，而这对于非法学专业学生来说，存在着不易理解之处。

最后，虽然本课程充分运用问题引导式教学方法，在课堂抬头率、课堂参与度等方面取得了良好效果，但学生的主动参与度仍有进一步提高的空间。

为持续改善教学效果、彰显课程思政特色，日后的教学改革将围绕着以下几个方面展开。第一，尝试采用线上线下混合式教学模式，将部分课程内容前置到线上环节，为课堂讨论留出更多的时间。第二，进一步梳理知识体系，形成完整的知识图谱，对教学内容进行精简和更新，更加突出课程思政特色。第三，创新教学方法，根据学生特点进行动态调整，提高学生课堂主动参与度。

六、教学效果

本课程坚持立德树人理念，深入推进课堂思政建设，在融合思政资源与专业知识方面取得了良好效果，基本做到了寓价值观引导于知识传授和能力培养之中。

在价值塑造方面，培养学生树立了正确的历史观、民族观、国家观、文化观，使学生了解了党和国家为维护国家利益所实施的举措，从而引导学生增强"四个意识"、坚定"四个自信"、做到"两个维护"。

在知识传授方面，使学生基本掌握了特别行政区相关知识，对中央与特别行政区之间的关系有了深入理解，帮助学生形成完备的地方政府学专业知识体系。

在能力培养方面，使学生能够基于所学知识更好地理解、分析国家战略方针，并能对香港和澳门如何融入粤港澳大湾区建设规划进行深入思考。

总体而言，本课程达到了既定的教学目标，取得了较好的教学效果。在未来的教学活动中，将围绕存在的问题进行有针对性的改进。

参考文献

《地方政府与政治》编写组，2018. 地方政府与政治 [M]. 2 版. 北京：高等教育出版社.

习近平，2020. 习近平谈治国理政：第 3 卷 [M]. 北京：外文出版社.

中华人民共和国国务院新闻办公室，2014. "一国两制"在香港特别行政区的实践 [M]. 北京：人民出版社.

湖北省民营经济景气指数编制及应用

统计与数学学院　张虎

 案例概述

本课程的教学内容主要包括三个方面：湖北省民营经济景气指数编制背景，湖北省民营经济景气指数编制的理论方法，湖北省民营经济景气指数的测算结果分析。课程思政主要体现在以下两方面：①深入学习领会习近平总书记关于民营经济发展的重要论述，贯彻习近平总书记在民营企业座谈会上的重要讲话精神，了解和掌握湖北省民营经济发展状况，弘扬民营企业家精神和"艰苦奋斗""敢为天下先"的楚商（湖北商人群体简称）精神，为湖北省民营经济发展建言献策；②掌握景气指数的概念、作用及编制方法。编制景气指数具有重要的理论意义和现实意义，不仅有利于提高对经济运行情况的监测、预测和预警能力，还有利于帮助企业增强抗风险能力。

一、基本信息

课程名称：大数据与中国经济

授课对象：全校本科生

学习章节：第三章　第二节　湖北省民营经济景气指数编制与应用

使用教材：《中国统计指数发展与大数据创新》，张伟，经济科学出版社

教学课时：2课时

二、课程思政教学整体设计思路

在大数据时代背景下，景气指数被广泛地应用于经济社会发展中，成为政府和企业决策的依据。因此，在景气指数的教学中融入思政元素，既能增加学生对本门课程的学习兴趣，又能使学生了解当前我国经济社会发展的特征与趋势，使学生认识到改革开放，特别是党的十八大以来经济社会发展取得的巨大成就。本课程通过讲述湖北省民营经济景气指数及其应用，使学生深入领会习近平总书记关于民营经济发展的系列重要讲话精神，更好地理解"大国方略"。本课程将实践教学融入课程思政教学体系，鼓励学生积极加入课题

组、灵活运用小组讨论、问卷调查、实地调研等方式，参与湖北省民营经济指数的编制和调研工作。

三、教学目标

（一）课程教学目标

①让学生了解和掌握景气指数的概念和作用。

②让学生了解和掌握湖北省民营经济景气指数编制技术与方法，并通过对景气指数的分析，研判湖北省民营经济运行态势。

（二）思政育人目标

①让学生进一步了解国情、社情、民情，以及改革开放以来，特别是党的十八大以来我国经济社会发展取得的巨大成就。当前国内外经济形势错综复杂，面对中美贸易摩擦、新冠肺炎疫情和经济下行带来的压力，国家出台了一系列政策措施，提出"双循环"新发展格局，保证了经济社会平稳健康发展，从这些方面切入，使学生更加坚定"四个自信"。

②通过带领学生深入学习习近平总书记关于民营经济发展的重要论述，了解和掌握民营经济发展状况，使学生更好地理解"大国方略"。

③让学生了解新时代民营企业家精神和"敢为天下先""艰苦奋斗"的楚商精神。

四、教学实施过程

（一）湖北省民营经济景气指数编制背景

党的十九大报告指出，"必须坚持和完善我国社会主义基本经济制度和分配制度，毫不动摇巩固和发展公有制经济，毫不动摇鼓励、支持、引导非公有制经济发展""支持民营企业发展，激发各类市场主体活力"。2018年11月1日，习近平总书记在民营企业座谈会上充分肯定了民营经济的重要地位和作用，强调坚持"两个毫不动摇"，并提出"我国经济发展能够创造中国奇迹，民营经济功不可没"。

近年来，湖北省以习近平新时代中国特色社会主义思想和党的十九大精神为指引，深入贯彻习近平总书记关于民营经济发展的重要讲话精神，使民营经济保持了稳中向好、稳中有进的发展势头。湖北省的民营企业已经成为全省经济发展中最富活力、最具潜力、最有创造力的力量，是全省经济发展的"压舱石"。

面对新冠肺炎疫情，湖北省广大民营企业和民营企业家主动承担社会责任，直接参与防控工作、积极捐款捐物、全力保障生产供应，充分彰显新时代民营企业家的家国情怀和责任担当，为全省统筹推进新冠肺炎疫情防控和经济社会发展做出了重大贡献。与此同时，受国内外复杂严峻的经济形势影响，中国经济发展进入"新常态"，民营经济也面临新情况和新问题,因此及时跟踪研判湖北省民营企业运行态势,逐步形成湖北省民营经济监测、预测、预警长效机制是十分必要的。

(二)湖北省民营经济景气指数编制的理论方法

1. 湖北省民营经济景气指数编制的技术路线

湖北省民营经济景气指数的编制遵循"理论研究—实地调研—问卷调查—专家评估—调整优化"的技术路线(见图1),编制人员综合运用文献调查法、实地调研法、问卷调查法、专家座谈法等多种调查方法,对指数体系和指数编制方法进行动态调整和优化,力求测算结果能客观反映湖北省民营经济发展的实际情况及其动态变化。

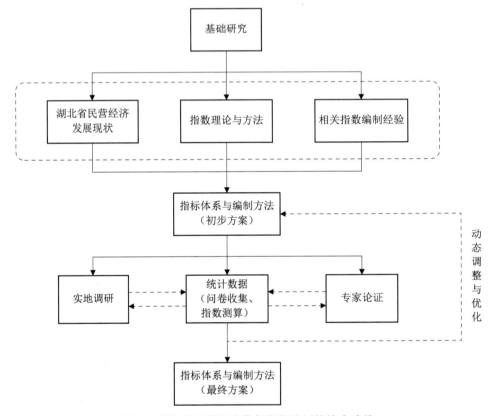

图1 湖北省民营经济景气指数编制的技术路线

2. 湖北省民营经济景气指数指标体系

经过反复测算与优化,湖北省民营经济景气指数最终由民营企业经营状态指数、民营企业先行趋势指数、民营企业家信心指数(3个一级指标、7个二级指标及24个三级指标)组成的三级指标体系进行计算,如表1所示。民营企业经营状态指数反映民营企业的基础生产、经营和盈利情况。其中,企业生产状态指数衡量了企业生产、销售和库存规模;企业盈利能力指数包括企业生产成本、资金周转能力、盈亏状况等方面的指标,综合衡量了民营企业经营状况与发展现状。民营企业先行趋势指数反映民营企业未来的发展潜力。其中，民营企业先行指数是预判企业未来经营状态的重要指标；创新投入指数从企业研发投入角度衡量民营企业对创新研发的重视程度，是对民营企业能否实现创新驱动发展的决定性因素的度量。民营企业家信心指数反映民营企业家对行业当前状况和未来发展的信心，以及对营商环境的评价。其中，企业家当前信心指数衡量民营企业家对民营经济当前发展的认可度；企业乐观指数体现民营企业家对未来发展所持的态度；营商环境指数则从市场和政策两个角度考察营商环境的健康程度。

表 1 湖北省民营经济景气指数指标体系

	一级指标	二级指标	三级指标
湖北省民营经济景气指数	民营企业经营状态指数	企业生产状态指数	生产总量
			流动资金
			销售量
			劳动力成本
			产品销售价格
			产成品库存
		企业盈利能力指数	原材料及燃料供应状态
			生产成本
			应收未收到期货款
			原材料及燃料购进价格
			企业盈亏状况
	民营企业先行趋势指数	民营企业先行指数	产品订货量
			劳动力需求
			固定资产投资
		创新投入指数	企业研发投入
	民营企业家信心指数	企业家当前信心指数	企业当前信心
			行业当前信心
		企业乐观指数	企业家对企业未来发展乐观程度
		营商环境指数	市场开放度
			法律公平度
			融资难易度
			对政府支持民营企业的满意度
			市场竞争程度
			制度成本

3. 湖北省民营经济景气指数计算方法及其所代表的含义

(1) 指标权重的确定——层次分析法

层次分析法是一种定性和定量相结合的系统化、层次化的分析方法，常用来确定权重。

(2) 指标得分的计算

首先，根据问卷数据，计算三级指标得分。将问卷调查中每个题目的5个答案依次赋值（以i表示）为1分、2分、3分、4分、5分，每个问题除去空值的回答次数为n，每个问题中出现赋值1、2、3、4、5的频数依次为x_1、x_2、x_3、x_4、x_5，则每个问题的指标指数得分为

$$x = \frac{\sum_{i=1}^{5} i \times x_i}{5n}$$

调整后的指数得分为

$$\hat{x} = \frac{x - 0.2}{0.8}$$

从而求得三级指标得分。

其次，采用简单算术平均的方法，将三级指标汇总为二级指标得分

$$B_i = \sum_{k=1}^{x_i} x_{ik}$$

最后，利用层次分析法确定的权重，分别对二级指标及一级指标进行加权平均汇总，最终得到湖北省民营经济景气指数。

(3) 景气指数所代表的含义

根据景气指数的计算方法，景气指数值的范围属于[0, 1]区间，将临界值0.5设置为荣枯线。当景气指数大于0.5时，表明经济形势趋于上升或改善，处于景气状态；当景气指数低于0.5时，表明经济形势趋于下降或恶化，处于不景气状态。

（三）湖北省民营经济测算结果分析

从2017年第一季度至今，采用民营经济景气指数对湖北省民营经济运行情况展开的监测分析情况如下。

1. 总体情况分析

整体而言，湖北省民营经济总体向好发展，景气指数稳健运行。除2020年第一、二季度外，各季度民营经济景气指数均高于0.5的荣枯线水平，尽管受到中美贸易摩擦和新冠肺炎疫情的影响，景气指数仍保持在扩张区间，这表现出湖北民营经济的强大韧性和稳中有进的发展态势。近年来，湖北省委、湖北省人民政府深入贯彻落实习近平总书记在民营企业座谈会上的重要讲话精神，坚定不移地支持民营经济发展壮大、转型升级、提质增效，不遗余力地推进全省民营经济高质量发展，不断完善相关配套措施，优化营商环境，

出台了《关于大力促进民营经济发展的若干意见》《关于进一步优化营商环境的若干意见》等一系列政策措施，将民营企业的难点、痛点、堵点作为工作的切入点。在政策的支持下，湖北省民营经济蓬勃发展，在助力新冠肺炎疫情防控、绿色发展、脱贫攻坚等方面都发挥了重要作用。

2. 中美贸易摩擦对湖北省民营经济的影响分析

在中美贸易摩擦和国际市场波动等下行压力的影响下，2018—2019 年的湖北省民营经济景气指数出现小幅波动，但随着相关支持政策的落实，景气指数企稳回升。整体来看，2018—2019 年，湖北省民营经济景气指数在扩张区间运行，表明湖北省民营经济整体景气。

3. 新冠肺炎疫情对湖北省民营经济的影响分析

2020 年，受新冠肺炎疫情影响，湖北省民营经济发展遭受重创，但随着复工复产的有序推进，民营经济筑底回升，表现出强大的经济韧性，为湖北经济疫后重振做出突出贡献。2020 年第一季度湖北省民营经济景气指数跌至 0.312，远低于荣枯线水平，表明民营经济受创严重。在中央和湖北省委、湖北省人民政府统筹推进疫情防控与企业复工复产，湖北《省人民政府办公厅关于印发应对新型冠状病毒肺炎疫情支持中小微企业共渡难关有关政策措施的通知》等各项政策措施连续出台的背景下，湖北省民营企业经营活动逐步复苏，第二季度景气指数迅速回升至 0.423。第三、四季度民营经济持续回温，景气指数上升至 0.507、0.509。2021 年第一季度，民营经济保持上行趋势，景气指数提高至 0.512，充分彰显了湖北省民营经济的强大韧性。

五、案例反思

案例教学中主要存在的问题有以下几点。

①教学效果难以评价和衡量。思政课程教学效果评价指标体系尚需深入研究。

②思政课程的教学运行机制有待进一步完善。思政课程之于教学工作的重要性已经不言而喻，它既是"三全育人""立德树人"的重要抓手，也是学科评估的重要方面。但是，本课程对思政课程的整体运行机制设计还不充分，无论是顶层设计、制度保障还是微观运行，都有待进一步完善。

③思政课程的师资力量有待进一步加强。

基于案例教学存在的主要问题，提出以下几点改进建议。

①建立思政课程教学效果的评价指标体系，设计思政课程教学效果评价方法。

②进一步完善思政课程的运行机制，从顶层设计上，为课程思政的顺利开展提供制度保障。

③进一步提高教师思政课程的参与度和积极性。通过开展思政课程学习讲座，鼓励教师进修学习，加强思政课程的师资力量。

六、教学效果

本课程思政教学改革取得了显著效果，具体体现在以下几个方面。

①使学生了解了湖北省民营经济景气指数运行特征与趋势，坚定了对我国经济发展的信心。

②通过带领学生系统学习习近平总书记关于民营经济发展的重要论述，使学生更好地理解了"大国方略"，坚定了"四个自信"。

③引导学生了解民营企业家精神和楚商精神，使学生认识到民营企业在抗击新冠肺炎疫情的过程中积极推进复工复产，为经济恢复做出了重大贡献。

见微知著，积小成大，汇聚爱国洪流

统计与数学学院　刘美秀

 **案例概述**

　　大学时期是学生世界观、人生观、价值观形成的关键时期，大学一年级又是这一时期的黄金节点。入校伊始，学生面对陌生的校园环境、自由的生活方式、新鲜的授课方法、自主的学习氛围，难免会出现各种不适应，甚至会感到焦虑和彷徨。同时，各种思潮和诱惑也在影响着学生的思想，因此，大学一年级是对学生进行思想政治教育的最佳时机。微积分是面对大一学生开设的一门重要的基础课，而数列的极限又是学生在这门课程中接触到的第一个新概念，教师和学生都比较重视，因此，利用讲授数列极限的时机开展思政教育具有明显的优势。

一、基本信息

课程名称：微积分

授课对象：经管类专业一年级学生

学习章节：第二章　数列极限的定义

使用教材：《微积分》，杨皓，中国财政经济出版社

教学课时：2课时

二、课程思政教学整体设计思路

　　在课程教学方面，首先由引例出发，创设情境，激发学生对数列极限的兴趣；然后在讲授新课时，通过结合多媒体教学及一系列的课堂探究活动，加深学生对极限及其蕴含思想的认识；最后通过课堂练习来巩固学生对极限的掌握。本案例在课堂教学中，合理地使用了现有技术，如在摆动数列的极限研究中，充分发挥了多媒体动画效果。

　　在思政教学方面，教师首先通过介绍我国古代的哲学家庄子和数学家刘徽，激发学生的民族自信心和爱国主义情怀；然后在课堂上，通过引导学生逐步得出极限的定义，激励

学生要有锲而不舍的钻研精神，培养学生的数学思维；最后，通过小结和布置课外阅读作业，鼓励学生大胆质疑、勇于创新，培养学生树立正确的价值观、人生观。

本章内容的教学设计思路如图1所示。

图1 教学设计思路

三、教学目标

（一）课程教学目标

①通过设置问题情境、分析数列的变化趋势，使学生理解数列极限的定义，学会数学语言的表述方法，培养学生观察、分析和概括的能力。

②通过分层练习，使学生进一步巩固基础知识，学会数列极限的分析方法，体会在探索问题中由静态到动态、由有限到无限的辩证观点，感受"从具体到抽象，从特殊到一般再到特殊"的认识过程。

（二）思政育人目标

①通过介绍我国古代哲学家庄子和数学家刘徽的故事，激发学生的民族自信心和爱国主义情怀。

②通过介绍生活中的极限运动和极限精神，激发学生的学习积极性，提升学生的思维能力。

四、教学实施过程

（一）课前准备

安排学生提前预习本章内容。

（二）组织教学

检查学生出勤情况，准备教材、课件、用具等。

（三）教学内容、方法和过程（见表1）

表1 教学案例设计

教师活动	学生活动	设计意图
（1）复习数列的定义 ①数列及子列的定义。②数列的几何表示。 ③数列的函数表示。	有的学生学过相关概念，但还是需要复习巩固。	明确数列的定义，为引出数列极限的定义做准备。
（2）结合实例，情景导入 导入1：哲学家庄子所著的《庄子·杂篇·天下》中有一句话："一尺之棰，日取其半，万世不竭。"也就是说一根长为一尺的木棒，每天截去一半，这样的过程可以无限制地进行下去。 导入2：数学家刘徽提出的"割圆术"把圆周分成三等分、六等分、十二等分、二十四等分……这样继续分割下去，所得多边形的面积就无限接近于圆的面积。 教师引入：不论是庄子还是刘徽，在他们的思想中都体现了一种数列极限思想，今天让我们来学习数列极限。	学生参与思考问题，在教师的引导下对数列极限知识有一个形象化的了解。	通过介绍我国古代哲学家庄子和数学家刘徽，激发学生的民族自信心和爱国主义情怀，并使他们对数列极限知识有一个形象化的了解。同时为学生学习新知识做准备，以便更好地承上启下。
（3）归纳总结，形成概念 ①提出问题：观察数列当 $n \to \infty$ 时，通项的变化趋势。	通过讨论，学生体会发现数列极限的过程。 在这一阶段的教学中，采用"启发谈话式"与"启发讲解法"。	①概念的探索。 在这一阶段的教学中，由于注意到学生在开始接触数列极限这个概念时，总是以静止的观点来理解这个描述变化过程的动态概念，因此，教师在这里要多举例、多讲解。
②解决问题：研究当 $n \to \infty$ 时，a_n 是否无限趋近于某个常数，就是数列极限的思想。由此得到数列极限的直观定义。	通过讨论和教师的引导，让学生自己得出结论。	②概念的建立。 通过归纳共同点，锻炼学生分析和总结的能力，并使学生进一步理解数列极限的定义。
③进一步思考问题：极限严格的数学定义是什么呢？	由于极限的记法是第一次出现，学生容易出错，可以多书写几次。	③概念的深化。 学生通过教师的引导，体会数列极限蕴含的数学思想，从而加深对定义的认识。
（4）几何解释，深化概念 ①介绍数列极限的几何意义。 ②简单介绍数列极限与其子列极限的关系。	学生思考、观察。	从几何上进一步阐释数列极限的定义，帮助学生正确理解该概念。

续表

教师活动	学生活动	设计意图
（5）分层练习，巩固创新	学生交流讨论，充分发挥教师的引导作用和学生的主体作用。一部分例题由学生根据教师给出的提示自己先思考，然后尝试跟教师一起完成证明过程；另一部分例题由学生独立完成后，教师再加以点评。	通过教师讲解例题和启发学生完成练习两种方式，挖掘学生潜在的探索发现能力和创造能力。
（6）归纳小结 ①复述数列极限的定义、记法、读法、几何意义。 ②回顾常用的数列极限。 ③近年来，世界上兴起了许多运动，如"蹦极""攀岩""登山"等。这些运动之所以受欢迎，就是因为其中蕴含了一种极限精神，即挑战自己精神、胆量、勇气、耐力的极限。在挑战的同时，挑战者也享受到了挑战带来的刺激和快乐。	小结由学生和教师共同完成，培养学生及时总结的习惯。	通过小结，使知识系统化、条理化。通过介绍生活中的极限运动、极限精神，激发学生的学习积极性，加深他们对概念的理解，引导他们感受数学美带来的愉悦感。从而完成课程的思政育人目标。
（7）布置作业，巩固所学 ①课件最后的练习题，由学生课下自行完成，下节课讲解。 ②完成练习册上2.1节的作业，并提交给教师批改。 ③课外搜集资料，进一步了解刘徽提出的"割圆术"。	课后按要求完成作业。	使学生巩固所学内容。

五、案例反思

一方面，数学教学立足于规律的普遍性，大学数学类课程本身研究的是客观存在的自然规律，超越意识形态，具有通约性和普遍性；另一方面，在大学数学类课程的教学中，对基本概念、理论、运算方法和技巧的掌握有明确的要求，学生接受的教育重点在知识层面。这两方面的特点使得在大学数学类课程中开展课程思政教学难度较大。如何正确理解极限定义一直以来都是微积分学习过程中的难点。教师一方面希望学生能掌握数列极限这个知识点，另一方面又希望学生能接受思政教育，但在有限的课堂时间内很难做到两者兼顾。

当然，在学习极限定义时开展思政教育也有其优势。具体在于：①微积分课程是大学期间最重要的基础课之一，数列极限的定义又是微积分学习的开端，教师和学生都比较重视，所以在这节课开展思政教育收效较大，只要教师能提前做好充分的准备，注意合理安排教学时间，就能做到同时完成课程教学目标和思政育人目标；②思政教育越早开始收效越好，本案例的授课对象是大一新生，年龄较小，接受新思想的能力和可塑性较强，因此教师只需要在讲授时适当、适度地开展思政教育即可。

六、教学效果

将思政教育融入微积分教学，是高校推进全员育人、全过程育人、全方位育人的必然要求，也是高等数学课程改革的大势所趋。教师将微积分与思政教育有机融合，挖掘微积分课程所蕴含的数学素养、人文精神、文化自信、社会责任、爱国情怀等思政元素，使学生在认知、情感和行为方面把握正确的方向，最终实现知识传授、能力培养与价值塑造的有机统一。另外，通过本次学习，学生可以了解极限思想的由来，掌握极限定义的本质，从而为后续学习打好基础。

本案例只是微积分教学过程中实施思政教育的一次尝试，我们还要把思政教育全方位、全过程地贯穿整个微积分课程，从而为其他数学课程的思政教学提供宝贵的经验。

参考文献

杨威，陈怀琛，刘三阳，等，2020.大学数学类课程思政探索与实践：以西安电子科技大学线性代数教学为例[J].大学教育（3）：77-79.

吴慧卓，2019.高等数学教学中渗透课程思政的探索与思考[J].大学数学，35（5）：40-43.

吕亚男，2019.从数学文化视角探讨高等数学与课程思政的有机融合[J].西部学刊（4）：97-100.

数据赋予智能　价值润物无声

统计与数学学院　蒋锋

 案例概述

随着人类社会进入信息时代，大数据被誉为新经济领域的"石油"，成为国家的战略资源，而人工智能则是新一轮科技革命和产业变革的重要驱动力量。本案例将大数据与人工智能教学和思政元素深度融合，在教学过程的各环节中融入社会主义核心价值观，并具体探讨在教学目标设置、教学内容选择与呈现、教学评价设置等环节中，将课程思政与课程内容深度融合的教学设计思路与方法。本案例旨在加强学生对我国大数据与人工智能领域发展的认识，激发学生的学习热情，培养学生的社会主义核心价值观。

一、基本信息

课程名称：大数据时代的数据化决策与统计思维

授课对象：全校本科生

学习章节：第二章　大数据与人工智能

使用教材：《大数据导论——数据思维、数据能力和数据伦理》，林子雨，高等教育出版社

教学课时：2课时

二、课程思政教学整体设计思路

本案例以"大数据与人工智能"一章为案例，探讨如何将思政元素融入大数据与人工智能的教学当中。本案例主要通过教师讲授、学生思考、思政元素融入等环节展开具体的教学活动。在具体的教学设计中主要把握好三个环节：一是案例的教学目标设置，解决为什么学；二是课程教学内容的选择与呈现，解决如何学；三是学习效果的评价，解决学得如何。

本案例的教学目标是将社会主义核心价值观等思政元素融入理论知识教学。具体来说，教师主要是从大数据概念、大数据价值、人工智能的概念及发展、大数据和人工智能技术四个方面来进行教学，通过师生互动自然地将思政教育融入专业知识教学之中，并通过课堂考

核、小组讨论、课外扩展和 PPT 展示等多元化的方式进行考核评价，帮助学生掌握相关专业知识，培养学生的实践能力，提升学生的综合素质。

三、教学目标

（一）课程教学目标

以"立德树人"为根本任务，以"三全育人"为理念，将与大数据和人工智能相关的历史人物及社会主义核心价值观等思政元素融入教学内容的讲解之中，具体教学目标包括以下几点。

①理解大数据和人工智能的基本概念、技术、发展历史及相关政策。

②通过讲授大数据和人工智能常见技术，培养学生的数据分析能力和数据素养。

③引导学生利用大数据和人工智能相关知识，分析生活中的各类数据问题，培养学生的观察能力、抽象概括能力和辩证思维能力。

（二）思政育人目标

除了上述的教学目标，融入思政元素的主要目的是思政育人，具体目标包括以下几点。

①通过讲解大数据和人工智能背后的故事，以及科学家应该具备的基本品质，培养学生形成良好的科学素养。

②通过讲解大数据和人工智能的特点，培养学生的道德和法治意识。

③通过讲解大数据和人工智能的技术和应用，培养学生树立科技报国的志向、坚定"四个自信"。

四、教学实施过程

（一）课程导入设计

采用情景教学法导入课题，选取"天猫双十一"这个学生熟知的生活场景作为情景素材进行课程导入。

【教师】先展示"天猫双十一"活动交易笔数随活动时间的变化图，以及"天猫双十一"期间"菜鸟裹裹"的快递配送场景。

【引导学生思考】①从"天猫双十一"交易图中大家能想到什么；②实时更新的交易数据是怎么来的；③"菜鸟裹裹"是依靠什么技术将大量快递包裹在短时间内送至消费者手中的？

由此引出本节课要讲解的教学内容——大数据与人工智能。

【融入思政元素】互联网和 5G 技术的普及，使得大数据和人工智能的发展惠及广大人民群众，由此让学生认识到我国社会主义制度的优越性，从而坚定"四个自信"。

（二）教学过程设计

本案例将与大数据和人工智能相关的历史人物、我国的科研贡献和社会主义核心价值观等思政元素融入教学过程设计，培养学生的爱国主义情怀，使学生了解中国在大数据和人工智能发展方面所做出的突破和贡献，认识到科学家应具备的基本品质，从而形成良好的科学素养。

1. 大数据概念

【教师】近年来，"天猫双十一"交易额数据显示通过互联网产生了海量数据。

【引导学生思考】这些海量数据是如何产生的，有什么作用？

【教师】展示有关互联网普及和网民规模的数据图。

【融入思政元素】互联网、计算机的发展为人们的生活带来了巨大的便利，我国互联网普及率和网民规模为世界互联网的发展奠定了基础，并对互联网技术的发展做出了卓越的贡献。由此深化学生对建设网络强国重要思想的认知，培养学生的民族自豪感。

【教师】首先介绍大数据的"4V"特征：数据量大（Volume）、类型多样（Variety）、价值密度低（Value）和速度快（Velocity）。

【引导学生思考】①大数据主要来自什么地方；②从什么时候开始大数据上升为我国的国家战略？

【教师】介绍我国大数据主要相关政策（2014—2016年）。

【引导学生思考】如何将大数据与本专业学习相结合？

【融入思政元素】介绍2017年12月8日习近平总书记主持中共中央政治局第二次集体学习时关于实施国家战略大数据的讲话，激发学生对大数据的创新创业热情。

2. 大数据的价值

【教师】大数据价值需要通过计算来实现，因此大数据离不开计算机。

【引导学生思考】我国国家超级计算中心有哪些？

【教师】介绍国家超级计算中心及其计算能力，如"神威·太湖之光"和"天河二号"。

【融入思政元素】通过介绍国家超级计算中心在世界上的地位，使学生认识到我国对全世界的贡献，激发学生的民族自豪感。

【教师】讲解大数据技术创造的经济、社会价值，如大数据的应用渗透至电子商务、医疗卫生和物流等多个领域。尤其在此次抗击新冠肺炎疫情的过程中，健康码作为一项大数据的应用，实现了对患者和密切接触者的跟踪。

【融入思政元素】通过讲述新冠肺炎疫情期间我国大数据技术对社会集体做出的贡献，使学生充分认识到中国特色社会主义制度的优越性，更加坚定制度自信。

【引导学生思考】①孤立的数据是否有价值；②生产要素包括哪些？

【教师】讲述孤立数据存在的问题以及生产要素中的数据。

【融入思政元素】通过介绍 2020 年 4 月 9 日中共中央、国务院印发的《关于构建更加完善的要素市场化配置体制机制的意见》，促使学生有意识地更新知识结构，重视多学科交叉融合，关心国家发展和相关政策。

3. 人工智能的概念与发展

【教师】展示一组与人工智能相关的电影图片。

【引导学生思考】①从图片中你想到了什么？②什么是人工智能？

【融入思政元素】将生活中常见的一些现象融入教学案例，有助于提升学生的学习兴趣，深化学生对专业知识的理解，提升学生的专业素养。

【教师】首先结合学生的思考对人工智能的概念进行阐述。然后对人工智能学科的特征进行描述，使学生了解人工智能这一概念的起源。从香农（C.Shannon）引出钱学森、王浩等伟大的中国科学家，讲述钱学森等科学家在信息论、系统论方面做出的卓越贡献。接着介绍李飞飞和李凯于 2010 年在人工智能方面取得的重要突破。最后重点对孙剑 2015 年提出的残差网络进行讲解，展示中国科学家在人工智能研究方面的重要贡献。

【引导学生思考】①你从这些科学家的事迹中学到了什么？②你觉得人工智能快速发展的原因是什么？

【融入思政元素】将中国科学家在人工智能领域做出的科研贡献与人工智能的发展相融合，有助于学生感受科学家不懈努力的科研精神、创新精神及对于自身职业的热爱，有助于培养学生的科学思维能力、爱岗敬业及为国奉献的精神。

4. 大数据与人工智能技术

【教师】展示一张人工智能和大数据的百度指数的时间变化曲线图片。

【引导学生思考】①从图片中你能看到什么？②你觉得大数据和人工智能之间有什么关系？

【教师】对大数据和人工智能之间的关系和区别进行阐述，让学生更加深刻地理解大数据和人工智能两个概念。之后对人工智能的关键技术——机器学习、知识图谱、自然语言处理、人机交互、计算机视觉、生物特征识别、AR/VR 等进行阐述。

【引导学生思考】①你在生活中是否用到过这些技术，这些技术是否给你带来了便利？②你知道有哪些民族企业家和科学家在这些领域做出过贡献吗？请举例说明。

【融入思政元素】通过引导学生思考，使学生认识到我国各项技术的发展离不开国家的支持，只有国家繁荣和强大了，才能给我们带来更加便利的生活，同时各项技术的发展也离不开各领域科研人才的伟大奋斗，从而增强学生的民族自豪感，使学生坚定"四个自信"。

【教师】第一步介绍机器学习的概念，通过一些逻辑框架图对模型进行展示；第二步从生活中的案例出发，对知识图谱的概念和应用进行介绍；第三步通过可视化的手段展示自然语言处理的结果；第四步从直观图片来描述人机交互在生活中的应用；第五步对计算机视觉进行分类，并对该技术在现实中的应用进行展示；第六步以面部识别和指纹为例，对生物特征识别这一技术进行讲述；第七步以学生熟悉的 VR 眼镜为例，引出 VR/AR 这一技术；最后阐述人工智能在智能制造、智能家居、智能金融、智能交通等方面的应用。

【融入思政元素】通过对每一项技术的具体阐述，让学生了解不同的人工智能技术特点及其具体应用情况，使学生更好地理解人工智能并提升学习兴趣；通过对大数据和人工智能特点的分析，让学生懂得知识和技术本身就具有两面性，从而提升学生的辩证思维能力。

五、案例反思

思政教育应该合理地融入每一门课程，但如何在专业课程中恰到好处地加入思政元素，是一个需要认真思考的问题。由于每门课都具有各自的专业特点，所以不能对所有的课程一概而论，而是要将思政元素和专业教学内容进行深度融合。在具体教学中，首先应从专业理论知识与实践结合的角度出发，使学生能更好地将所学知识融会贯通。其次，应将显性教育和隐性教育相结合，使学生还能从教师的教学态度、思想高度和工作素养中潜移默化地受到思政教育。最后，在具体的教学过程中还需要注意思政元素与专业知识的融合，不能生硬地将思想教育融入专业课教学，而不顾教学内容的具体特点，忽略教学中的主次，违背课程思政的初衷。在具体教学活动中存在的学生知识广度不够及对相关政策不了解等问题，是之后课程思政教学时需要注意的地方。教师可以通过在课前提前给学生布置阅读相关课外读物或观看学习视频的任务解决这一问题。

六、教学效果

对于结合思政元素课程的教学效果评价主要分为三部分：一是对学生的课堂表现进行随堂记录，包括课堂的参与度、回答问题的积极性及回答问题的政治素养等；二是让学生合作讨论实际案例并进行 PPT 展示，从而提高学习效果，在展示时教师进行有针对性的点评和指导，并将考核结果纳入最终的课程成绩；三是通过课外拓展阅读和讨论，加深学生对于相关知识的理解、扩充学生的知识储备。

经过一学期的课程思政教学实践后，从平时表现（包括出勤、听课态度、作业完成情况、小组讨论、PPT 展示）和期末考试成绩来看，学生的学习积极性明显提高，课堂互动效果显著提升，学生参与课外拓展活动的积极性也有所提高。

林子雨，2020.大数据导论：数据思维、数据能力和数据伦理：通识课版 [M]. 北京：高等教育出版社．

猪肉价格上涨会引发蝴蝶效应吗?

——通货膨胀的统计分析

统计与数学学院 肖磊

 案例概述

本案例主要包括五个方面的内容：通货膨胀的概念和类型、通货膨胀与价格指数、通货膨胀形成的统计分析、通货膨胀效应的统计分析，以及案例分析"猪肉价格上涨会引发蝴蝶效应吗？"课程思政主要体现在以下方面：让学生了解国情、社情、民情及国家相关政策措施；让学生感受改革开放以来，特别是党的十八大以来我国经济社会发展取得的巨大成就，引导学生根据对 CPI 运行特征与趋势的分析，研判我国物价运行走势，从物价走势中看到我国经济稳中向好的发展态势，从而让学生增强"四个意识"、坚定"四个自信"、做到"两个维护"；引导学生深入学习领会习近平新时代中国特色社会主义思想和党的十九大报告中关于价格机制改革的重要论述，了解改革开放以来我国的价格机制改革及其对经济社会发展做出的重大贡献，使学生更好地理解"大国方略"。

一、基本信息

课程名称：统计学

授课对象：经济管理类专业二、三年级学生

学习章节：通货膨胀的统计分析

使用教材：《统计学》（第 2 版），向书坚、张学毅，中国统计出版社

教学课时：2 课时

二、课程思政教学整体设计思路

消费价格指数（Consumer Price Index, CPI）是政府和企业决策的重要经济参考指标。在"通货膨胀的统计分析"这一章节融入思政元素，既能让学生增加对本门课程的学习兴趣，使学生了解国情、社情、民情，以及政府应对猪肉价格上涨所做的正确决策与科学预

判；同时也能让学生了解改革开放以来，特别是党的十八大以来我国价格机制改革取得的进展和成绩，从而引导学生增强"四个意识"、坚定"四个自信"、做到"两个维护"。

本案例的教学内容主要包括五个方面：通货膨胀的概念和类型、通货膨胀与价格指数、通货膨胀形成的统计分析、通货膨胀效应的统计分析，以及案例分析"猪肉价格会引发蝴蝶效应吗？"教师从理论和实践的角度讲授如何利用价格指数考察通货膨胀情况及经济社会发展趋势。

本案例采取案例教学、小组讨论、翻转课堂等开放教学方式，综合利用网络平台、雨课堂等现代化教学平台和技术，采用描述性统计方法，对我国通货膨胀情况进行数据分析，并研判当前经济社会发展形势。

思政课程的教学是否有成效，要看学生的政治理论水平是否有提高，对国情、社情、民情及党和国家政策措施的了解是否更加深入，"四个意识"是否明显增强，"四个自信"是否更加坚定。思政课程要促进学生的学习入脑入心，并且能够转化为实际行动。

三、教学目标

（一）课程教学目标

①让学生了解和掌握价格指数的概念及 CPI 价格编制框架和方法。

②让学生学习运用数据挖掘、文本分析、机器学习等大数据技术编制价格指数。

③让学生了解和掌握通货膨胀的概念、形成原因及通货膨胀与收入分配、技术进步之间的关系。

（二）思政育人目标

①让学生了解国情、社情、民情以及国家相关政策措施。物价稳定是衡量一个国家经济社会发展的重要标志之一。在猪肉价格过快上涨期间，我国及时出台有效措施，投放储备肉，平抑了物价，体现了大国实力。在新冠肺炎疫情期间，我国严厉打击哄抬物价行为，保障了生活物资的充足供应，体现了社会主义优越性。

②让学生感受改革开放以来，特别是党的十八大以来我国经济社会发展取得的巨大成就，引导学生通过对 CPI 运行特征与趋势进行分析，研判我国物价运行走势，从物价走势中看到我国经济稳中向好的发展态势，从而使学生增强"四个意识"、坚定"四个自信"、做到"两个维护"。

③让学生深入学习领会习近平新时代中国特色社会主义思想和党的十九大报告中关于价格机制改革的重要论述，了解改革开放以来我国的价格机制改革及其对经济社会发展做出的重大贡献，从而更好地理解"大国方略"。

四、教学实施过程

（一）教学导入

蝴蝶效应是指一个小的事件可能引发一连串的巨大反映。从 CPI 构成看，食品烟酒的占比权重最大，而猪肉又在食品烟酒类中占三分之一以上的比重，因此国内猪肉价格上涨会导致 CPI 上升。2020 年 7 月，全国居民消费价格同比上升 2.7%，其中猪肉价格同比上升 85.7%，影响 CPI 上升 2.32 个百分点。猪肉价格上涨的原因是什么？会给我国经济社会发展带来什么影响？我国政府采取了哪些政策平抑猪肉价格上涨？这些都是值得关注的问题。

（二）教学讲授

1. 通货膨胀的概念和类型

（1）通货膨胀的概念

通货膨胀是价格持续上涨的一种过程，或者说是货币不断贬值的过程。具体表现为两个方面：通货膨胀不是指个别商品价格的上涨，而是指价格总水平的上涨；通货膨胀不是一次性或短期的价格总水平的上升，只有在价格持续上涨，趋势不可逆转时，价格总水平的上升才称通货膨胀。

（2）通货膨胀的类型

根据物价总水平上涨程度的不同，一般把通货膨胀划分为以下几种类型：爬行的通货膨胀，物价水平平均上涨率为 1%～3%；温和的通货膨胀，3%～6%；严重的通货膨胀，6%～9%；飞奔的通货膨胀，10%～50%；恶性的通货膨胀，超过 50%。

2. 通货膨胀与价格指数

价格指数是反映不同时期一组商品（服务项目）价格水平的变化方向、趋势和程度的经济指标。常见的衡量通货膨胀水平的指数有消费价格指数、商品零售价格指数、工业品出厂价格指数、批发物价指数等。

接下来从统计角度看 CPI。

①统计范围。CPI 涵盖全国城乡居民生活消费的食品烟酒、衣着、居住、生活用品及服务、交通和通信、教育文化和娱乐、医疗保健、其他用品和服务等八大类，包含 262 个基本分类的商品与服务价格。

②调查方法。采用抽样调查方法抽选确定调查网点，按照"定人、定点、定时"的原则，直接派人到调查网点采集原始价格。数据来源于全国 500 个市县、8.8 万余家价格调查点（包括商场、超市、农贸市场、服务网点和互联网电商等）。

③计算公式。

$$CPI = \frac{一组固定商品按当期价格计算的价值}{一组固定商品按基期价格计算的价值} \times 100\%$$

④统计方法。各省（区、市）调查总队要在当地抽选调查市县和价格调查点，有近 4000 名受过专业培训的价格采集员从事价格收集工作。

3. 通货膨胀形成的统计分析

（1）从货币供给角度

探讨国际金融危机下我国 CPI 的变化趋势。2008 年，全球金融危机爆发后，我国政府在当年年底推出了"四万亿"计划刺激经济，CPI 呈现出上涨趋势，但是在中央的坚强领导下，CPI 涨幅保持在可控范围内。

（2）从工资成本角度

成本尤其是工资成本是推动价格上涨的一个重要原因。一般来说，如果工资增长率低于劳动生产率或与其同步，就不会引起通货膨胀；而当工资增长率高于劳动生产率时，就会引起通货膨胀。

（3）从需求角度

当需求大于商品供给时，会产生通货膨胀，即"买的多了，卖的少了"，商品稀缺了，价格就会上涨。并且由于价格上涨会刺激消费需求，从而进一步抬高物价。

4. 通货膨胀效应的统计分析

（1）通货膨胀与经济增长

通货膨胀对经济增长"有利论"观点认为，通货膨胀会刺激消费需求，引起财富效应，扩大政府投资。通货膨胀对经济增长"有害论"观点认为，通货膨胀会导致储蓄率下降，银行信贷资金紧张，通货膨胀还会导致生产萎缩，原因是我国工资支出具有刚性，即企业首先要满足工资支出，加之原材料上涨，购买原材料的资金更显不足，从而影响生产。

（2）通货膨胀与收入分配

通货膨胀会改变收入分配。通货膨胀会直接影响现有资产价格，比如债券、股票、房产等实物资产。通货膨胀对收入的影响主要体现在国民收入再分配上。根据收入再分配理论，以固定收入、工资性收入为主的劳动者，收入未能跟物价同步上涨，从而导致其货币财富缩水；而有一定财产或财产性收入的人会因财产增值及财产性收入（房租）增加而导致财富增加，使得收入差距进一步拉大。

（3）通货膨胀与技术进步

通货膨胀与技术进步具有一定的关系。2000 年以前，在我国的通货膨胀过程中，价格变化有这样一个规律：20 世纪 80 年代后期，工业品用户购进价格指数上涨幅度比工业品出厂价格指数高，通货膨胀导致企业涨价、收入增加，阻碍了技术进步。2000 年以后，随着经济改革的深入，以价格为核心的市场配置资源机制的作用进一步加强，上下游产品的价格逐步理顺，企业通过提价消化成本的空间变小，从而有利于技术进步。

（三）案例分析：猪肉价格上涨与通货膨胀

"猪肉价格上涨会对 CPI 与经济增长造成什么影响？"是一个值得关注的问题，需要我们对猪肉价格上涨的原因进行分析。猪肉价格上涨的原因有两方面。一方面是"买的多了"，随着城乡居民收入的不断增长，猪肉消费呈增长趋势。另一个方面是"卖的少了"，具体原因有以下几个。①散养生猪农户数量大幅减少。由于生猪价格受市场周期性波动规律影响较大，农户散养积极性下降，加上近年来外出打工人员增多，导致生猪散养户明显减少。②受污染防治等政策影响，养殖成本增加，生猪养殖场经营受到影响，进而导致生猪供给减少。③猪病在一定程度上导致生猪减产。案例中的猪肉价格上涨具有明显的周期性特点，对价格指数造成的影响并未形成趋势性特征，只要有效应对，就可以将其对通货膨胀的影响限制在可控范围之内。

五、案例反思

案例教学中存在的问题主要有以下几点。①对课程思政内涵的理解有待进一步深入。什么是课程思政？如何开展课程思政？如何评价课程思政？这些关于思政教学的基础性问题还有待进一步通过实践探究。②课程思政的师资队伍建设有待进一步加强。③课程思政的教学体系尚需进一步完善。虽然教师对课程思政的认识已经有了很大程度的提高，但仍未构建出系统的教学体系，教学目标、教学内容、教学方法、教学大纲等都尚待进一步探讨。④思政课程教学方式比较单一，仍以课堂讲授为主，缺乏实践教学和现代化技术的应用。

基于案例教学存在的主要问题，提出以下几点改进建议。①加大课程思政的理论与实践研究。教师应深化对课程思政内涵的理解，提高政治站位，贯彻"三全育人"理念。②加强思政课程的师资力量，培育思政课程的优秀教师队伍。例如，开展思政课程学习讲座，鼓励教师外出进修学习思政相关内容，充分借鉴同行经验。③完善思政课程教学体系。通过集体备课等方式，进一步将思政基因融入专业课程，并完善教学目标、教学内容、教学方法、教学大纲等。

六、教学效果

本案例课程思政教学取得了显著效果，具体体现在以下几个方面。

①引导学生感受改革开放以来，特别是党的十八大以来我国经济社会发展取得的巨大成就，厚植爱国主义情怀。让学生认识到，物价稳定和通货膨胀保持在合理范围内，为决战全面建成小康社会提供了重要保证。

②引导学生系统学习了习近平新时代中国特色社会主义思想与党的十九大报告中关于深化价格机制改革的重要论述。党的十九大对新时代中国特色社会主义建设进行了全面部署，对价格机制改革提出了新要求。通过对我国价格机制改革的回顾和展望，使学生更好地理解了"大国方略"。

③引导学生深入了解国情、社情、民情，增强"四个意识"，坚定"四个自信"，做到"两个维护"。在中美贸易摩擦不断升级，经济运行压力加大的背景下，猪肉价格上涨引起了较高的通货膨胀。中央保持定力，采取有效措施，平抑猪肉价格，保证猪肉供应，统筹推进经济社会发展，充分体现了中国特色社会主义制度的优越性。

新工科背景下的网络安全工匠精神育人案例

信息与安全工程学院课程组

 案例概述

课程思政教学是高校实现立德树人根本任务的一种实践探索。本课程以网络强国战略思想作为着力点，深入挖掘计算机网络课程所蕴含的思政元素。在教学过程中采用多种不同的方法与形式开展思政教育，从而实现知识传授和价值引领的有机统一。本课程充分挖掘"计算机网络原理"课程中的德育元素，在理论教学、实验教学、分组讨论中融入思政教育。

一、基本信息

课程名称：计算机网络原理

授课对象：计算机大类本科三年级

学习章节：计算机网络服务器的安全

使用教材：《计算机网络》（第7版），谢希仁，电子工业出版社

教学课时：3课时课堂教学＋2课时实验教学

二、课程思政教学整体设计思路

（一）计算机网络概述

计算机网络虽然在中国起步较晚，但发展迅速，成果斐然。当前的中国已成为名副其实的网络大国，并正向着网络强国迈进。由此激发学生的爱国情怀，引导学生深入学习网络强国战略思想。

（二）网络体系结构

计算机网络体系结构中层与层之间既相互独立又相互联系，共同构成整个通信。以此为例，培养学生团结协作、互帮互助的精神，并让学生充分理解命运共同体意识。建设网络强国，应加强与国际社会的沟通合作，实现共赢。

(三）双绞线制作

党的十九大报告提出，要建设知识型、技能型、创新型劳动者大军，弘扬劳模精神和工匠精神，营造劳动光荣的社会风尚和精益求精的敬业风气。通过双绞线制作活动，使学生将理论与实践相结合，培养学生的工匠精神，为建设网络强国提供坚实的人才保障。

（四）无线局域网

通过讲解中国无线通信技术的逆袭之路，增强学生的民族自豪感，同时让学生意识到核心技术要立足于"自力更生、自主创新"，鼓励学生勤于学习、刻苦钻研，为实现科技强国贡献自己的力量。

（五）IP 地址

在 IPv4 时代，美国是互联网技术标准和规则的制定者，在 IPv4 地址、技术、产业、应用方面都占据垄断地位。但互联网向 IPv6 的演进为我国建设网络强国带来了难得的机遇，由此教育学生要抓住机遇、敢于担当。

三、教学目标

（一）课程教学目标

引导学生正确认识建设网络强国的几个要点。

①建设网络强国，网络安全是基础。互联网在向各行各业融合渗透的过程中，不仅带动了社会经济的快速发展，同时也带来了新的安全问题。没有网络安全就没有国家安全，经济社会就无法稳定运行，广大人民群众利益也就难以得到保障。

②建设网络强国，核心技术是关键。核心技术是支撑网络空间的"硬实力"，若核心技术受制于人，就好比在别人的墙基上砌房子，自主权在别人手里。

③建设网络强国，人才建设是根本。无论是维护网络安全，治理网络生态，还是自主创新技术，都需要人才的支持。网络空间的竞争归根结底是人才的竞争。

通过本课程教学，使学生了解计算机网络的协议、体系结构及网络的性能指标；掌握研究网络技术的基本方法；掌握广域网中数据传输的基本原理；掌握如何保证数据传输的正确性；掌握局域网中数据通信的基本原理；掌握如何实现网络互连；掌握如何在网络环境中实现分布式进程通信；掌握如何实现和设计网络应用；了解如何管理计算机网络并实现网络安全。

（二）思政育人目标

以"计算机网络原理"课程为载体，结合课程思政的要求与工程教育专业认证标准，从网络基本原理中解析出一些符合社会主义核心价值观的哲学观点，从理论教学和实践教学中寻找课程思政的切入点，将和谐、包容、平等、法治、诚信、职业道德等课程思政元素融入授课过程，在潜移默化中实现知识技能传授与价值引领的结合。

四、教学实施过程

本课程通过将思政元素融入专业知识，实现课程思政教学的目的，具体如下。

①随着社会的进步和技术的发展，电信网络与有线电视网络中逐渐融入计算机网络技术，即三网融合。三网融合后的网络将成为信息社会的命脉和发展知识经济的重要基础。其中发展最快并起到核心作用的是计算机网络。计算机网络已经成为软件编程的基本环境，计算机与软件工程专业的学生都需要学习在网络环境中的编程技术。很多专业（如媒体传播、电子商务、电子政务、物流、平面设计等）课程的学习都是建立在学生已经掌握了网络知识的基础上进行的。不同学校、不同专业都需要认真结合本专业的培养要求，研究设计计算机网络课程的教学。

② 21 世纪的一个重要特征是"数字化、网络化与信息化"，而这一特征的基础是支持全社会的、强大的计算机网络。计算机网络是由计算机技术与通信技术相互渗透、密切结合而形成的一门交叉科学，同时计算机网络也与其他专业相结合，促进着相关学科的发展。计算机网络是目前计算机学科中发展最为迅速的技术之一，也是计算机应用中一个空前活跃的领域。计算机网络正在改变着人们的工作方式、生活方式与思维方式。计算机网络技术的发展与应用已成为影响一个国家或地区政治、经济、军事、科学与文化发展的重要因素之一。

社会学家指出，人类社会的生活方式与劳动方式从根本上说是具有群体性、交互性、分布性与协作性的，计算机网络的出现使这些特征得到了充分的体现。计算机网络的应用可以大大缩短人与人之间的时间和空间距离，进一步扩大人类社会群体之间的交互与协作范围。人们已经接受了在计算机网络环境中的工作方式，计算机网络对社会的进步产生了不可估量的影响。以互联网为代表的网络应用技术和高速网络技术使得网络技术发展到了一个更高的阶段。基于网络技术的电子政务、电子商务、远程教育、远程医疗与信息安全技术正在以前所未有的速度发展。我国信息技术与信息产业的发展，需要大批掌握计算机网络技术的人才。网络技术已经成为广大学生需要学习的一门重要课程，更是从事计算机应用与信息技术研究及计算机专业技术人员应该掌握的重要知识。

计算机网络技术经过几十年的发展，已经形成了比较完善的体系。目前计算机网络技术发展十分迅速，应用广泛，知识更新快。因此，在计算机网络课程的教学中，教师必须注意教学内容应反映最新的技术发展情况，要保证学生能够理解网络的基本工作原理，掌握处理网络问题的基本方法，使学生在面对不断变化的网络技术时，具有跟踪、继续学习的能力。

③网络体系结构包含求同存异的智慧。网络起源于一些高校、科研院所、企业，起初各机构设计的网络雏形结构各不相同，虽然同一个机构内部的站点之间能够相互通信，但各机构之间的网络由于结构、设备不同而不能互通。OSI/RM 和 TCP/IP 分别作为计算机网络体系结构的理论指导和事实上的应用模型，运用求同存异的理念，完美地解决了此难题，既追求了可通信范围内的共同点，又尊重了各厂商与机构的创新与不同。求同存异其实就是追求和谐、包容、兼容并蓄，理解差异，尊重所有的不同。在诸多不同之上，定义统一的规范和标准，只要遵守规则，则兼容一切不同。求同存异是生活中解决问题的一大法宝。大到国与国之间复杂的政治、经济、外交等问题，都可以通过搁置争议、避免分歧、寻求利益共同点，来达到互惠互利、共同发展的目的；小到人与人之间的日常小事，如果人们能够互相尊重并理解他人的不同，寻找出共同共通之处，就可以实现和谐相处。在处理个人与社会的关系时，如果能够灵活运用求同存异的智慧，就能够享受到更多的获得感与幸福感。

④网络协议的规则意识和追求卓越的思想。为了实现网络通信，网络的每一层都有多个协议，这些协议都是为了实现特定功能而定义的一系列规则，只要遵守这些规则就可以与任意站点实现互联、互通和互操作。网络协议充分体现了和谐、包容、尊重规则的理念，这也是学生需要具备的品质。在社会生活中，只有遵守法律或约定俗成的社会规则，才能获得充分的自由及广阔的天地来发挥自己的个性，反之则寸步难行。每个协议的产生都是为了追求通信的卓越。大学生也应该具备追求卓越的理念，只有坚持追求更高的目标，才能不断进步、提高自己的能力并完善自我。

⑤网络安全中的竞争成长意识和安全底线意识。网络安全问题是全社会关注的重点问题之一，在网络攻防的原理中无不渗透着中华文化与法律中的各种哲学观点和思辨方法。短短几十年，网络攻防技术进步的速度和达到的高度就已经让人惊诧不已。通过对网络安全原理的讲解、实例演示、攻防的对抗解析及安全法律法规的讲解，使学生了解什么是网络安全，并牢记要永远守住安全的底线。

⑥遵纪守法则畅通无阻。通过组网实验、路由配置实验等，培养学生树立规则意识。只要遵循了既定的协议和规则，即使再复杂的网络结构也能互通。如果不遵守约定的规则，即使再简易的网络结构也无法通信。

⑦互助合作则互惠互利。通过动态路由实验，将友善、互助、协作的精神传递给学生。为了实现通信，每个路由器都需要妥善维护与邻居的关系，主动发布自己的已知信息，只有通过相互协作才能实现全网的通信。

⑧绿色健康则优质高效。通过网络设计类实验，将高效、节约的理念传递给学生，让学生意识到在资源有限的情况下，要努力通过各种方式提高资源利用率。在设计网络的过程中，要遵守相应的法律和规范，要充分考虑设备、线路、装修及网络运行、管理过程对

环境、社会、健康、安全、文化的影响，只有绿色健康的工程方案，才能真正打造优质高效的网络工程。在专业实践中，引导学生树立正确的价值观，守住职业道德底线。

五、案例反思

"计算机网络原理"课程是计算机专业的必修课，在本科教学中受众面极广。开展课程思政教育需要教师在课程中寻找思政的切入点，并根据工程认证专业标准中关于学生工程与社会能力的要求，培养学生在解决复杂工程问题时，能够认识到工程对社会、健康、安全、法律及文化的影响。网络的产生源于生产生活的实际需要，其原理与生活中的各种道理息息相通。在教授"计算机网络原理"课程时，在网络体系结构、网络协议、网络设备原理、IP 地址、网络安全、网络新技术等内容中都能找到很好的课程思政切入点，教师可将网络和谐、包容、服务、平等、求同存异、攻防互补等理念融入课堂教学中。在实践教学中，教师也可以设计经典实验，通过对实验过程的观察和对实验结果的验证解析，展现计算机网络原理中蕴含的哲学思维、辩证方法和逻辑思路。通过实验设计和工程案例，将计算机网络原理、技术与人文情怀、思辨哲学等有效结合，既可以提高学生的专业实践技能，又可以在实践中加强对学生价值观的引领。

六、教学效果

①联系互联网络相关发展历程，阐述中国网络技术发展成果，增强学生的民族自信心和爱国情怀。

②通过实验操作练习，锻炼了学生相互协作的能力。

③通过讲解从 OSI 到 TCP/IP 的发展过程中，体现出的网络技术人员不断挑战自我、精益求精的精神，鼓励学生在技术领域勇于创新。

④通过讲解 ARP 地址解析协议的严密精细设计中所表现出的计算机网络技术人员不怕困难、突破技术壁垒的精神，鼓励学生不畏困难、勇往直前。

⑤通过讲解路由器在网络通信中的协同合作，培养了学生的合作精神。

⑥ IPv4、IPv6 地址配置内容较难，通过讲述往届学生勇于接受挑战、突破自我的故事，鼓励学生克服学习难点。

⑦子网划分为本课程的难点之一，通过在实操中带领学生战胜困难，使学生实现了自我超越并获得了成就感。

⑧通过讲解 TCP 三次握手可靠传输这样认真负责的传输方式，激励学生在工作学习中保持认真负责的态度和敬业的精神。

⑨通过讲解应用层、会话层和表示层的各个功能是如何协同工作来为最终用户应用

程序提供网络服务的,解释协同合作在集体工作中的重要性,培养学生的集体主义精神和协同合作精神。

⑩通过讲解网络安全和故障排查的相关工作实例,引导学生认识到工作责任心及敬业精神的重要性。

参考文献

冯燕茹,潘志安,贾琴琴,2020.计算机网络课程思政切入点[J].教育教学论坛(28):61-62.

张凯,李红娇,王亮亮,等,2020.工程教育专业认证的计算机网络课程探索与实践:基于课程思政背景下的讨论[J].教育教学论坛(29):34-36.

夏小云,李绍燕,朱蓉,等,2020.新工科背景下计算机类课程思政教学研究与实践[J].计算机教育(8):75-78.

看主旋律视听呈现 读中国电影史发展

中韩新媒体学院 陈静远 付思

 案例概述

习近平总书记在全国高校思想政治工作会议上强调，要坚持把立德树人作为中心环节，把思想政治工作贯穿教育教学全过程，实现全程育人、全方位育人，努力开创我国高等教育事业发展新局面。在当前的时代背景下，如何吸引学生来了解和学习电影史论课程，如何让学生的学习不再停留于表面而是深入内心，是电影学专业课程和思政教育有机融合的关键。从目前电影学的教育情况来看，主旋律电影是意识形态和价值引导的有力工具。市场上存在许多兼具趣味性与思想性，同时又能吸引观众的主旋律电影，这些都可以作为电影学专业思政教育的补充，为课程思政教学起到画龙点睛、锦上添花的作用。因此，本课程选取电影《建国大业》作为课程思政的经典案例。与传统的电影学理论学习和意识形态政治课程相比，主旋律电影更贴近学生生活，可以使学生在春风化雨中对电影学产生浓厚的兴趣，从而达到潜移默化地对学生进行思政教育的目的。

一、基本信息

课程名称：中外电影史

授课对象：电影学专业一年级学生

学习章节：第二章 中国主旋律电影

使用教材：《中国电影史》，李少白，高等教育出版社

教学课时：4课时

二、课程思政教学整体设计思路

电影一直在意识形态和政治思想宣传中占有重要位置。主旋律电影也是电影学专业思政教育的一个突破口。主旋律电影通过特定的作品形式展示中国时代的发展，其中融入了浓厚的家国情怀，反映优秀的中华文化，因此具有重要的教育意义。首先，通过主旋律电影可以减少教学中的说教成分，可以一步一步地对学生进行价值引导。只要教师事先做

好准备，就能很好地带领学生去感受思政教育的魅力。其次，它有助于提高学生的鉴赏能力。主旋律电影不代表死板和僵硬，其人物形象刻画越来越生动丰满。在观看主旋律电影时，学生还可以学习到一些专业的知识点。最后，通过电影中主流思想的引导，使学生在学习专业知识的同时，潜移默化地对主流思想产生认同感，从而达到思政教育的目的。

主旋律电影在保持传统主流思想的同时，在拍摄手法、叙事方式和美学观念等方面都做出了积极的探索和改变。一方面增强了电影的观赏性、娱乐性和市场针对性；另一方面通过把主流意识思想融入市场经济和消费文化之中，并在其中取得了良好的平衡，让电影同时具有了艺术性、商业性和政治思想性。本案例以"中外电影史"课程中的中国电影史为主要教学内容，通过《建国大业》，带领学生分析中国当代主旋律电影。

三、教学目标

（一）课程教学目标

通过本案例教学，使学生了解中国电影发展的基本概况，正确认识主旋律电影与政治的联系。

（二）思政育人目标

以中华人民共和国成立60周年的献礼片《建国大业》为着力点，结合中国电影史的发展历程，让学生感受中国电影史的发展和中国历史的发展是息息相关的。特别是作为由中外合作办学项目培养的影像专业学生，只有具备家国情怀，并了解影像的发展历史，才能通过专业的影像语言，拍摄出好的实践作品。

1. 培养学生的家国情怀

家国情怀是几千年来扎根在中华民族内心深处的精神力量。引导学生通过观看主旋律电影，感受抗战的艰辛，感受先辈们为革命理想而顽强奋斗的精神，从而激发学生的爱国情怀，增强学生的民族自豪感，以及对社会主义核心价值观的认同感。

2. 培养学生的创新思维能力和创新精神

作为刚刚进入大学校园的新生，在高中历史课上就已经系统地了解了中国共产党的历史故事，但如何将文字转化为视听的影像是他们要学习的知识，也是课程的重难点。观看主旋律电影《建国大业》后，教师通过带领学生讨论"如果我们作为主创团队，应如何运用专业知识拍摄该主题""我们拍摄的该题材影片和原本的主旋律有何不同"等问题，培养学生的思辨能力。

3. 拓展学生的专业知识

在观看主旋律电影《建国大业》时，教师从影片的主题、叙事结构、经典的台词及与本专业相关的知识点等方面分析影片特色，培养学生的影像思维，锻炼学生的影像解读能力，激发学生的创新思维，培养学生在实践—理论—实践的分析过程中，学以致用，进而提升作品质量。

四、教学实施过程

（一）导入（5分钟）

回忆上堂课所学知识点：中国电影的发展史主要分为中华人民共和国成立之前与中华人民共和国成立之后两个阶段。无论什么阶段都会有类似现在主旋律类型的电影，本堂课将重点分析与讲解主旋律电影。

（二）教学新课（40分钟）

1. 概念界定

主旋律电影是指能充分体现主流意识形态的革命历史重大题材影片和与普通观众生活相贴近的现实主义题材、弘扬主流价值观、讴歌人性人生的影片。

2. 产生背景

1987年，当时的广电部电影局对全国电影创作团队提出了主旋律电影的发展方向，1989年上映的《开国大典》成为主旋律电影的标志性作品。

3. 分类

①中华人民共和国成立60周年巨作。

②重大革命历史题材。

③现实题材：反应当下社会主义思想在民间的传承。

④国学题材。

4. 艺术特征

中国电影的主流形态，实际上是由两种电影构成的。一种是弘扬主旋律和国家意识形态的政治历史和道德片，即主旋律电影；另一种是以喜剧、悲喜剧为主，伴以武侠和侦破类型的商业娱乐片。

5. 主旋律电影的特征

①主流意识形态认可。

②国家政策倡导。

③主导文化价值观体现。

④情态表现积极向上。

⑤表现历史与现实的健康的电影创作。

6. 类型区别

主旋律电影包含在主流电影里，它从属于主流电影。现在很多电影并非完全是主旋律电影，只是带有主旋律色彩的商业电影。这也是电影市场化之后主旋律电影的一个转型……

(三)观看影片:《建国大业》片段(45分钟)

在观看影片前给学生布置讨论问题,有利于学生边看影片边记录,从影片中找答案。

(四)学生讨论(45分钟)(每个问题各10分钟,学生发言15分钟)

(全班36人,共分为6组。一共3次讨论机会,每次10分钟。每个问题由小组代表发言,教师总结后,再进行下一个问题的讨论)

问题一:影片的叙事模式有哪些特点?电影中发生了哪些政治事件?演员们分别扮演的是哪些历史人物?

问题二:影片采用了什么样的艺术表达方式?用了哪些技术手法?(提示:视听语言分析)

问题三:该影片具有哪些意义?(提示:文化含义、政治联系)

(五)总结《建国大业》蕴含的艺术特色与思政价值(40分钟)

1. 从历史到现实,在电影选题中感受家国情怀的时代意义

《建国大业》作为中华人民共和国成立60周年的献礼片之一,该选题是当时的热点。《建国大业》以独特的视角,呈现了1945—1949年中诸多可以载入史册的历史事件。

2. 从过去到现在,在电影元素(叙事、情节和视听)中汲取思政的内涵

(1)叙事方面

《建国大业》的叙事视角与以往常规的说教类主旋律影片的叙事视角不同,从第三方的角度进行叙事是影片中最大的艺术创新。《建国大业》把影片宣扬的主流意识形态和艺术追求联系在一起,从民主人士的角度出发,保留了重要的历史细节,在讲述历史事件的过程中保持客观冷静的叙事风格,尽可能地弱化电影创作者的主观评价,表现了历史事件发生的必然性,同时也呈现了历史发展方向的必然性。这种叙事方式不仅增加了影片的合理性,还能引导学生在观看影片的时候以客观的视角来观赏。

(2)情节方面

与传统主旋律电影的缓慢叙事不同,影片《建国大业》以"建国"为基调,串联起影片中看似大大小小的各类镜头。其情节设置精巧,看似零碎却构成了整体的审美效果。这种抽象与写实相结合的情节处理方式,让《建国大业》更具艺术魅力。

3. 从当下到未来,在影视理论中沉浸式体验思政教育的意义

(1)视听方面

影片在最先开场的段落,基本采取对称式构图,按照1∶1的比例平分画幅。

(2)演员方面

影片开创了商业片的先例,先后有180多位演员扮演了影片中的重要历史人物,有的甚至零片酬,这就加强了影片的看点,因为这些演员在当代大学生心中有一定的影响力,他们扮演的历史人物出现在电影里,会使学生更好奇影片的故事情节和故事走向,增加了

影片的观赏性。同时也可以让学生看到，他们喜欢的演员也愿意为国家奉献自己的力量，这本身就是一次无声的爱国教育。

（六）布置作业（5分钟）

第一，课后观看完整的《建国大业》，并再看1~2部不同主题的主旋律电影。以课堂小组为单位讨论问题，并进行分析总结。第二，以"100周年电影"为主题，小组讨论如何拍摄相关题材微电影。

五、案例反思

本案例将意识形态教育和电影学专业知识相结合，最大限度地利用了电影资源与新媒体手段，有效地整合了市面上的电影和电视剧资源。在某种程度上，电影和电视作品的展示更能打破传统的封闭式说教模式，它不仅可以使学生学习到电影学的专业知识，还可以打破传统的政治教育，开拓学生的创新思维。在展示优秀主旋律电影的过程中，学生可以从剧情的真实审美和电影的艺术审美的结合上受到感性和理性的双重熏陶。教师在播放优秀主旋律电影的过程中，可以使用精彩的影片片段来激发学生的兴趣和热情，进而对学生进行思想政治教育。优秀的主旋律电影能激发学生对国家历史发展的兴趣，能为学生提供生动有趣的学习氛围。因此，主旋律电影在电影专业学习和意识形态、政治教育中的应用，值得其他课程借鉴与推广。

另外，思政课程教学还需要注意教学手段与教学方法的丰富性，以及对专业知识学习的加强。同时，教师还应该更加多元化地去发掘思政教育与电影学专业之间的联系。

六、教学效果

①拓展了学生的电影专业知识。从《建国大业》引出了中国电影史的相关内容，从影片的叙事手法、视听语言、剧本写作等方面拓展了学生的专业能力。

②提升了学生的审美能力。不仅提高了学生对优秀电影的审美能力，也激发了学生对历史真实性的探索欲，使学生从剧情的真实审美和电影的艺术审美的结合上受到感性和理性的双重熏陶。

③培育了学生的家国情怀。优秀的主旋律电影有利于学生了解与掌握国家的历史发展脉络，有利于激发学生对祖国的热爱之情，增强学生的家国情怀。

④提高了学生的创新能力。在对专业知识点进行讲授后，教师通过引导学生对该主题进行思考，培养了学生的创新能力。

⑤提高了课堂教学的互动性。观看电影拉近了学生与教师在课堂上的距离，突破了传统教师说、学生听的说教模式。边看电影边分析使师生之间的关系更加和谐。

 **参考文献**

张庆胜，旷晓兰，2012. 主旋律电影的营销原则与策略：以《建国大业》《建党伟业》为例 [J]. 声屏世界（1）：50-51.

毛攀云，吴象枢，2008. 红色影视价值表征的现代性审视 [J]. 新闻界（6）：144-146.

"中外动画史"课程思政教学典型案例

中韩新媒体学院　马志远　石力文

 案例概述

为了实现"中外动画史"课程思政教学目标,本课程对"中国动画艺术的诞生"这一章节进行了课程思政教学方案设计,具体设计思路分为教学分析、教学设计、教学实施和教学反思四个阶段。在综合考量新时代党和国家教育方针、经济社会专业需求、学生专业学习要求和课程教学内容的基础上,本课程将教学内容与社会主义核心价值观进行对接,将育人目标分解为"爱国篇、敬业篇、诚信篇、友善篇"四个具体的目标任务,对教学环节和教学互动方式进行了大胆创新,并对课程思政教学实施情况进行了总结和反思。教师对课程思政教学方案进行反复修正、打磨,最终构建出更加科学合理的"中外动画史"课程思政教学方案。

一、基本信息

课程名称:中外动画史

授课对象:动画专业一年级学生

学习章节:第五章　第一节　中国动画艺术的诞生

使用教材:《中外动画史》,方建园、王培德,浙江大学出版社

教学课时:8课时

二、课程思政教学整体设计思路

本课程以立德树人的教育理念为引领,在教学中渗透德育教育和党史学习教育,充分挖掘课程本身和教学方式、方法中蕴含的思想政治教育资源,将中国早期的动画创作精神和社会主义核心价值观进行对接,并融入中国动画史课程内容,构建出融价值塑造、能力培养和专业知识传授为一体的综合课程教学体系,强化思想政治理论课程的价值教育使命,凸显中国动画史中积极向上、拼搏奋斗、坚持理想的精神,从而达到"中外动画史"课程的育人目标。

本课程以目标导向为原则，在教学设计方面紧扣中国动画发展历程。本课程所有教学环节的设计均以知识目标、能力目标和育人目标为导向，在保证教学实施过程与教学目标、方向高度一致的基础上，对教学过程中的互动活动进行了优化设计，充分发挥了动画本身寓教于乐的特殊功能，并将中国动画发展萌芽阶段中的拼搏精神与社会主义核心价值观进行了对接。

本课程充分考虑授课对象薄弱的专业基础和活泼好动的年龄特征，尽可能让思政教育在课程中以"润物细无声"的方式，潜移默化地影响学生，使学生自然而然地将思政内容转化为自己内在的认同意识和外在的行为表现。

三、教学目标

（一）课程教学目标

本课程主要让学生了解中国动画发展的历程，中国动画的特色，以及民族化风格的形成过程；引导学生深入了解1949年以来中国动画取得巨大成就的原因；了解20世纪90年代以来中国动画转型和再创业发展的情况。通过本课程教学，加深学生对"文化自信"的内涵的理解，为学生后期的专业学习打下坚实的理论基础。

（二）思政育人目标

本课程以中国动画艺术的诞生为主要教学主题，以中国的第一部动画为开端，讲述中国动画坎坷的发展历程。教师在传授专业知识的同时，向学生传递积极向上、拼搏奋斗、不畏艰难的精神，鼓励学生在学习专业知识的同时了解动画中呈现的中国历史事件，感受动画创作者的爱国情怀，从而达到强化思想政治理论课程的价值教育使命。

四、教学实施过程

（一）课前分析准备

首先，实现中华民族伟大复兴的中国梦，是物质文明和精神文明均衡发展、相互促进的结果。在当前实现中华民族伟大复兴的进程中，坚定"四个自信"是重要前提。其中坚定文化自信是更基础、更广泛、更深厚的自信，是更基本、更深沉、更持久的力量，而动画产业正是国家文化建设的重要分支。其次，分析当下社会对动画专业的需求，是做好课程思政教学设计的基础。将中国动画发展初期所呈现的坚韧拼搏的精神与社会主义核心价值观结合起来，可以使课程内容变得更加有深度，从而达到育人的目的。再次，在学情分析方面，本课程在充分分析学生学习风格和年龄特征的基础上因材施教。动画专业的学生往往具有思维活跃、个性鲜明、喜欢实践等共性特点，因此在课程思政教学方案设计上，应多选取影像和图片资料，多开展互动性强的教学活动。最后，本课程以教学内容为基础，结合社会主义核心价值观体系构建中国动画艺术课程思政资料库，包括文字、图片、视频资料及教学活动设计等。

（二）教学方法设计

通过前期的具体分析，结合本章节专业教学内容和社会主义核心价值观，按照"爱国篇、敬业篇、诚信篇、友善篇"对育人目标进行分解，让学生通过教学互动和实践操作，增强对社会主义核心价值观的认同，从而达到课程思政的教育目的。

（三）教学过程实施

经过前期的教学分析和教学方法设计，为使教学效果更加明显，本课程在不破坏教学内容完整性和保证学生课堂精力集中的基础上，对课堂理论知识讲授辅以知识问答小游戏、动画拟声实训、观摩动画制作过程、动画影片观后感汇报等环节，具体如下。

1. 爱国篇

在中国动画电影中有很多爱国主义英雄人物，但学生大多认为这些影片的娱乐性较低，不会纳入他们课后主动观看的动画影片范畴。因此本课程结合专业特点，设计了一种飞花令形式的游戏"中国动画中的爱国主义人物竞答"。学生以3~5人为一小组，在每次倒计时10秒钟的时间内，轮流说出曾看过的动画中的爱国主义人物的名字，直到一方答不出为止。游戏还设计了集体奖项，以鼓励学生将该项内容作为专业知识储备，在课下多学习。该游戏简单易操作，既可以培养学生的爱国主义文化修养，又可以督促他们课下多观看与专业相关的动画影片，为之后的"动画剧本创作""动画分镜设计"打下基础。

2. 敬业篇

在讲授中国动画艺术的诞生这部分内容时，教师需要为学生讲解中国早期的动画先驱是怎样在简陋的动画声音合成创作条件下，突破西方技术封锁，自行探索尝试动画声音拟声的。如果单纯通过理论来讲授这部分内容，就不能使学生体会到专业探索的艰难和坚韧。因此在该部分教学过程中加入了动画拟声实训，让学生通过手边能找到的材料、介质，尝试进行动画拟声的制作和采集。该实训不以高度的拟声还原为目标，而以勇敢尝试创新为出发点，让学生切实体会中国早期动画拟声的探索过程，并为后期学习专业课程"动画声音设计"打下基础。

3. 诚信篇

与其他行业一样，动画行业的制作人也需要具有诚信精神，但由于大一的学生还没有形成这个专业诚信意识，所以本课程在教学实施过程中加入了集体观摩学习动画制作过程的环节，使学生在对专业制作流程逐渐熟悉的过程中，树立起自己的专业、职业理想，并对动画的原创性有一个新的体会和理解，牢固树立诚信意识。

4. 友善篇

在动画行业，一部优秀的动画作品通常是团队合作、共同努力的结果，也就是说这项工作开展的前提就是团队成员要具有团队合作精神，相互之间要能够和谐友善相处。因此，本课程在教学中加入了真善美动画影片《它感动了我》观后感汇报环节。该活动以寝室小组为单位在课堂上进行真善美动画影片观后感的交流分享，既促进了小组成员间价值观的相对统一，又增进了组员间的沟通和交流，为他们的友善相处起到良好的促进作用。

五、案例反思

任何一个教学方案设计都不可能尽善尽美，只有在教学实践中反复修正、反复打磨，才能最终形成科学合理的课程思政教学方案。

上述中国动画史结合课程思政教学案例的尝试和实践，受到了学生的一致好评，较大幅度地提高了课堂的活跃程度和学生的参与程度。但还存在一些问题，如在敬业篇的动画拟声实训中，个别同学不愿意动脑动手，不愿意参与到活动中来。因此，在下一步的课程设计中还要着重考虑如何提高学生参与度的问题。当然，在有些课程环节中，学生的参与反应会出乎意料的积极，如在爱国篇的知识竞答中，就充分体现出了学生的团队荣誉意识，学生会积极思考、互相鼓励，以争取团队胜利。这一经验说明，未来可以在教学环节设计中增添具有竞赛意识的内容，以提高学生的学习热情。

六、教学效果

（一）专业学习方面

课程思政教学的实施，使学生改变了以往觉得理论课枯燥、乏味和疲于应付的学习态度。教师带领学生通过多种教学方式学习了中国动画的发展阶段及各阶段的特点，了解了1949年以来中国动画的特色及民族化风格的成因，深刻领会了中国动画取得巨大成就的原因，并了解了20世纪90年代以来中国动画转型和再创业发展的情况。通过创新与社会主义核心价值观相契合的课程思政教学活动，引导学生结合社会背景对中国动画的发展历史及重要人物进行深刻解读，在提升学生专业素养的同时对学生进行了社会主义核心价值观和爱国主义情怀的培养和熏陶。

（二）思想认识方面

动画艺术作为一种艺术门类承担着传播价值观的作用。本课程通过在教学过程中融入思想政治教育，潜移默化地对学生的思想意识、行为举止产生影响。本课程通过将中国动画发展的具体教学内容与课程思政元素相融合，并配合多种教学方法引导，加强学生传承和创新中华优秀传统文化的信念，引导学生树立正确的国家观、民族观、历史观、文化观，从而为未来的动画事业培养一批有责任、有担当、可靠的接班人。

（三）行动改变方面

通过在教学中融入爱国主义情怀教育及"诚信""友善"的社会主义核心价值观，激发了学生的爱国热情及责任感和使命感。课堂中学生的积极性得到显著提高，这种良好的学习态度为专业能力培养打下坚实的基础。另外，实践教学的方式还使得班级的凝聚力增强，学生进行专业合作的态度也更加热切了。

参考文献

张娟，周红萍，汪哲，2019. 基于立德树人的《体育概论》课程思政教学方案设计思路 [J]. 湖北文理学院学报，40（11）：83-85.

新华社，2017. 激发文化创造活力 向着社会主义文化强国迈进：党的十八大以来文化体制改革成果述评 [J]. 思想政治工作研究（8）：8-11.

"立德树人""户外运动"课程思政教学典型案例

体育部　张杰

 案例概述

"户外运动"课程中设立了多个思政教育实践活动，包括：走访大别山红色纪念地"武汉抗战第一村"——姚家山，体验民俗民风；党员面对党旗，重温入党誓词；举办"不忘初心跟党走，青春筑梦新时代"篝火晚会，学生进行主题发言，发表学习感悟；升国旗、唱国歌；歌唱《我和我的祖国》《祖国万岁》《歌唱祖国》等爱国歌曲；观看《上甘岭》《苦菜花》《钢铁是怎样炼成的》等电影；听教师讲革命前辈战斗故事；学跳民族特色舞蹈；等等。本课程将"红色基因"革命思想教育和"户外运动"生存技能教学有机融合，以"爱国心、报国情、强国志"为主题，弘扬老一辈革命家吃苦耐劳、不屈不挠的革命精神，弘扬爱国奋斗精神。本课程将"读万卷书"和"行万里路"相结合，引导学生扎根中国大地了解国情、民情，培养学生在实践中增长智慧、才干，在艰苦奋斗中锤炼意志、品质，较好地实现了"体育思政实践育人"的目标。

一、基本信息

课程名称：户外运动

授课对象：全校学生

学习章节：岩降、山涧溜索、搭建帐篷营地、夜晚宿营、钻木取火、生火做饭、山涧徒步、负重行军和野外生存锻炼

教学课时：32课时

二、课程思政教学整体设计思路

为落实立德树人根本任务，本课程以党建为引领，开展了一系列富有挑战性且具有艰险性、困难性的运动技术项目和野外生存锻炼项目，包括岩降、山涧溜索、搭建帐篷营地、夜晚宿营、钻木取火、生火做饭、山涧徒步、负重行军、急救知识运用；走访大别山红色教育基地"武汉抗战第一村"——姚家山，体验民俗民风；举办篝火晚会，唱红歌、校歌；开

展了讲、听革命前辈战斗故事，看红军战斗电影及跳民族舞蹈等活动。

通过将户外运动生存技能教学与"红色教育、革命传统教育"有机融合，引导学生认识到中国共产党人的初心、本色，以及红军不畏艰险的精神。通过讲好红色故事，唱好革命歌曲，搞好红色教育，让红色基因代代相传。

"户外运动"课程通过考核学生参加"不忘初心跟党走，青春筑梦新时代"活动的学习感言和主题发言等情况，将思想政治教育参与度、分享红色教育参与情况纳入考评体系。

本课程充分发挥教师、教练、学生党员和入党积极分子的带头作用，不仅锻炼了学生的野外生存技能，还体现了"以学生思想教育发展为中心"的教育理念。本课程通过开展师生线上线下思想交流活动，培养学生坚定理想信念，站稳人民立场，练就野外生存过硬本领，提高身体素质和思想境界，鼓励学生在祖国需要的地方书写新时代人生华章，投身强国伟业。

三、教学目标

（一）课程教学目标

深入挖掘体育课程和教学方式中蕴含的思想政治教育资源，让学生通过学习，掌握事物发展规律，丰富学识，增长见识，养成优秀的品格和良好的习惯，努力成为德智体美劳全面发展的社会主义建设者和接班人。打造一批有特色的体育类、美育类课程，帮助学生在体育锻炼中享受乐趣、增强体质、健全人格、锤炼意志，在美育教学中使学生提升审美素养、陶冶革命情操、温润心灵、激发创新活力，从而全面提高高等学校人才培养质量。

（二）思政育人目标

高等学校体育育人和育才是相互统一的过程。要建设高水平人才培养体系，必须加强教师团队的思想政治工作；必须抓好体育实践课程思政育人案例建设，解决好专业教育和思政教育"两张皮"的问题；必须提升广大教师开展课程思政建设的意识和能力。本课程以爱党、爱国、爱社会主义、爱人民、爱集体为主线，围绕政治认同、家国情怀、文化素养、法治意识、道德修养等重点优化课程思政内容，系统地对学生进行中国特色社会主义和中国梦教育、社会主义核心价值观教育、法治教育、劳动教育、心理健康教育、中华优秀传统文化教育。本课程坚持用习近平新时代中国特色社会主义思想铸魂育人，引导学生了解世情、国情、党情、民情，增强对党的创新理论的政治认同、思想认同、情感认同，坚定"四个自信"。

四、教学实施过程

近几年来，有近千名学生参加了"户外运动"通识课。本课程在探索思政户外运动教学模式方面积累了一定经验，受到广大师生、领导和教育部巡视组的关注和肯定。

【案例一】探访革命圣地，筑牢灵魂根基，参观"武汉抗战第一村"——姚家山红色教育基地。"我志愿加入中国共产党……为共产主义奋斗终身，随时准备为党和人民牺牲一切，永不叛党。"在革命先辈的雕像前，面对鲜艳的党旗，党员同志再次重温入党誓词，齐声向党表达自己最由衷的敬意。通过参观新四军第五师陈列馆，学生深刻地感受到革命先烈当年坚持革命斗争的意志。学生在历史图片和珍贵文物前驻足，仔细聆听每一个战斗故事，通过展室里的文字、图片、实物样品等真实了解了新四军第五师在抗战时期那段百折不挠、骁勇善战的光辉历史。

被称为"武汉抗战第一村"的姚家山，曾经是一个贫穷的偏远老区。如今这里已经成为远近闻名的红色教育基地，在政府的大力扶持和帮助下，村民们生活富足，家家住新楼，彻底摆脱了贫穷。

【案例二】在前往黄陂杨树堰户外教学基地的校车上，学生在党员教师的带领下唱红歌及校歌；在篝火晚会上，教师和学生一起观看电影《上甘岭》《不能忘却的伟大胜利》《钢铁是怎样炼成的》。

【案例三】分班分组体验负重行军（走小红军路）、山涧徒步、岩降、山涧溜索、搭建帐篷营地、夜晚宿营、生火做饭等，培养学生不屈不挠、团结协作、勇往直前、拼搏向上的精神。学生之间的互助友爱、帮扶济困，与红色元素碰撞，无形中渗透出中华民族的精髓。无论是学生对自然环境的认识，还是对人与自然的关系、人与人的关系、人与社会的价值关系的认识，甚至是学生理想信念的形成，都体现出"立德树人"户外运动教育教学实践改革具有非常重要的现实意义。

【案例四】利用微信平台传递红色正能量。开展师生线上线下思想交流活动，通过谈学业、谈生活、谈思想、谈未来，培养学生对英雄的崇敬；通过开展"牢记校史校训，传承红色基因"教育活动，提升学生知校、爱校、荣校意识。

未来还将召开"立德树人"体育课程和户外运动教育教学课题研讨会，与工商旅游管理专业、马克思主义学院、公安刑事侦查学院、国防教育教师工会等一起，围绕"双一流"建设打造中南财经政法大学特色体育教学模式，建立"立德树人"体育教育教学的长效机制和办法，促进学生"德智体美劳"协同发展，为中南财经政法大学"百年·百项"基层党组织主题实践活动做出积极贡献。

五、案例反思

人才培养效果是评价课程思政的首要标准，因此应建立健全多维度的课程思政建设成效考核评价体系和监督检查机制，并在各类考核评估评价工作和深化高校体育教育教学改革中落细落实。教师是全面推进课程思政建设的关键，要推动广大教师进一步提高育人意识，找准育人角度，提升育人能力，确保课程思政建设落地落实、见功见效；要加强教师课程思政能力建设，建立健全优质资源共享机制，支持各地各高校搭建课程思政交流平台，分区域、分学科、分专业领域开展典型经验交流、现场教学观摩、教师教学培训等活动，充分利用现代信息技术手段，促进优质资源在各区域、各层次、各类型的高校间共享共用；依托高校教师网络培训中心、教师教学发展中心，深入开展专题培训，并将课程思政纳入教师岗前培训、在岗培训和师德师风、教学能力专题培训；充分发挥教研室、教学团队、课程组等基层教学组织的作用，建立课程思政集体教研制度。

另外，"户外运动"课程思政教学还应注意加强课程思政建设组织实施和条件保障，要正视客观存在的户外风险因素，并加强风险管理。

六、教学效果

本课程将"立德树人"体育特色项目教学与"思政育人"有机结合，通过把"立德树人"工作融入"户外体育锻炼、生存技能"的健康教育中，使显性教育与隐性教育相统一。通过党建引领思政课，提高了户外教学质量，提升了学生体能和政治素养，并促进了学生身心健康发展。

教学采用理论与实践相结合的方式，分批次、分班、分团建小组依次组织实施，并运用相关多媒体影像资料辅助教学。本课程通过将"红色基地实践情景教学法"与学生户外技术、技能及野外生存技术、技能的实践培养相融合，提高了学生的团结协作能力和解决实际问题的能力，并充分调动了学生的学习积极性。遵循"厚基础、强实践、重创新"思政教育理念构建出的"户外思政"教学课程体系，突出体现了教学"思政内容"的前沿性、思政教学过程的实践性、思政教学活动的探究性。本课程注重培养学生全面掌握户外知识，提高思维能力、动手能力及创造性解决问题的能力，注重促进学生实践操作能力和政治素养的全面提高，较好地体现了体育思政育人中实践育人的内涵和意义。

后　　记

　　教育要实现立德树人，首要任务是育德。在全国高校思想政治工作会议上，习近平总书记提出了提高学生思想政治素质的明确要求，即"四个正确认识"，其核心思想就在于要学会用正确的立场、观点和方法分析问题，把学习、观察、实践同思考紧密结合起来，善于把握历史和时代的发展方向、把握社会的主流和支流、把握现象和本质，养成历史思维、辩证思维、系统思维和创新思维。特别是在中国特色社会主义进入新时代的背景下，加强当代大学生世界观、人生观和价值观的教育，积极引导当代大学生树立正确的国家观、民族观、历史观、文化观，变得尤为重要和紧迫。

　　中南财经政法大学的前身是诞生于1948年解放战争时期的中原大学，是由以邓小平同志为第一书记的中共中央中原局创建，并由第二书记陈毅同志担任筹备委员会主任的"抗大式"的革命大学，是一所有着纯正红色基因的大学。学校始终坚持社会主义办学方向，朝着建设"财经政法深度融通特色鲜明的世界一流大学"的目标努力奋斗。"世界一流大学"都是在服务自己国家的发展中成长起来的，因此，学校通过理顺关系、建立激励机制，狠抓课程思政建设，引导全体一线任课教师创新课程教学思维，设计立体多元的课程结构，采用线上线下结合的教学方法，经过不断探索和积累，建成了一批将思政元素与专业课程有机融合的课程，受到广大学生的好评。为了总结课程思政建设经验，进一步提高课程思政工作水平，我们决定从全校范围内评选出有代表性的优秀课程思政案例，这项工作得到了任课教师的积极支持，大家踊跃供稿参评。

　　经过评选组成员的认真评审，遴选出了多篇优秀课程思政案例，包含大国之治、"四个自信"、家国情怀、道德修养等多方面素材，规模初现，于是我们汇编成集，联系出版社出版。本案例集能顺利出版得到各方的帮助和支持，所有入选案例的作者在繁重工作之余，还积极配合出版社进行修改，感谢你们的辛勤付出；感谢北京大学出版社张昕先生积极促成本案例集出版立项，并在书稿体例、编写规范等方面提出专业建议；感谢北京大学出版社耿哲、李娉婷等老师的细致与耐心，使本案例集的内容增色不少。最后，对教务部的工作团队致以真挚感谢，是你们的任劳任怨，为本案例集的顺利出版提供了有力保障。

由于经验和水平的局限，本案例集肯定还存在很多不足。作为抛砖引玉之作，我们也恳请教育界的同行们对其中的问题批评指正，并提出宝贵意见，帮助我们不断完善。

编写组

2021 年 6 月